KB193594

왕초보
Total
영어회화
사전
개정판

어디서나 바로바로 통하는

왕초보 Total 영어회화 사전 <개정판>

2008년 10월 05일 초판 1쇄 발행
2025년 3월 20일 개정 1쇄 발행

감수 | 이승원·이해정
펴낸이 | 이규인
디자인 | 박선영
펴낸곳 | 도서출판 창
등록번호 | 제15-454호
등록일자 | 2004년 3월 25일
주소 | 서울특별시 마포구 대흥로 4길 49, 1층(용강동 월명빌딩)
전화 | (02)322-2686, 2687 팩시밀리 | (02)326-3218
홈페이지 | http://www.changbook.co.kr
e-mail | changbook1@hanmail.net

ISBN 978-89-7453-492-9 (13740)

정가 18,000원

F · o · r · e · w · o · r · d

들어가면서

여러분은 지금 국제화시대에 살고 있습니다. 최근 우리 사회의 이슈이자 많은 분들이 고민하는 부분 중에 하나가 어떻게 하면 원어민처럼 유창하게 영어를 잘 할 수 있을까? 하는 바람일 것입니다. 이러한 시대 상황을 고려해 편집 · 제작된 책이 어디서나 바로바로 통하는 **왕초보 Total 영어회화사전** 입니다. 수많은 영어회화 방법들이 있지만 생각만큼 효과를 얻기란 쉽지 않습니다. 그렇다면 영어초보자에게 있어 가장 중요한 영어회화 학습의 요소는 무엇일까? 발음, 문법, 어휘, 물론 다 중요하지만 가장 중요한 것은 지금 당장 할 수 있는 자신감입니다. 이 책은 이런 분들을 위해 아주 기초적인 회화에서부터 모든 상황에서 능숙하게 대처할 수 있는 생활회화, 실용회화 및 해외여행에 이르기까지 다양하게 구성 · 편집되어 쉽게 접할 수 있습니다. 같은 말이라도 표현하는 방법이 다양하게 정리되어 있을 뿐만 아니라, 종전의 획일적인 회화에서 벗어나 마음대로 즉석에서 찾아 활용할 수 있도록 주제별로 일목요연하게 나열되어 학습 및 사용하기에 편리합니다. 또한 부분적으로 미니회화코너가 있어 이해를 돕는 데 한 몫을 하고 있습니다. 대부분 영어 공부에 관심 있는 분들은 패턴을 좋아합니다. 패턴은 정형화된 문장이어서 마음놓고 구사할 수 있는 장점뿐만 아니라 여러 문장을 응용해서 마음껏 회화를 표현할 수 있어 많은 분들이 선호합니다. 왕초보 토탈 영어회화사전은 이런 영어초보자의 학습단계를 한 단계 발전시켜 드릴 것입니다.

어디서나 바로바로 통하는

왕초보 Total 영어회화 사전

개정판

감수 이승원·이해정

ENGLISH EXPRESSIONS DICTIONARY

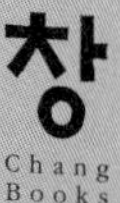

이 책의 특징은 다음과 같이 구성되어 있습니다.

1. 일상의 생활에서 가장 필요한 상황만을 엄선하여 초보자도 쉽게 활용할 수 있도록 하였습니다.
2. 가장 많이 사용하는 필수 패턴회화로 학습의 자신감과 응용력을 증가시켰습니다. 특히 상황에 따라 적절하게 골라 선택하면 좀 더 센스 있는 영어회화를 구사할 수 있을 것입니다.
3. 영어의 표현에는 원어민이 발음하여 초보자도 보다 쉽게 듣고 따라 할 수 있도록 한글 발음으로 표기하였습니다. 그러나 한글발음 표기는 영어회화 학습을 위한 것에 지나지 않으므로 정확한 발음은 본사의 홈페이지에 MP3파일을 제공하고 있으므로 다운 받아 들으면 보다 효과적으로 학습할 수 있습니다.
4. 부록에 있는 많은 자료는 영어초보자가 바로 영어학습에 활용하도록 정리되어 있어 영어회화에 큰 도움이 될 것입니다.

그 외에 최신의 영영사전과 인터넷의 자료를 참조하였으며, 되도록 최근에 많이 활용되는 문장을 엄선하여 새로운 신조어의 효과도 느낄 수 있게 하였습니다.

위와 같은 자료를 통해 그동안 영어회화에 대한 막연했던 두려움을 떨쳐버리고 지금 바로 자신감을 가지고 시작하면 **패턴회화 + 실용회화의 + 활용도 높은 필수문장 = 3배의 효과**를 보실 것입니다.

차 례

C · o · n · t · e · n · t · s

Part I 패턴 회화

C · o · n · t · e · n · t · s

Part II 실용 회화

Chapter 01 인사(Greeting Manners)

Chapter 02 인간관계(Greeting Together)

Chapter 03 일상생활(Daily Life)

C · o · n · t · e · n · t · s

Chapter 10 교통(Transportation)

C · o · n · t · e · n · t · s

Chapter 11 식당(Restaurant)

Chapter 12 의견(Opinions)

C · o · n · t · e · n · t · s

Chapter 13 직장생활(Business)

Chapter 14 전화(Telephone)

C · o · n · t · e · n · t · s

Chapter 18 호텔(Hotel)

Chapter 19 화제(Topics)

Part III * 부 록 *

패턴 회화

Conversation Patterns

* 공손히 부탁할 때 *

부디 ~해 주세요.
Please~
플리즈

□ 같이 포장해 주세요. **Please wrap together.**
풀리즈 랩 투게더

□ 여기에 좀 써 주십시오. **Please write it down here.**
플리즈 롸이딧 다운 히어

* 강하게 제안할 때 *

~하자.
Let's~
렛츠

□ 조만간에 한번 만나요. **Let's get together soon.**
렛츠 겟 투게더 쑨

□ 함께 사진을 찍읍시다. **Let's take a picture together.**
렛츠 테이커 픽쳐 투게더

* 흔쾌히 승낙할 때 *

그럼요, ~할 수 있어요.

Sure, I can~

슈어 아이 캔

□ 그래, 그렇게 할게

Sure, I can do that.
슈어 아이 캔 두 댓

□ 그래요, 제가 구경시켜 드릴게요.

Sure, I can show you around.
슈어 아이 캔 쇼우 유 어롸운드

* 가볍게 권유할 때 *

~할래요?

Do you want to~?

두 유 원투

□ 좀 쉴래요?

Do you want to rest?
두 유 원투 뤠스트

□ 우선 맥주부터 드릴까요?

Do you want to have a beer first?
두 유 원투 해버 비어 풔스트

* 가볍게 제안할 때 *

우리 ~할까요?

Why don't we~?

와이 돈(트) 위

□ 오늘 밤에 같이 식사하러 나가시겠습니까?

Why don't we go out for dinner tonight?

와이 돈(트) 위 고 아웃 풔 디너 투나잇

□ 우리 조금씩 양보하는 게 어떨까요?

Why don't we split the difference?

와이 돈(트) 위 스플릿 더 디풔런스

* 공손하게 제안할 때 *

~가 어떨까요?

How about~?

하어밧

□ 이 구두 어때요?

How about these shoes?

하어밧 디즈 슈즈

□ 피자 어때요?

How about pizza?

하어밧 핏자

* 가볍게 물어 볼 때 *

~할 수 있어요?
Can you~?
캔 유

- 좀 싸게 해 주실 수 없나요? — **Can you give a discount?** 캔 유 기버 디스카운트
- 오셔서 저녁 식사할 수 있겠습니까? — **Can you stay for dinner?** 캔 유 스테이 풔 디너

* 가볍게 부탁할 때 *

~할래요?
Will you~?
윌 유

- 다시 한 번 설명해 주시겠어요? — **Will you explain it again?** 윌 유 익스플레이닛 어겐
- 열쇠를 보관해 주시겠습니까? — **Will you keep my key?** 윌 유 킵 마이 키

* 정중하게 부탁할 때 *

~을 해주시겠습니까?

Would you please~

우쥬 플리즈

□ 택시를 불러주시겠습니까?

Would you please call a taxi?

우쥬 플리즈 콜 어 택시

□ 이것 옮기는 것 좀 도와주실래요?

Would you please help me carry this?

우쥬 플리즈 헬(프) 미 캐뤼 디스

* 선호도를 물을 때 *

어떤 종류의 ~을 하십니까?

What kind of~?

왓 카인돕

□ 어떤 방을 원하십니까?

What kind of room are you looking for?

왓 카인돕 룸 아유 룩킹 풔

□ 어떤 음식을 좋아하세요?

What kind of food do you like?

왓 카인돕 풋 두 유 라익

* 구체적으로 물을 때 *

당신은 무엇을/언제/어디서 ~했나요?
What / When / Where did you~?
왓 / 웬 / 웨어 디쥬

□ 뭐라고 하셨지요? — What did you **say?**
왓 디쥬 쎄이

□ 그걸 언제 샀니? — When did you **buy it?**
웬 디쥬 바이 잇

□ 어디로 휴가 가셨어요? — Where did you **go on vacation?**
웨어 디쥬 고 온 붸케이션

* 공손히 부탁할 때 *

당신의 ~는 무엇인가요?
What is your~?
왓 이쥬어

□ 당신 취미가 뭡니까? — What is your **hobby?**
왓 이쥬어 하비

□ 당신의 성격은 어떻습니까? — What is your **personality like?**
왓 이쥬어 퍼서낼러티 라익

* 궁금함을 물을 때 *

무엇을/어디서/어떻게 ~할 수 있을까?

What / Where / How can I~?

왓 / 웨어 / 하우 캔 아이

□ 어떻게 해드릴까요? — What can I **do for you?**
왓 캔 아이 두 풔 유

□ 티켓은 어디서 삽니까? — Where can I **buy a ticket?**
웨어 캔 아이 바이 어 티킷

□ 거기는 어떻게 갑니까? — How can I **get there?**
하우 캔 아이 겟 데어

* 경험에 대해 물을 때 *

~한적이 있나요?

Have you ever~?

해뷰 에버

□ 해외여행을 가신 적이 있습니까? — Have you ever **traveled overseas?**
해뷰 에버 트래블드 오버씨즈

□ 한국음식을 먹어본 적이 있나요? — Have you ever **tried Korean food?**
해뷰 에버 트라이드 코뤼언 풋

* 평소에 대해 물을 때 *

평소 ~하기는 하나요?

Do you ever~?
How often do you~?

두유 에버 / 하우 어픈 두 유

□ 평소에 내 생각하니?
Do you ever **think of me?**
두유 에버 띵크 옵 미

□ 얼마나 자주 낚시를 가세요?
How often do you **go fishing?**
하우 어픈 두 유 고 퓌싱

□ 버스는 몇 분마다 있습니까?
How often do **the buses run?**
하우 어픈 두 더 버시즈런

* 자기 감정을 말할 때 *

~해서 기쁩니다.

I'm glad~

아임 글랫

□ 우연히 만나게 되어 반가워요.
I'm glad **I bumped into you.**
아임 글랫 아이 범트 인투 유

□ 맘에 드신다니 기쁘네요.
I'm glad **you like it.**
아임 글래쥬 라이킷

＊ 유감을 말할 때 ＊

유감스럽게도 ~입니다.

I'm afraid~

아임 어프뤠이드

□ 안타깝게도 갈 수가 없네요.

I'm afraid I can't.

아임 어프뤠이드 아이 캔(트)

□ 유감스럽게도 계산이 틀린 것 같습니다.

I'm afraid the check is wrong.

아임 어프뤠이드 더 첵키즈 롱

＊ 소망을 말할 때 ＊

~하고 싶습니다.

I'd like to~

아이(드) 라익 투

□ 당신과 사귀고 싶습니다.

I'd like to go out with you.

아이(드) 라익 투 고 아웃 위듀

□ 잠깐 이야기를 나누고 싶은데요.

I'd like to have a word with you.

아이(드) 라익 투 해버 워드 위듀

□ 두 사람 좌석을 예약하고 싶습니다.

I'd like to book a table for two.

아이(드) 라익 투 북 어 테이블 풔 투

* 기분을 말할 때 *

~할 것 같은 기분입니다.
I feel like ~ing
아이 필 라익 ~잉

□ 콧노래라도 부르고 싶은 기분입니다.
I feel like humming.
아이 필 라익 허밍

□ 토할 것 같습니다.
I feel like throwing up.
아이 필 라익 쓰로윙 업

□ 울고 싶어.
I feel like crying.
아이 필 라익 크라잉

* 간단하게 요구할 때 *

난 ~가 필요해요.
I need~ / I need to~
아이 닛 / 아이 닛투

□ 이발을 하려고 합니다.
I need a haircut.
아이 니더 헤어컷

□ 계좌에서 돈을 인출하고 싶습니다.
I need to make a withdrawal.
아이 닛투 메이커 위드롤

*** 권유를 거절할 때 ***

나도 ~할 수 있었으면 해요,
그러나 ~해요.

I wish I could~, but~

아이 위시 아이 쿠드 벗

- 나도 더 있으면 좋겠는데, 가야 해.
  I wish I could stay longer, but I have to go.
  아이 위시 아이 쿠드 스테이 롱거 벗아이 햅 투고

- 가고는 싶지만 갈 수가 없네요.
  I wish I could join you, but I can't.
  아이 위쉬 아이 쿠드 조인 유 벗아이 캔(트)

*** 은근히 경고할 때 ***

당신은 ~하는 게 좋겠죠.

You'd better~

유(드) 베러

- 모든 컴퓨터 작업은 디스켓에 저장해 두는 게 좋습니다.
  You'd better save all your computer work on a disk.
  유(드) 베러 쎄입 올 유어 컴퓨러 워크 온 어 디스크

- 다른 분께 물어보시죠.
  You'd better ask someone else.
  유(드) 베러 애스크 썸원 엘스

＊ 공손히 사과할 때 ＊

~해서 미안해요.

I'm sorry that~
I'm sorry about~

아임 쏘리 댓 / 아임 쏘리 어밧

- □ 너한테 거짓말해서 미안해. — I'm sorry that **I lied to you.**
  아임 쏘리 댓아이 라이(드) 투 유

- □ 그 점 미안합니다. — I'm sorry about **that.**
  아임 쏘리 어밧 댓

＊ 반대를 강조할 때 ＊

난 ~은 아닌것 같아요.

I don't think~

아이 돈(트) 띵크

- □ 난 그렇게 생각하지 않아요. — I don't think **so.**
  아이 돈(트) 띵크 쏘

- □ 갈 수 없을 것 같아요. — I don't think **I can.**
  아이 돈(트) 띵카이 캔

＊ 자신을 부정할 때 ＊

난 ~을 하지 않았어요.
~이 아니었어요.

I didn't~ / I wasn't~

아이 디든(트) / 아이 워즌(트)

□ 난 당신을 사랑하지 않았어요.
I didn't love you.
아이 디든(트) 러뷰

□ 난 두렵지 않았어요.
I wasn't afraid.
아이 워즌(트) 어프뤠이드

□ 이건 주문하지 않았습니다.
I didn't order this.
아이 디든(트) 오더 디스

＊ 일정을 말할 때 ＊

난 ~가 있어요./난 ~할 ~가 있어요.

I have~ / I have~ to~

아이 햅 / 아이 햅 투

□ 배가 아파요.
I have a stomachache.
아이 해버 스토매익

□ 신고해야 될 것이 있습니다.
I have something to declare.
아이 햅 썸띵 투 디클레어

* 진행중임을 말할 때 *

~을 해오던 중이에요.

I've been ~ing

아이(브) 빈 ~잉

□ 벌써 30분이나 기다리고 있습니다.

I've been waiting for thirty minutes.

아이(브) 빈 웨이링 풔 떠리 미닛츠

□ 오래전부터 뵙고 싶었습니다.

I've been wanting to meet you for a long time.

아이(브) 빈 워닝 투 미츄 풔러 롱 타임

* 취미를 말할 때 *

난 ~을 즐겨요.

I like~ing

아이 라익 ~잉

□ 저는 음악 듣는 걸 좋아합니다.

I like listening to music.

아이 라익 리스닝 투 뮤직

□ 저는 미술품 수집을 좋아합니다.

I like collecting art.

아이 라익 컬렉팅 아트

* 목적을 말할 때 *

난 ~을 하려고 해요.

I'm trying to~

아임 트롸잉 투

□ 난 테니스를 배우려고 해요.

I'm trying to **learn how to play tennis.**

아임 트롸잉 투 런 하우투 플레이 테니스

□ 술을 줄이려고 노력 중이에요.

I'm trying to **drink less.**

아임 트롸잉 투 드륑(크) 레스

* 장래 희망을 말할 때 *

난 ~했으면 좋겠어요.

I hope to~

아이 홉 투

□ 난 전세계를 여행하고 싶다.

I hope to **travel around the world.**

아이 홉 투 트래블 어롸운더 월드

□ 난 네가 웃는 것을 보고 싶다.

I hope to **see you smile.**

아이 홉 투 씨유 스마일

＊ 원하는 것을 말할 때 ＊

난 ~하고 싶어요.
I want to~
아이 원투

□ 주문을 취소하고 싶은데요.
I want to cancel my order.
아이 원투 캔슬 마이 오더

□ 머리를 갈색으로 염색하고 싶어요.
I want to dye my hair brown.
아이 원투 다이 마이 헤어 브라운

＊ 용기를 줄 때 ＊

분명히 ~일 거예요.
I'm sure~
아임 슈어

□ 분명히 예약했는데요.
I'm sure I have a reservation.
아임 슈어 아이 해버 레저베이션

□ 만족하실 거라고 확신합니다.
I'm sure you'll be pleased with this.
아임 슈어 유일 비 플리즈드 윗디스

* 가볍게 동의할 때 *

난 ~에 동의해요.

I agree that~ / I agree with

아이 어그뤼 댓 / 아이 어그뤼 위듀

□ 동의합니다.
I agree with you.
아이 어그뤼 위듀

□ 그 계획에 찬성합니다.
I agree with the plan.
아이 어그뤼 윗 더 플랜

□ 그 점에 있어서는 동의합니다.
I agree with you on that point.
아이 어그뤼 위듀 온 댓 포인트

* 어떤 일을 권할 때 *

~하는 것이 좋은 거지요.

It's a good idea to~

잇처 굿아디어 투

□ 물을 많이 마시는 것은 좋은 거지요.
It's a good idea to drink a lot of water.
잇처 굿아디어 투 드륑(크) 얼랏옵 워터

□ 붐비는 시간에는 지하철 타는 것이 좋지요.
It's a good idea to take the subway at rush hour.
잇처 굿아디어 투 테익더 섭웨이 앳 러시아워

* 상황을 말할 때 *

~가 있어요.
There is~
데어리즈

□ 전화 왔습니다.
There's a call for you.
데얼져 콜 풔 유

□ 청구서에 잘못 된 것이 있습니다.
There's a mistake in the bill.
데얼져 미스테익 인 더 빌

* 맞장구를 칠 때 *

바로 그게 ~한 거예요.
That's what~
댓츠 왓

□ 나도 그렇게 생각해.
That's what I think.
댓츠 왓 아이 띵크

□ 내가 바라는 게 그거라니까.
That's what I want.
댓츠 왓 아이 원(트)

* 공손하게 상황을 말할 때 *

~인 것 같아요.

It seems~ / It seems that

잇 심스 / 잇 심스 댓

□ 그런 것 같다.

It seems so.

잇 심스 쏘

□ 그녀는 코수술한 것 같아.

It seems that she had a nose job.

잇 심스 댓 쉬 해더 노즈 잡

* 조심스럽게 조언할 때 *

나라면 ~하겠는데요.

I would~

아이 우드

□ 나라면 한번 도전해보겠어.

I would go for it.

아이 우드 고 풔릿

□ 나라면 집에서 쉬겠어.

I would stay home and rest.

아이 우드 스테이홈 앤 뤠스트

□ 예약 재확인을 부탁합니다.

I would like to make a reconfirmation for my flight.

아이 우드 라익 투 메이커 리컨풔메이션 풔 마이 플라잇

* 강하게 조언할 때 *

난 당신이 ~해야 한다고 봐요.
I think you should~
아이 띵큐 슈드

□ 너 잠 좀 자는 게 좋겠어.
I think you should **get some sleep.**
아이 띵큐 슈드 겟썸 슬립

□ 속도 좀 늦춰야 할 것 같은데.
I think you should **slow down.**
아이 띵큐 슈드 슬로 다운

* 정중하게 물어볼 때 *

~인지 아닌지 알고 싶어요.
I wonder if~
아이 원더 이프

□ 참말일까.
I wonder if **it is true.**
아이 원더 이프 잇이즈 트루

□ 그녀가 제시간에 올지 궁금하군.
I wonder if **she could make it on time.**
아이 원더 이프 쉬 쿠드 메이컷 온 타임

* 찬성이나 반대할 때 *

~해야만 해.

I have to~ / I must~

아이 햅 투 / 아이 머슷

□ 이제 가봐야 해요. **I have to go.**
아이 햅 투 고

□ 사과드립니다. **I must apologize.**
아이 머슷(트) 어팔러자이즈

* 지난 일을 후회할 때 *

~했어야 했는데 / ~할 수도 있었는데

I should have~
I could have~

아이 슈드 햅 / 아이 쿠드 햅

□ 내가 왔어야 했는데. **I should have come.**
아이 슈드 햅 컴

□ 간밤에 올 수 있었을 텐데. **I could have come last evening.**
아이 쿠드 햅 컴 래슷(트) 이브닝

* 행동에 대해 사과할 때 *

내가 ~했음에 틀림없다 / ~을 것이다.

I must have~

I would have~

아이 머슷 햅 / 아이 우드 햅

□ 제가 전화를 잘못 걸었습니다.

I must have the wrong number.

아이 머슷 햅 더 롱 넘버

□ 그에게 사과했어야하는 건데.

I would have apologized to him.

아이 우드 햅 어팔러자이즈드 투 힘

* 다시 한 번 확인할 때*

내 말은~

I mean~

아이 민

□ 내 말은 아무 것도 필요없다는 거야.

I mean I don't want any.

아이 민 아이 돈(트) 원(트) 애니

□ 내 말은 당신을 사랑한다는 거야.

I mean I love you.

아이 민 아이 러뷰

* 정중하게 감사함을 말할 때 *

~해줘서 고마워

Thank you for~

땡큐 풔

- 전화해 주서 고마워. **Thank you for calling.** 땡큐 풔 콜링

- 도와줘서 고마워요. **Thank you for all your help.** 땡큐 풔 올 유어 헬프

* 은근히 걱정됨을 말할 때 *

~하면 어떡하지?

What if~

왓 이프

- 늦으면 어떻하지? **What if i'm late?** 왓 이프 아임 래잇

- 우리 길을 잃어버리면 어쩌지? **What if we're lost?** 왓 이프 위아 로스트

실용 회화

Practical Conversations

●기본표현●

인사 Greeting Manners

1. 평상시 인사

* 기본 인사말 *	
안녕하십니까?(오전)	**Good morning.** 굿 모닝
안녕하십니까?(오후)	**Good afternoon.** 굿 앱터눈
안녕하십니까?(저녁)	**Good evening.** 굿 이브닝
안녕히 주무십시오.(밤)	**Good night.** 굿 나잇
안녕하세요!	**Hello!** 헬로
안녕!	**Hi!** 하이 = Hi, there.

Hello는 정중한 표현이고 Hi는 친숙한 표현이며, Hi, there는 아주 친한 연인이나 가족, 친구들에게만 사용하도록 한다.

2. 만남 인사

＊ 처음 만났을 때 ＊

처음 뵙겠습니다.	**How are you?** 하우 아 유 = How are you doing? = How have you been? = How is it going? = How are things? = How is everything?
만나서 반갑습니다.	**Nice to meet you.** 나이스 투 미츄
만나 뵙게 되어 영광입니다.	**I'm honored to meet you.** 아임 어너 투 미츄
낯이 많이 익습니다.	**You look very familiar.** 유 룩 붸리 퍼밀리어
성함이 뭐라고 하셨죠?	**What was your name again?** 왓 워즈 유어 네임 어겐
전에 만난 적이 있지 않던가요?	**Haven't we met before?** 해븐(트) 위 멧 비풔
오래전부터 뵙고 싶었습니다.	**I've been wanting to meet you for a long time.** 아이(브) 빈 워닝 투 미츄 풔러 롱 타임

✻ 오랜만에 만났을 때 ✻

다시 만나게 되어 기뻐요.	**Nice to see you again.** 나이스 투 씨 유 어겐
그 동안 어떻게 지냈습니까?	**How have you been?** 하우 해뷰 빈
마음 편하게 잘 있었습니다.	**I've been taking it easy.** 아이(브) 빈 테이킹 잇 이지
몰라보겠는데요.	**I hardly know you.** 아이 하들리 노우 유
뵙고 싶었습니다.	**I've often wanted to see you.** 아이(브) 어픈 원티드 투 씨 유
얼굴 잊어버리겠어요.	**I almost forgot your face.** 아이 얼모슷 풔갓 유어 페이스
오랜만입니다.	**It's been a long time since we met.** 잇츠 빈 어 롱 타임 씬스 위 멧
오랫동안 뵙지 못했습니다.	**I haven't seen you for a long time.** 아이 해븐(트) 씬 유 풔러 롱 타임
오랫동안 소식 전하지 못해 죄송합니다.	**I beg your pardon for my long silence.** 아이 백 유어 파던 풔 마이 롱 사일런스 *for ages 오래도록

하나도 변하지 않으셨네요.	**You haven't changed at all.** 유 해븐(트) 체인지드 앳 올

＊ 우연히 만났을 때 ＊

어디 가세요?	**Where are you going?** 웨어라 유 고잉
아니 이게 누구예요!	**Look who's here!** 룩 후스 히어
여기서 당신을 만나다니 뜻밖이군요.	**It's a pleasant surprise to see you here.** 잇처 프레즌(트) 서프라이즈 투 씨 유 히어

3. 안부 인사

＊ 상대방의 안부를 물을 때 ＊

가족들은 안녕하신지요?	**How's your family?** 하우즈 유어 패밀리 *folk 사람들, 가족, 친척, 민족
어떻게 지내십니까?	**How's everything with you?** 하우즈 에브뤼띵 위듀
부모님께서는 평안하신지요?	**How are your parents?** 하우 아 유어 페어런츠

* 상대방의 안부에 답할 때 *

사업은 잘 돼 갑니까?	**How is your business going?** 하우즈 유어 비즈니스 고잉
별일 없으세요?	**Anything new?** 애니띵 뉴 = What's new with you?
모두 잘 있어요.	**They are all very well.** 데이 아 올 붸리 웰
아무쪼록 가족들에게 안부 부탁합니다.	**Kindly remember me to your family.** 카인들리 리멤버 미 투 유어 패밀리
별일 없어요.	**Nothing special.** 낫띵 스페셜
잘 지냅니다.	**I'm fine.** 아임 파인
그저 그래.	**Just so so.** 저슷(트) 쏘 쏘
그런 대로 할만 해요.	**I can't complain too much.** 아이 캔(트) 컴플레인 투 머취
그저 안일하게 소일하고 있어요.	**I'm just taking one day at a time.** 아임 저슷(트) 테이킹 원 데이 앳 어 타임

덕분에 잘 지냅니다.	**I'm fine, thank you.** 아임 퐈인 땡큐
그다지 나쁘지 않아.	**Not so bad.** 낫 소 뱃
늘 마찬가지죠.	**Same as usual.** 쎄임 애즈 유즈얼
아주 좋아요.	**It couldn't be better.** 잇 쿠든(트) 비 베러

4. 작별 인사

＊ 헤어질 때 ＊

잘 가.	**Goodbye.** 굿바이
잘 있어요. 몸 건강하게.	**Goodbye and keep well.** 굿바이 앤 킵 웰
살펴 가세요.	**Take it easy!** 테이킷 이지
좋은 주말 보내세요.	**Have a nice weekend.** 해버 나이스 위켄(드)

* 헤어질 때 *

즐거운 휴가 보내세요.	**Have a good vacation.** 해버 굿 붸케이션
즐겁게 보내게!	**Have fun!** 햅 펀
가셔야 된다니 아쉽네요.	**It's too bad you have to go.** 잇츠 투 배듀 햅투 고
나는 급히 가야 돼요.	**I'm in a hurry.** 아임 이너 허뤼
너무 오래 있었네요.	**I'm afraid I've stayed too long.** 아임 어프뤠이드 아이(브) 스테이드 투 롱
이제 가봐야 할 것 같아요.	**I guess I have to go now.** 아이 게스 아이 햅투 고 나우

* 만남을 기약할 때 *

다음에 뵙겠습니다.	**See you later.** 씨 유 레이러 = O.K. I'll see you then
또 봅시다.	**I'll be seeing you!** 아일 비 씽 유
내일 봐요.	**See you tomorrow.** 씨 유 터머로우

조만간 또 봅시다.	**Let's meet again soon.** 렛츠 밋 어겐 쑨
다시 만날 수 있을까요?	**Can we meet again?** 캔 위 밋 어겐
일간 한번 들를게요.	**I'll step by one of these days.** 아일 스텝 바이 원 옵 디즈 데이즈
가끔 놀러 오세요.	**Please come and see me once in a while.** 플리즈 컴 앤 씨 미 원스 인 어 와일

5. 소개 인사

* 누군가를 소개할 때 *	
제인, 이쪽은 탐이에요.	**Jane, this is Tom.** 제인 디씨즈 탐
두 분이 전에 인사 나눈 적이 있습니까?	**Have you two met?** 해뷰 투 멧 = Do you guys know each other? = Have you two met before?
제 친구 메리를 소개할게요.	**This is my friend Mary.** 디씨즈 마이 프렌드 메리

* 누군가를 소개할 때 *

좋은 친구가 되었으면 합니다.	**I hope we become good friends.** 아이 홉 위 비컴 굿 프렌즈
당신에 대해 말씀 많이 들었습니다.	**I've heard a lot about you.** 아이(브) 허(드) 얼랏 어밧츄
제 남편을 소개하겠습니다.	**I'd like you to meet my husband.** 아이(드) 라익 유 투 밋 마이 허즈번드
어디서 왔어요?	**Where are you from?** 웨어라 유 프럼

* 소개를 받은 후 인사말 *

처음 뵙겠습니다.	**How do you do?** 하우 두 유 두
만나서 반갑습니다.	**Nice meeting you** 나이스 미팅 유
저 역시 만나서 반갑습니다.	**Glad to meet you, too.** 글랫 투 미츄 투

* 서로 소개할 때 *

제 소개를 하겠습니다.	**Let me introduce myself.** 렛 미 인트러듀스 마이셀프
홍길동입니다.	**My name is Kildong Hong.** 마이 네임 이즈 길동 홍

저는 삼성에 근무하고 있습니다.	**I work for Samsung Corporation.** 아이 워크 풔 삼성 커풔레이션
내성적이라고 생각합니다.	**I think I'm introvert.** 아이 띵크 아임 인트러버트
나는 한국인입니다.	**I'm Korean.** 아임 코뤼언
전 독자입니다.	**I'm the only son(daughter).** 아임 디 온리 썬(더우러)
저는 부모님과 함께 살고 있습니다.	**I live with my parents.** 아이 리브 윗 마이 페어런츠
영어를 조금 할 수 있습니다.	**I speak English a little.** 아이 스픽 잉글리쉬 어 리들
낙천적인 편입니다.	**I'm sort of an optimist.** 아임 소(트) 오번 압터미스트
저는 성미가 급합니다.	**I have a quick temper.** 아이 해버 퀵 템퍼
저는 늘 활동적입니다.	**I'm always on the move.** 아임 얼웨이즌 더 무브
저는 섬세하면서도 대담하다고 생각합니다.	**I think I'm both sensitive and brave.** 아이 띵크 아임 보우쓰 쎈서티브 앤 브뤠이브

* 서로 소개할 때 *

어떻게 불러야 하나요?	**What should I call you?** 왓 슈다이 콜 유
이름(성)을 다시 말씀해 주세요?	**What was your first(last) name again?** 왓 워즈 유어 풔스(트)(래슷(트)) 네임 어겐
여러분!	**Everyone.** 에브뤼원
물어보고 싶은게 있는데요?	**May I ask you a question?** 메아이 애스큐 어 퀘스쳔 = Can I ask you something? = Let me ask you something. = I have something to ask you.
별명이 있나요?	**Do you have a nickname?** 두 유 해버 닉네임
이름이 뭡니까?	**What's your name?** 왓츄어 네임
성함을 알 수 있을까요?	**Could I have your name, please?** 쿠다이 해뷰어 네임 플리즈
전공이 뭐예요?	**What is your major?** 왓 이즈 유어 메이져 May I ~?는 Can I ~?에 비해 정중한 인상을 주지만 미국에서는 Can I ~?를 쓰는 경우가 많음.

•기본표현•

인간관계 Getting Together

1. 축하 · 감사 · 기원

* 축하할 때 *

축하합니다!	**Congratulations!** 컨그레추레이션스
건배!	**Cheers!** 취어스
결혼을 축하합니다.	**Congratulations on your wedding.** 컨그레추레이션스 온 유어 웨딩 *congratulations on ~에 대해 축하한다
당신의 미래를 위하여!	**To your future!** 투 유어 퓨처
당신의 행복을 위해 건배 합시다.	**Let's toast to your happiness.** 렛츠 토스투 유어 해피니스
만수무강하십시오!	**Many happy returns of the day!** 매니 해피 뤼턴스 옵 더 데이
새해 복 많이 받으세요.	**Happy new year!** 해피 뉴 이어

* 축하할 때 *	
새해에는 모든 행운이 깃들기를!	**All the best for the New Year!** 올 더 베슷 풔 더 뉴 이어
생일 축하합니다.	**Happy birthday to you!** 해피 버쓰데이 투 유
성공을 빕니다.	**May you succeed!** 메이 유 썩시드
성공을 축하드립니다.	**Congratulations on your success.** 컨그레추레이션스 온 유어 썩세스
승진을 축하합니다.	**Congratulations on your promotion.** 컨그레추레이션스 온 유어 프러모우션
여러분 모두 축하드립니다.	**Congratulations all of you.** 컨그레추레이션스 올 오뷰
우리의 건강을 위하여!	**To our health!** 투 아워 헬스
우리의 승리를 자축합시다.	**Let's celebrate our victory!** 렛츠 셀러브레잇 아워 뷕터리
우리의 우정을 위해 건배합시다.	**Let's drink to our friendship.** 렛츠 드륑(크) 투 아워 프렌(드)쉽
졸업을 축하합니다.	**Congratulations on your graduation.** 컨그레추레이션스 온 유어 그레쥬에이션

출산을 축하합니다.	**Congratulations on your new baby.** 컨그레추레이션스 온 유어 뉴 베이비
합격을 축하합니다.	**Congratulations on your passing the exam.** 컨그레추레이션스 온 유어 패싱 디 익잼
행복하시길 빌어요.	**I wish you happiness.** 아이 윗슈 해피니스

＊ 축하받은 후 감사 인사 ＊

감사합니다.	**I appreciate it.** 아이 어프뤼쉐이릿
고맙습니다.	**Thank you.** 땡큐
그 점 정말 감사합니다.	**I appreciate it very much.** 아이 어프뤼쉐이릿 붸리 머취
당신께 매우 감사하고 있습니다.	**I'm very grateful to you.** 아임 붸리 그뤠잇풀 투 유
도와주셔서 감사합니다.	**Thank you for helping me.** 땡큐 풔 헬핑 미
뭐라고 감사를 드려야 할지 모르겠습니다.	**I can't thank you enough.** 아이 캔(트) 땡큐 이너프

* 축하받은 후 감사 인사 *	
와 주셔서 참 즐거웠습니다.	**Thank you for coming.** 땡큐 풔 커밍
큰 도움이 되었습니다.	**It was a great help.** 잇 워저 그뤠잇 헬(프)

* 상대방이 잘 되기를 기원할 때 *	
이곳이 마음에 들기를 바랍니다.	**I hope you'll like it here.** 아이 홉 유일 라이킷 히어
함께 일하게 된 것에 기대가 큽니다.	**I'm looking forward to working with you.** 아임 룩킹 퍼워드 투 워킹 위듀
그에게 큰 박수를 부탁드립니다	**Please give him a big hand.** 플리즈 깁 힘 어 빅 핸드
같이 일하게 되어 반갑습니다.	**Glad to have you with us.** 글랫 투 해뷰 위더스
네가 항상 행복하길 바래.	**I hope you'll always be happy.** 아이 홉 유일 얼웨이즈 비 해피
건강 조심하세요.	**Take care of your health.** 테익 케어 옵 유어 헬스
여행 잘 다녀오세요.	**Have a nice trip!** 해버 나이스 트립

2. 칭찬

* 칭찬할 때 *	
대단하군요!	**Great!** 그뤠잇 = Wonderful! = Excellent!
멋있군요.	**That's beautiful!** 댓츠 뷰뤼풀
잘 했어요!	**Good job!** 굿 잡 = Goog work!! = Bravo!
그 드레스 참 근사하네요.	**You look real cool in that dress.** 유 룩 뤌 쿨 인 댓 드뤠스
그 옷이 당신한테 잘 어울립니다.	**The dress looks good on you.** 더 드뤠스 룩스 굿 온 유
그거 잘 사셨군요.	**That's a good buy.** 댓처 굿 바이
그녀는 기억력이 굉장히 좋아요.	**She has a memory like an elephant.** 쉬 해저 메모리 라익컨 엘러펀트

* 칭찬할 때 *	
당신은 소질이 있어요.	**You've got what it takes.** 유(브) 갓 왓 이즈 테익스
그녀는 손재주가 좋아요.	**She is quite good with her hands.** 쉬즈 콰잇 굿 윗 허 핸즈
그녀는 재치가 있어요.	**She is quickwitted.** 쉬즈 퀵위티드
그는 머리가 참 좋은 아이예요.	**He's such a bright boy** 히즈 써취어 브라잇 보이
기억력이 참 좋으시군요.	**You have a very good memory.** 유 해버 붸리 굿 메모리
네가 나보다는 한수위야.	**You are a cut above me.** 유아러 컷 어버브 미
당신 아주 인상적이네요.	**You're very impressive.** 유아 붸리 임프레시브
당신과 잘 어울려요.	**Great on you.** 그뤠잇 온 유
당신은 눈이 참 예쁘군요.	**You have beautiful eyes.** 유 햅 뷰뤼풀 아이즈
당신은 정말 신사이군요.	**You're all gentleman.** 유아 올 젠틀먼

사진보다 실물이 더 예쁘네요.	**You're lovelier than your pirtures.** 유아 러블리어 댄 유어 픽쳐스
새로 산 옷이 잘 어울립니다.	**Your new dress looks good on you.** 유어 뉴 드뤠스 룩스 굿 온 유
어떻게 그렇게 건강하십니까?	**How do you keep fit?** 하우 두 유 킵 퓟
어떻게 그렇게 영어를 잘하십니까?	**How come you speak such good English?** 하우 컴 유 스픽 써취 굿 잉글리쉬
어쩜 그렇게 날씬하세요?	**How do you keep in shape?** 하우 두 유 키핀 쉐입
영어를 훌륭하게 구사하시는군요.	**You have a good command of English.** 유 해버 굿 커맨돕 잉글리쉬
이 사진에 아주 잘 나왔네요.	**You came out beautiful in this picture.** 유 케임 아웃 뷰뤼풀 인 디스 픽쳐
이 프로젝트 정말 훌륭하군요. 잘 했어요.	**This is a really good project. Good job.** 디씨저 뤼리 굿 프로젝트 굿 잡
정말 보기 좋아요.	**It looks great!** 잇 룩스 그뤠잇

인간관계

✻ 칭찬할 때 ✻

정말 아름다워요.	**It's a real beauty!** 잇처 륄 뷰티
정말 훌륭하군요!	**How marvelous!** 하우 마빌러스
참 잘하셨어요.	**You did a fine job.** 유 디더 퐈인 잡
패션감각이 있으시네요.	**You have an eye for fashion.** 유 해번 아이 풔 패션
나이보다 어려보이네요.	**You look young for your age.** 유 룩 영 풔 유어 에이지

3. 사과와 용서

✻ 사과할 때 ✻

미안합니다.	**I'm sorry.** 아임 쏘뤼
기다리게 해서 죄송합니다.	**I'm sorry to keep you waiting.** 아임 쏘뤼 투 킵 유 웨이링
늦어서 죄송합니다.	**I'm sorry to be late.** 아임 쏘뤼 투 비 레잇

대단히 죄송합니다.	**I deeply apologize.** 아이 디플리 어팔러자이즈
방해해서 죄송합니다.	**Excuse me for interrupting.** 익스큐즈 미 풔 인터럽팅
번거롭게 해서 죄송합니다.	**I'm sorry to bother you.** 아임 쏘뤼 투 바더 유
사과드립니다.	**I must apologize.** 아이 머슷(트) 어팔러자이즈
용서해주세요.	**Please forgive me.** 플리즈 풔깁미
저의 사과를 받아주세요.	**Please accept my apology.** 플리즈 액셉(트) 마이 어팔러지
이번 한번만 봐주시겠어요?	**Could you let me off the hook this time?** 쿠쥬 렛 미 오프 더 훅 디스 타임
늦어서 미안합니다.	**Excuse me for being late.** 익스큐즈 미 풔 빙 레잇
당신에게 사과드립니다.	**I apologize to you.** 아이 어팔러자이즈 투 유
제가 실수를 했습니다.	**I made a mistake.** 아이 메이더 미스테익

오래 기다리게 해서 미안합니다.	**I'm sorry to have you wait so long.** 아임 쏘뤼 투 해뷰 웨잇 쏘 롱
여러 가지로 죄송합니다.	**I'm sorry for everything.** 아임 쏘뤼 풔 에브뤼띵

＊ 용서할 때 ＊

걱정하지 마세요.	**Don't worry about it.** 돈(트) 워리 어바우릿
당신을 용서하겠어요.	**You're forgiven.** 유아 풔기븐
걱정하지 마세요.	**Never mind.** 네버 마인드

＊ 용서를 구할 때 ＊

제가 한 일을 용서해 주십시오.	**Please forgive me for what I've done.** 플리즈 풔깁 미 풔 왓 아이(브) 던
기회를 한 번 주세요.	**Give me a break, please.** 깁 미 어 브뤠이크 플리즈
다시는 그런 일이 없을 겁니다.	**It won't happen again.** 잇 웡(트) 해픈 어게인

4. 부탁

* 부탁할 때 *	
부탁 좀 할게요.	**I need a favor.** 아이 니더 페이버
부탁합니다.	**Please.** 플리즈
질문 하나 해도 될까요?	**Mind if I ask you a question?** 마인디퐈이 애스큐 어 퀘스쳔
좀 서둘러 주시겠어요?	**Could you hurry up?** 쿠쥬 허뤼 업
돈 좀 빌려주시겠습니까?	**Could you lend me some money?** 쿠쥬 렌드 미 썸 머니
볼펜 좀 빌려 주시겠어요?	**May I borrow a ballpoint pen?** 메아이 버뤄우 어 볼포인트 펜

* 도움을 주고 받을 때 *	
설거지 좀 도와주겠어요?	**Will you help me wash up?** 윌 유 헬(프) 미 워쉬 업
좀 도와주세요.	**Please help me.** 플리즈 헬(프) 미

* 도움을 주고 받을 때 *

여기 좀 도와주세요.	**I need some help over here.** 아이 니드 썸 헬(프) 오버 히어
좀 도와드릴까요?	**Do you need a hand?** 두 유 니더 핸드
제가 도와 드릴까요?	**Do you want me to help you?** 두 유 원(트) 미 투 헬퓨
누가 좀 도와주시겠어요?	**Can anybody help me?** 캔 애니바디 헬(프) 미
도와주실 수 있습니까?	**Would you give me a hand?** 우쥬 깁 미 어 핸드

* 양해를 구할 때 *

전화 좀 사용해도 될까요?	**May I use your telephone?** 메아이 유즈 유어 텔러폰
저희 집까지 좀 태워다 주시겠어요?	**Can you drive me home?** 캔 유 드라이브 미 홈
창문을 열어도 될까요?	**Would you mind opening the window?** 우쥬 마인드 오프닝 더 윈도우
잠깐 쉬지 그래요?	**How about taking a break?** 하어밧 테이킹 어 브뤠이크

배달시켜 먹는 것이 어떨겠어요?	**How about having some food delivered?** 하어밧 해빙 썸 풋 딜리버드
택시를 타고 가는 것이 어때요?	**How about taking a taxi?** 하어밧 테이킹 어 택시

＊ 상대방에 제안할 때 ＊

산책하지 않을래요?	**How about taking a walk?** 하어밧 테이킹 어 웍
영화 보러 가는 게 어때?	**How about going to the movies?** 하어밧 고잉 투 더 무비즈
이것 좀 드실래요?	**Would you like to try some?** 우쥬 라익 투 트롸이 썸
이것은 어떠신가요?	**How about this?** 하어밧 디스
드라이브 하는 것이 어때?	**How about going for a drive?** 하어밧 고잉 풔러 드라이브
바람 좀 쐴까요?	**Want to get some air?** 원 투 겟 썸 에어
한 잔 더 드시겠어요?	**Would you like a refill?** 우쥬 라익커 뤼퓔

Would you ~?는 ~하여 주시겠습니까로 정중한 의뢰나 권유를 나타낸다.

● 기본표현 ●

일상생활 Daily Life

1. 질문과 대답

* 질문할 때 *	
어느 것?	**Which?** 위치
왜?	**Why?** 와이
무엇?	**What?** 왓
어디?	**Where?** 웨어
누구?	**Who?** 후
언제?	**When?** 웬
몇 개입니까(수)?	**How many?** 하우 매니

몇 살입니까?	**How old?** 하우 올드
~를 가지고 있나요?	**Do you have a ~?** 두 유 해버
~를 빌리고 싶은데요.	**I want to rent a ~** 아이 원투 렌터
~은 어디에 있습니까?	**Where is ~?** 웨어리즈
그 사고는 어디서 일어났습니까?	**Where did the accident happen?** 웨어 딧 디 액씨던트 해펀
당신은 ~를 좋아합니까?	**Do you like ~?** 두 유 라익
어디서 그걸 샀어요?	**Where did you buy it?** 웨어 디쥬 바이 잇
어디에 갔었습니까?	**Where have you been?** 웨어 해뷰 빈
언제 ~를 열 생각입니까?	**When are you going to have a ~?** 웬 아 유 고잉 투 해버
언제 ~을 출발합니까?	**When are you leaving ~?** 웬 아 유 리빙

* 질문할 때 *	
언제 가십니까?	**When are you going?** 웬 아 유 고잉
언제 거기에 갔어요?	**When did you go there?** 웬 디쥬 고 데어
얼마입니까(양)?	**How much?** 하우 머취
지금 어떤 ~가 인기 있습니까?	**Which ~ is popular?** 위치 ~ 이즈 파퓰러
출구는 어디입니까?	**Where's the exit?** 웨어즈 디 엑싯(트)

* 길을 물을 때 *	
거기까지 걸어서 갈 수 있습니까?	**Can I walk there?** 캔 아이 웍 데어
걸어서 몇 분 걸립니까?	**How many minutes by walking?** 하우 매니 미닛츠 바이 워킹
거기까지 어느 정도 걸립니까?	**How long does it take?** 하우 롱 더짓 테익
그곳으로 가는 가장 좋은 방법은 무엇입니까?	**What's the best way to go there?** 왓츠 더 베슷 웨이 투 고 데어

미안합니다만, 길을 잃었습니다. 좀 가르쳐 주시겠습니까?	**Excuse me, but I have lost my way. Could you help me?** 익스큐즈 미, 벗 아이 햅 로스트 마이 웨이 쿠쥬 헬(프) 미
백화점은 어디에 있습니까?	**Where's the department store?** 웨어즈 더 디파트먼(트) 스토어
시청으로 가려면 어떻게 해야 합니까?	**How can I get to City Hall?** 하우 캔 아이 겟 투 씨리 홀
여기가 어디입니까?	**Where are we?** 웨어라 위
여기서 가깝습니까?	**Is it near here?** 이짓 니어 히어
여기서 아주 먼가요?	**Is it quite far from here?** 이짓 콰잇 파 프럼 히어
역까지 가는 길을 가르쳐 주세요.	**Please tell me the way to the station.** 플리즈 텔 미 더 웨이 투 더 스테이션
제가 지금 있는 곳이 어디입니까?	**Can you tell me where I am?** 캔 유 텔 미 웨어 아이 엠
약도를 그려줄 수 있습니까?	**Could you draw a map for me?** 쿠쥬 드뤄 어 맵 풔 미
찾기 쉬운가요?	**Is it easy to find?** 이짓 이지 투 파인드

＊ 길을 안내할 때 ＊	
두 구역 내려가서 우회전하세요.	**Go down two blocks, turn right.** 고 다운 투 블락스 턴 롸잇
거기까지 걸어서 갈 수 있습니다.	**You can walk there.** 유 캔 웍 데어
여기에서 상당히 먼 거리입니다.	**It's quite a distance from here.** 잇츠 콰잇 어 디스턴쓰 프럼 히어
걸어서 5분 거리입니다.	**Five minutes on foot.** 퐈이브 미닛츠 온 풋
거기로 데려다 드릴게요.	**I'll take you there.** 아윌 테이큐 데어
저기서 왼쪽으로 도세요.	**Turn left there.** 턴 렙트 데어
곧장 가세요.	**Go straight ahead.** 고 스트레잇 어헤드
길을 건너세요.	**Cross the street.** 크로스 더 스트륏(트)
되돌아가세요.	**You should turn back.** 유 슈드 턴 백
약도를 그려 드릴게요.	**I'll draw a map for you.** 아일 드뤄 어 맵 풔 유

서점 뒤의 빌딩입니다.	**It's the building at the back of the bookstore.** 잇츠 더 빌딩 앳 더 백 옵 더 북스토어
저 공원 너머입니다.	**It's beyond that park.** 잇츠 비연드 댓 파크
저기입니다.	**It's over there.** 잇츠 오버 데어
차를 타는 게 좋습니다.	**It's better for you to ride.** 잇츠 베러 풔 유 투 롸이드
파출소에 물어볼게요.	**I'll inquire at the police box for you.** 아일 인콰이어 앳 더 폴리스 박스 풔 유
이 길로 대략 10분만 가세요.	**Go this way for about 10 minutes.** 고 디스 웨이 풔 어밧 텐 미닛츠
찾기 쉬워요.	**You can't miss it.** 유 캔(트) 미스 잇 = It's easy to find.
버스로 30분 정도 걸립니다.	**It takes about 30 minutes by bus.** 잇 테익스 어밧 떠리 미닛츠 바이 버스
저도 여기는 초행입니다.	**I'm new here, too.** 아임 뉴 히어 투 = I'm a stranger here myself. = I'm afraid I'm not from here.

2. 시간 · 날짜 · 요일에 대해

* 시간 *

7시 15분이에요.	**It's a quarter past seven.** 잇처 쿼러 패스트 세븐
5시 15분 전이에요.	**It's a quarter to five.** 잇처 쿼러 투 퐈이브
실례합니다. 몇 시입니까?	**Excuse me. Can you tell me the time?** 익스큐즈 미 캔 유 텔 미 더 타임
제 시계는 정확합니다.	**My watch keeps good time.** 마이 왓치 킵스 굿 타임
몇 시에 개점(폐점)합니까?	**What time do you open(close)?** 왓 타임 두 유 오픈(클로즈)
현지 시간은 몇 시죠?	**Could you tell me the local time?** 쿠쥬 텔 미 더 로컬 타임
한국과는 시차가 얼마나 나지요?	**What's the time difference to Korea?** 왓츠 더 타임 디풔런스 투 코뤼아
제 시계는 5분 느립니다.	**My watch is five minutes slow.** 마이 왓치즈 퐈이브 미닛츠 슬로우

제 시계는 5분 빠릅니다.	**My watch is five minutes fast.** 마이 왓치즈 퐈이브 미닛츠 패스트
2시 35분입니다.	**It's two thirty five.** 잇츠 투 떠리 퐈이브
5시 반입니다.	**It's five thirty.** 잇츠 퐈이브 떠리
＊ 날짜와 요일 ＊	
나는 7월 25일에 태어났습니다.	**I was born on the twentyfifth of July.** 아이 워즈 본 온 더 투웨니 퓌(프)스 옵 줄라이
날짜가 언제입니까?	**What's the date?** 왓츠 더 데잇(트)
여기에 온 지 석 달입니다.	**It's been three months since I've come here.** 잇츠 빈 뜨리 먼쓰 씬스 아이(브) 컴 히어
몇 월이죠?	**What month is it?** 왓 먼쓰 이짓
생일이 몇 월 며칠입니까?	**What's the date of your birth?** 왓츠 더 데잇(트) 옵 유어 버쓰
오늘이 무슨 요일이죠?	**What day is it today?** 왓 데이짓 투데이

필수 단어

1월	January 재뉴어리
2월	February 페브러리
3월	March 마취
4월	April 에이프릴
5월	May 메이
6월	June 쥬운
7월	July 줄라이
8월	August 어거슷(트)
9월	September 셉템버
10월	October 악토우버
11월	November 노벰버
12월	December 디쌤버
공휴일	holiday 할러데이
봄	spring 스프링
여름	summer 썸머
가을	fall/autumn 훨/어텀
겨울	winter 윈터
반 시간	half an hour 해프 언 아우어
한 시간	one hour 원 아우어
한 시간 반	one hour and a half 원 아우어 앤 어 해프
두 시간	two hours 투 아우어즈
10분	ten minutes 텐 미닛츠
5초	five seconds 퐈이브 세컨즈
정오	noon 누운
1시	one o'clock 원 어클락
1시 5분	five past(after) one 퐈이브 패스트(앱터) 원
3시 반	half past three 해프 패스트 뜨리
15분 전 4시	a quarter to(before) four 어 쿼러 투(비풔) 포
오전 6시 15분	a quarter past six a.m. 어 쿼러 패스트 씩스 에이 엠
모레	he day after tomorrow 더 데이 앱터 터마로우
그저께	the day before yesterday 더 데이 비풔 예스터데이
전주(지난달, 지난해)	last week(month, year) 라스트 윅(먼쓰, 이어)
금주(이 달, 올해)	this week(month, year) 디스 윅(먼쓰, 이어)
내주(다음달, 다음해)	next week(month, year) 넥스트 윅(먼쓰, 이어)

●기본표현●

만남 Meeting People

1. 약속

＊ 약속을 제안할 때 ＊

내일 한번 만날까요?	**Do you want to get together tomorrow?** 두 유 원투 겟 투게더 터머로우
몇 시에 만날까요?	**What time shall we make it?** 왓 타임 쉘 위 메이킷
만날 곳이 어디 있을까요?	**What's a good place to get together?** 왓츠 어 굿 플레이스 투 겟 투게더
제가 한 잔 사겠습니다.	**I'll treat you to a drink.** 아일 트뤼츄 투 어 드륑(크)
가장 편리한 시간이 언제입니까?	**When is the most convenient time for you?** 웬 이즈 더 모숫 컨비니언트 타임 풔 유
지금 시간 있으세요?	**Are you free now?** 아 유 프뤼 나우
언제가 좋으세요?	**When are you available?** 웬 아 유 어붸일러블

* 약속을 제안할 때 *

당신 사무실 근처에서 만나요.	**Let's meet near your office.** 렛츠 밋 니어 유어 어퓌스
잠깐 만날 수 있을까요?	**Can I see you for a moment?** 캔 아이 씨 유 풔러 모먼트
몇 시로 했으면 좋겠어요?	**What time is good for you?** 왓 타임 이즈 굿 풔 유
5시에 가능합니까?	**Can you make it at five?** 캔 유 메이킷 앳 퐈이브
언제 시간 있으세요?	**When do you have time?** 웬 두 유 햅 타임
어디서 만날까요?	**Where should we meet?** 웨어 슈드 위 밋
이쪽으로 오시죠.	**Why don't you come this way?** 와이 돈츄 컴 디스 웨이

* 약속을 정할 때 *

네가 장소를 결정해.	**You pick the place.** 유 픽 더 플레이스
언제 만나면 될까요?	**When can we meet?** 웬 캔 위 밋

어디서 만나야 하지?	**Where should we make it?** 웨어 슈드 위 메이킷
기꺼이 그렇게 하겠습니다.	**I'd be happy to.** 아이(드) 비 해피 투
나도 끼워줘. 갈게.	**Count me in. I'll be there.** 카운트 미 인 아일 비 데어
시간 꼭 지키세요.	**Make sure you're on time.** 메익 슈어 유아 온 타임

＊ 약속 시간에 늦었을 때 ＊

기다리게 해서 죄송합니다.	**Sorry to have kept you waiting.** 쏘뤼 투 햅 켑츄 웨이링
당신 또 늦으셨군요.	**You're late again!** 유아 레잇 어겐
여기에 2시 정각에 왔습니다.	**I got here at two o'clock on the dot.** 아이 갓 히어 앳 투 어클락 온 더 닷
저는 제시간에 왔습니다.	**I was punctual.** 아이 워즈 펑추얼
왜 그렇게 늦었어요?	**Why are you so late?** 와이 아 유 쏘 레잇

* 약속 시간에 늦었을 때 *

오래 기다렸니?	**Have you waited for long?** 해뷰 웨이티드 풔 롱
몇 시에 도착했어요?	**What time did you arrive?** 왓 타임 디쥬 어롸이브
저는 30분 전에 도착했습니다.	**I got here half an hour ago.** 아이 갓 히어 해펀 아워 어고
교통체증이 심해졌어요.	**The traffic was bumper to bumper.** 더 트래픽 워즈 범퍼 투 범퍼
앞으로는 제시간에 오도록 합시다.	**Let's try to be on time from now on.** 렛츠 트롸이 투 비 온 타임 프럼 나우 온

* 약속을 변경할 때 *

다른 날 약속하는 게 좋을 것 같군요.	**Perhaps we can make it another time.** 퍼햅스 위 캔 메이킷 어나더 타임
약속을 연기해야겠습니다.	**I have to postpone my appointment.** 아이 햅투 포스트폰 마이 어포인먼(트)
약속시간을 좀 당기면 어떨까요?	**Why don't you make it a little earlier?** 와이 돈츄 메이킷 어 리들 얼리어

그렇다면, 내일은 어때요?	**In that case, how about tomorrow?** 인 댓 케이스 하어밧 터머로우
괜찮으시다면 약속을 조금 늦췄으면 합니다.	**I'd rather make it for later, if you don't mind.** 아이(드) 래더 메이킷 풔 레이러 이퓨 돈(ㅌ) 마인드
한 시간 늦게 만납시다.	**Let's move back an hour.** 렛츠 무브 백 언 아우어
한 시간 빨리 만납시다.	**Let's move the time an hour up.** 렛츠 무브 더 타임 언 아우어 업
약속시간을 변경할 수 있을까요?	**Can we reschedule our appointment?** 캔 위 뤼스케줄 아워 어포인먼(트)

*** 약속을 취소할 때 ***

갑자기 일이 생겼어요.	**Something came up suddenly.** 썸띵 케임 업 써든리
미안해요, 제가 오늘 좀 바빠서요.	**I'm sorry, I'm little busy today.** 아임 쏘뤼 아임 리들 비지 투데이
약속을 취소해야겠습니다.	**I have to cancel my appointment.** 아이 햅투 캔슬 마이 어포인먼(트)

만남

✻ 약속을 취소할 때 ✻

다음으로 미룰 수 있을까요?	**Can I have a rain check on that?** 캔 아이 해버 뤠인 첵 온 댓
그건 좀 곤란하겠는데요.	**That's going to be quite hard.** 댓츠 고잉 투 비 콰잇 하드
다음으로 미룹시다.	**Let's make it some other time.** 렛츠 메이킷 썸 아더 타임
미안하지만 선약이 있어서요.	**Sorry. I have a previous engagement.** 쏘뤼 아이 해버 프뤼뷔어스 인게이지먼트

2. 초대와 방문

✻ 집으로 초대할 때 ✻

당신이 와주셨으면 해요.	**We hope you'll be able to come.** 위 홉 유일 비 에이블 투 컴
오셔서 저녁 식사할 수 있겠습니까?	**Can you stay for dinner?** 캔 유 스테이 풔 디너
우리 집에 오실래요?	**Can you come to my house?** 캔 유 컴 투 마이 하우스
저녁 식사하러 오세요.	**Come on. Dinner's ready.** 컴 온 디너스 뤠디

저녁을 대접하게 해주세요.	**Let me treat you to dinner.** 렛 미 트뤼츄 투 디너
저희 집으로 초대하고 싶습니다.	**I want to invite you to my home.** 아이 원투 인바이츄 투 마이 홈
한 번 들러 주시지 않겠습니까?	**Why don't you drop in sometime?** 와이 돈츄 드랍 인 썸타임
오늘밤에 할 일이 있으십니까?	**Are you doing anything tonight?** 아 유 두잉 애니띵 투나잇
저녁식사 준비가 되었습니다.	**Dinner is ready.** 디너 이즈 뤠디
다음 주 화요일에 방문해도 될까요?	**May I call on you next Tuesday?** 메아이 콜 온 유 넥슷(트) 튜즈데이
이번 토요일에 무엇을 하실 건가요?	**What are you doing this Saturday?** 왓 아 유 두잉 디스 쌔러데이
언제가 편하십니까?	**When can you make it?** 웬 캔 유 메이킷
저녁 식사하러 우리 집에 오실래요?	**Will you come to my house for dinner?** 윌 유 컴 투 마이 하우스 풔 디너
저녁 식사 같이 하시겠어요?	**Would you join me for dinner today?** 우쥬 조인 미 풔 디너 투데이

＊ 집으로 초대할 때 ＊

이번 일요일에 무슨 계획 있어요?	**Do you have any plans this Sunday?** 두 유 해배니 플랜즈 디스 썬데이
오늘 오후에 시간이 있습니까?	**Do you have time this afternoon?** 두 유 햅 타임 디스 앱터눈

＊ 파티에 초대할 때 ＊

그의 송별파티에 오셨으면 합니다.	**I'd like you to come to his farewell party.** 아이(드) 라익 유 투 컴 투 히스 페어웰 파리
제가 5시에 데리러 갈게요.	**I'll pick you up at five o'clock** 아윌 픽 유 업 앳 퐈이브 어클락
금요일이 괜찮겠습니까?	**Is Friday OK. with you?** 이즈 프라이데이 오케이 위듀
당신한테 데이트 신청해도 되요?	**May I ask you out?** 메아이 애스큐 아웃
파티에 오시지 그러세요?	**Why don't you come to the party?** 와이 돈츄 컴 투 더 파리
제 초청을 받아주시겠어요?	**Would you care to be my guest?** 우쥬 케어 투 비 마이 게슷(트)

생일파티에 올래요?	**Would you like to come to the birthday party?** 우쥬 라익 투 컴 투 더 버쓰데이 파리
파티에 초대하고 싶습니다.	**I'd like to invite you to my party.** 아이(드) 라익 투 인바이츄 투 마이 파리

＊ 초대에 승낙할 때 ＊

파티는 언제 엽니까?	**When are you having the party?** 웬 아 유 해빙 더 파리
아주 좋습니다.	**I'd be glad to.** 아이(드) 비 글랫 투
기꺼이 가겠습니다.	**With great pleasure.** 윗 그뤠잇 프레줘
나도 끼워줘. 갈게.	**Count me in. I'll be there.** 카운트 미 인 아일 비 데어
물론 그렇게 하겠습니다.	**I'd be happy to.** 아이(드) 비 해피 투
초대에 기꺼이 응하겠습니다.	**I appreciate the invitation.** 아이 어프뤼쉐잇 디 인비테이션
가고 싶어요.	**I'd be glad to come.** 아이(드) 비 글랫 투 컴

* 초대에 승낙할 때 *

좋아요. 갈게요.	**OK. I'm coming.** 오케이 아임 커밍
그래 곧 갈게.	**OK. I'm on my way.** 오케이 아임 온 마이 웨이
제가 뭘 좀 가져갈까요?	**Shall I bring something?** 쉘 아이 브링 썸띵
물론 내가 가야지.	**Sure I'll come.** 슈어 아일 컴
고맙습니다. 기꺼이 그러죠.	**Thank you. I'd like to.** 땡큐 아이(드) 라익 투
그거 좋죠.	**That's great.** 댓스 그뤠잇
재미있을 것 같군요.	**That sounds like fun.** 댓 싸운즈 라익 펀

* 초대에 사양할 때 *

다음에 하면 어떨까요?	**How about some other time?** 하어밧 썸 아더 타임
유감스럽지만 안 될 것 같군요.	**I'm afraid not.** 아임 어프뤠이드 낫

죄송하지만 다른 계획이 있습니다.	**Sorry, but I have other plans.** 쏘뤼 벗 아이 햅 아더 플랜스
안타깝게도 갈 수가 없네요.	**I'm afraid I can't.** 아임 어프뤠이드 아이 캔(트)
미안하지만 선약이 있어서요.	**Sorry, I have a previous engagement.** 쏘뤼 아이 해버 프뤼뷔어스 인게이지먼트
당신의 초대에 응하지 못해서 죄송합니다.	**We regret that we can't accept your kind invitation.** 위 뤼그렛 댓 위 캔(트) 액셉츄어 카인드 인비테이션
갑자기 일이 생겼습니다.	**Something unexpected came up.** 썸띵 언익스펙티드 케임 업 *pending 미결정의

* 초대에 방문할 때 *

아주 멋진 집이군요.	**You have a very nice home.** 유 해버 붸리 나이스 홈
조그만 선물입니다.	**Here's something for you.** 히어즈 썸띵 풔 유
마음에 들었으면 좋겠습니다.	**I hope you like it.** 아이 호퓨 라이킷

* 초대에 방문할 때 *

맘에 드신다니 기쁘네요.	**I'm glad you like it.** 아임 글랫유 라이킷
별거 아닙니다.	**It's nothing.** 잇츠 낫띵
멋진데요.	**Sounds nice.** 싸운즈 나이스
초대해 주셔서 감사합니다.	**Thank you for inviting me.** 땡큐 풔 인바이팅 미
약소하지만 받아주세요.	**This is a little something for you.** 디씨저 리들 썸띵 풔 유 *treat 접대, 한턱내기

* 손님을 맞이할 때 *

오신 것을 환영합니다.	**You're welcome to join us.** 유아 웰컴 투 조인 어스
자 어서 들어와 앉으세요.	**Well, please come in and sit down.** 웰 플리즈 컴 인 앤 씻 다운
그거 아주 좋겠는데요.	**That sounds great.** 댓 사운즈 그레뤠잇 *come up 다가오다, 닥치다

고맙습니다. 그러죠.	**Thank you, I will.** 땡큐 아이 윌
그럴 수 있다면 좋겠군요.	**I wish I could.** 아이 위시 아이 쿠드
편히 하세요.	**Make yourself at home.** 메이큐어셀프 앳 홈 = Please make yourself at home.
어서 들어오세요.	**Please come on in.** 플리즈 컴 온 인
여기 오시는 데 고생하지 않으셨어요?	**Did you have any trouble getting here?** 디쥬 해배니 트러블 게링 히어
코트는 저를 주세요.	**Let me take your coat.** 렛 미 테익 유어 코우트

＊ 음식을 대접할 때 ＊

식당으로 가시지요.	**Please come into the dining room.** 플리즈 컴 인투 더 다이닝 룸
마음껏 드세요.	**Help yourself, please.** 헬퓨어셀프 플리즈
어서 드십시오.	**Go ahead and start eating.** 고 어헤드 앤 스타트 이링

* 음식을 대접할 때 *

먼저 드십시오.	**After you.** 앱터 유
무얼 마시겠습니까?	**What would you like to drink?** 왓 우쥬 라익 투 드륑(크)
좀더 드시지요.	**Why don't you help yourself to some more?** 와이 돈츄 헬퓨어셀프 투 썸 모어
쿠키 좀 드세요.	**Please help yourself to the cookies.** 플리즈 헬퓨어셀프 투 더 쿠키스

* 초대를 마치고 돌아갈 때 *

이만 돌아가 봐야겠어요.	**I've come to say goodbye.** 아이(브) 컴 투 쎄이 굿바이
이제 그만 실례하겠습니다.	**I think I should be going now.** 아이 띵카이 슈드 비 고잉 나우
마음껏 즐겼습니다.	**I enjoyed myself very much.** 아이 인조이드 마이셀프 붸리 머취
여기서 작별인사를 해야겠어요.	**I'll say goodbye here, then.** 아일 쎄이 굿바이 히어 덴

오늘밤은 정말 재미있었습니다.	**I had lots of fun tonight.** 아이 해드 랏촙 펀 투나잇
매우 맛있는 식사였습니다.	**This was a delicious meal.** 디스 워즈 어 딜리셔스 밀
충분히 먹었습니다.	**I've enough.** 아이(브) 이너프

*** 손님을 배웅할 때 ***

변변치 못합니다.	**It is small.** 잇 이즈 스몰
와 주셔서 감사합니다.	**Thank you for having me.** 땡큐 풔 해빙 미
와주셔서 정말 기쁩니다.	**I'm so glad you could come.** 아임 쏘 글랫 유 쿠드 컴
즐거우셨다니 기쁘군요.	**I'm glad you enjoyed yourselves.** 아임 글랫 유 인조이 유어셀브즈
들러 주셔서 감사했습니다.	**Thanks for stopping over.** 땡스 풔 스타핑 오버 = Thank you for coming. = I'm really glad you came.

감정 표현 Emotion

1. 기쁨과 즐거움

* 기쁘고 즐거울때 *

그 소식을 들으니 정말 기쁩니다.	**I'm glad to hear that.** 아임 글랫 투 히어 댓
좋아서 미치겠어요.	**I'm tickled pink.** 아임 티클(드) 핑크
좋은 시간 보내세요.	**Have a good time.** 해버 굿 타임
졸업을 하게 되어 무척 기뻐요.	**I'm so happy to graduate.** 아임 쏘 해피 투 그래쥬에잇
네가 잘 돼서 나도 기뻐!	**I'm really happy for you.** 아임 륄리 해피 풔 유
정말 기쁘시겠습니다.	**How glad you must be!** 하우 글래쥬 머슷(트) 비
기분 끝내주는군요!	**What a great feeling!** 와러 그뤠잇 퓔링

평생에 이보다 더 기쁜 적이 없었어요.	**I've never been happier in my life.** 아이(브) 네버 빈 해피어 인 마이 라이프
기뻐서 날아갈 것 같았어요	**I jumped for joy.** 아이 점프트 풔 조이 = I'm about ready to jump out my skin.
정말 즐거웠어요.	**I really did enjoy myself.** 아이 륄리 딧 인조이 마이셀프
너무 기뻐서 말이 안 나와요.	**I'm so happy, I don't know what to say.** 아임 쏘 해피 아이 돈(트) 노우 왓 투 쎄이
너무 행복해요.	**I'm so happy.** 아임 쏘 해피
꿈꾸는 듯한 기분이에요.	**I feel as if I'm in a dream.** 아이 퓔 애즈 이퐈임 이너 드륌
기분이 너무 좋아!	**What a feeling!** 와러 퓔링
만세!	**Hurrah!** 허롸
난 정말로 만족해요.	**I'm completely satisfied.** 아임 컴플리틀리 새디스퐈이드
날아갈 듯한 기분이에요.	**I'm walking on air.** 아임 워킹 온 에어

* 즐거울 때 *	
정말 즐거워요!	**What a lark!** 와러 락
그 소식을 들어서 얼마나 기쁜지 말할 수 없습니다.	**I can't tell you how happy I am to hear that.** 아이 캔(트) 텔 유 하우 해피 아이엠 투 히어 댓
듣던 중 반가운데요.	**That's nice to hear.** 댓츠 나이스 투 히어
콧노래라도 부르고 싶은 기분입니다.	**I feel like humming.** 아이 퓔 라익 허밍 *feel like ~한 느낌이 있다
더 이상 기쁠 수 없을 거야.	**I couldn't be happier with it.** 아이 쿠든(트) 비 해피어 위딧
정말 기분이 좋군	**Oh! How glad I am!** 오 하우 글랫 아이 엠
그는 희색이 만연했어요.	**He was all smiles.** 히 워즈 올 스마일스
좋아 죽겠어.	**I'm as pleased as punch.** 아임 애즈 프리즈(드) 애즈 펀치 = I feel like a new person.
대단한 소식이야!	**What wonderful news!** 왓 어 원더풀 뉴스 = That is good news.

그 소식을 들으면 그가 얼마나 기뻐할까!	**How glad he will be to hear that!** 하우 글랫 히 윌 비 투 히어 댓
희비가 교차하는군요.	**I alternate between joy and grief.** 아이 얼터닛 비튄 조이 앤 그뤼프

2. 고마움

* 고마울 때 *

당신의 선물을 무엇으로 보답하죠?	**What shall I give you in return for your present?** 왓 쉘 아이 기뷰 인 뤼턴 풔 유어 프레전트
이젠 괜찮습니다. 고맙습니다.	**I'm all right now. Thank you.** 아임 올 롸잇 나우 땡큐
보답해 드릴 수 있었으면 좋겠어요.	**I hope I can repay you for it.** 아이 홉 아이 캔 뤼페이 유 풔릿
훌륭한 선물을 주셔서 대단히 고맙습니다.	**Thank you very much for your nice present.** 땡큐 붸리 머취 풔 유어 나이스 프레전트
저도 마찬가지로 감사합니다.	**Thanks just the same.** 땡쓰 저슷(트) 더 쎄임
그렇게 말씀해 주시니 기쁩니다.	**How kind of you to say so!** 하우 카인돕 유 투 쎄이 쏘

✽ 고마울 때 ✽	
당신은 정말 사려가 깊으시군요.	**How thoughtful of you!** 하우 쏘웃(트) 오뷰
당신에게 줄 조그만 선물입니다.	**I have a small gift for you.** 아이 해버 스몰 깁트 풔 유
보잘것없는 것이지만 받아주십시오.	**Kindly accept this little trifle.** 카인들리 액셉(트) 디스 리들 트라이플
이건 바로 제가 갖고 싶었던 거예요.	**This is just what I wanted.** 디씨즈 저슷(트) 와다이 원티드
대단치 않지만 마음에 들었으면 합니다.	**It isn't much but I hope you like it.** 잇 이즌(트) 머취 벗 아이 홉퓨 라이킷
그렇게 말씀해 주시니 고맙습니다.	**It's very nice of you to say so.** 잇츠 붸리 나이스 오뷰 투 쎄이 쏘
천만에요.	**You're more than welcome.** 유아 모어 댄 웰컴
큰 도움이 되었어요.	**You've been a great help.** 유(브) 비너 그뤠잇 헬(프)
수고해 주셔서 감사합니다.	**Thank you for your trouble.** 땡큐 풔 유어 트러블

당신 덕분에 정말 재미있게 보냈습니다.	**I had a wonderful time being with you.** 아이 해드 어 원더풀 타임 빙 위듀
당신에게 신세를 무척 많이 졌습니다.	**I owe you so much.** 아이 오우 유 쏘 머취
저희와 함께 시간을 해 주셔서 감사합니다.	**I appreciate you talking your time with us.** 아이 어프리쉐이츄 토킹 유어 타임 위더스
어떻게 감사를 드려야 할지 모르겠어요.	**How can I ever thank you?** 하우 캔 아이 에버 땡큐

3. 근심과 걱정

* 근심을 위로할 때 *

피곤해 보이는데 웬일인가요?	**How come you look so tired?** 하우 컴 유 룩 쏘 타이어드
한잠도 못 잤어요.	**I didn't sleep a wink.** 아이 디든(트) 슬립 어 윙크
뭘 그리 초조해하고 있니?	**What are you fretting over?** 왓 아 유 프리팅 오버
뭣 때문에 괴로워하고 있는 거야?	**What's bothering you?** 왓츠 바더링 유

* 근심을 위로할 때 *

당신은 결코 실패할 리는 없어요.	**It is impossible to associate failure with you.** 잇 이즈 임파서블 투 어쏘쉬에잇 패일러 위듀
너무 심각하게 받아들이지 마세요.	**Don't take it seriously.** 돈(트) 테이킷 시어리어슬리
오늘 기분이 언짢아 보이는데….	**You look under the weather today.** 유 룩 언더 더 웨더 투데이
긍정적으로 생각하세요.	**Be positive.** 비 퍼지티브
집에 무슨 일이 있으세요?	**Do you have any trouble at home?** 두 유 해배니 트러블 앳 홈
무슨 일이세요?	**What's wrong?** 왓츠 롱

* 걱정을 할 때 *

걱정하지 마세요.	**Don't worry.** 돈(트) 워리
진정하세요.	**Calm down.** 카암 다운
그런 걱정은 잊어버리세요.	**Put such worries out of your head.** 풋 써취 워리즈 아웃 옵 유어 헤드

낙담하지 말아요.	**Never say die.** 네버 쎄이 다이
그녀가 안 오면 어떡하죠?	**What if she doesn't come?** 왓 이프 쉬 더즌(트) 컴
요즘 기분이 좋지 않아요.	**I've been feeling down lately.** 아이(브) 빈 퓔링 다운 레잇틀리
자, 걱정할 것 없어요.	**Well, never mind.** 웰 네버 마인드
좋아질 거예요.	**There are sunny days ahead.** 데어라 써니 데이즈 어헤드
절망적인 기분이야.	**I feel hopeless.** 아이 퓔 홉(프)리스
무슨 일이야?	**What's the problem?** 왓츠 더 프라블럼
눈앞이 캄캄해요.	**My life is so hopeless.** 마이 라이프 이즈 쏘 홉(프)리스
그때 가서 걱정해요.	**Worry when the time comes.** 워리 웬 더 타임 컴즈
그냥 잊어버려요.	**Don't think about it.** 돈(트) 띵크 어바우릿

4. 슬픔과 위로

* 슬플 때 *	
아, 슬퍼요!	**Alas!** 어래스
저를 우울하게 만들지 마세요.	**Don't let it make my brown eyes blue.** 돈(트) 렛 잇 메익 마이 브라운 아이즈 블루
세상이 꼭 끝나는 것 같아.	**I feel like the world is coming to an end.** 아이 퓔 라익 더 월드 이즈 커밍 투 언 엔드
당신 우울해 보여요.	**You look blue.** 유 룩 블루
조금 슬픕니다.	**I'm feeling rather sad.** 아임 퓔링 래더 쌔드
괜히 울고 싶은 심정이에요.	**Somehow I feel like crying.** 썸하우 아이 퓔 라익 크라잉
오늘은 왠지 우울해요.	**I feel blue without any reasons.** 아이 퓔 블루 위다웃 애니 뤼즌즈
슬퍼요.	**I'm sad.** 아임 쌔드 = I'm in mourning

모든 것이 끝났다고 생각했어요.	**I thought I was at the end of my rope.** 아이 쏘웃(트) 아이 워즈 앳 디 엔드 옵 마이 롭(프)
기분이 우울해요.	**I have the blues.** 아이 햅 더 블루스
너무 마음이 아파요.	**My heart broke.** 마이 하(트) 브로크
저는 비참해요.	**I feel miserable.** 아이 퓔 미저러블
기분이 좋지 않아요.	**I'm not in a good mood.** 아임 나린 어 굿 무드
울고 싶어.	**I feel like crying.** 아이 퓔 라익 크라잉 *feel like ~ing ~하고 싶다
＊ 위로할 때 ＊	
행운을 빕니다.	**Good luck!** 굿럭
당신은 할 수 있어요!	**You can make it!** 유 캔 메이킷
애석하군요.	**That's a pity.** 댓츠 어 피리

감정 표현

＊ 위로할 때 ＊

최선을 다해!	**Do your best!** 두 유어 베슷
너는 이겨낼 거야.	**You'll get through this.** 유일 겟 쓰루 디스
삼가 조의를 표합니다.	**My condolences.** 마이 컨돌런시즈
더 이상 슬프지 않을 거예요.	**You will get pass beyond the sadness.** 유 윌 겟 패쓰 비연드 더 쌔드니스
어머, 가엾어라!	**What a pity!** 왓 어 피리
염려하지 마세요.	**Don't worry about it.** 돈(트) 워리 어바우릿
당신 잘하고 있어요!	**You're doing great!** 유아 두잉 그뤠잇
긍정적으로 생각해요.	**Look on the bright side!** 룩 온 더 브라잇 싸이드
어떻게 견디고 계세요?	**How are you holding up?** 하우 아 유 홀딩 업

슬퍼하지 마세요.	**Don't be sad.** 돈(트) 비 쌔드
기운 내!(힘내!)	**Go for it!** 고 풔릿
너무 우울해하지 마.	**Don't get too down.** 돈(트) 겟 투 다운
그 말을 들으니 유감스럽습니다.	**I'm sorry to hear that.** 아임 쏘뤼 투 히어 댓
자신을 믿으세요!	**Trust yourself!** 트뤄스(트) 유어셀프
포기하지 마!	**Don't give up!** 돈 기법
내가 당신 옆에서 돌봐줄게요.	**I'll stick by you.** 아일 스틱 바이 유
다 잘될 거예요.	**Everything will work out just fine.** 에브뤼띵 윌 워카웃 저슷(트) 퐈인
빨리 해결되길 바랍니다.	**I hope you resolve it soon.** 아이 호퓨 뤼잘브 잇 쑨
좋아질 거예요.	**There are sunny days ahead.** 데어라 써니데이즈 어헤드

5. 실망과 비난

* 실망했을 때 *

지금 농담할 기분이 아니에요.	**I'm not in the mood to joke around.** 아임 나린 더 무드 투 조(크) 어롸운드
창피해요!	**What a shame!** 와러 쉐임
끔찍해요!	**That's awful!** 댓츠 어풀
뻔뻔하군요.	**You've got some nerve.** 유(브) 갓 썸 너브
입 닥쳐!	**Shut up!** 셧 업
제가 한 행동이 부끄러워요.	**I'm ashamed of what I've done.** 아임 어쉐임드 옵 왓 아이(브) 던
당신한테 실망했어요.	**You've disappointed me.** 유(브) 디스어포인티드 미
뒤통수를 한 대 얻어맞은 기분입니다.	**It's a big blow.** 잇처 빅 블로우
그는 나를 실망시켰어요.	**He really let me down.** 히 륄리 렛 미 다운

너무 약 올라!	**How exasperating!** 하우 익재스퍼레이링

* 비난하거나 욕할 때 *	
이봐요! 목소리 좀 낮춰요.	**Hey! Keep your voice down!** 헤이 킵 유어 보이스 다운
당신 정신 나갔어요?	**Are you out of your mind?** 아 유 아웃 옵 유어 마인드
내 탓이 아냐.	**I'm not the one to blame.** 아임 낫 디 원 투 블레임
너 내 말대로 해!	**You heard me!** 유 허(드) 미
넌 더 이상 내 친구가 아냐.	**You're not my friend anymore.** 유아 낫 마이 프렌드 애니모어
당신이 잘못한 거예요.	**You were in the wrong.** 유 워 인 더 롱
당신, 어떻게 그런 말을 할 수 있죠?	**How can you say such a thing?** 하우 캔 유 쎄이 써취 어 띵
날 뭘로 생각하는 거야?	**What do you take me for?** 왓 두 유 테익 미 풔 *take ~for 무시하지 마(강한 표현)

* 비난하거나 욕할 때 *

아냐, 네가 내 말대로 해!	**No, you heard me!** 노, 유 허(드) 미
내 탓하지 마.	**Don't put the blame on me.** 돈(트) 풋 더 블레임 온 미

6. 노여움과 불쾌

* 노여울 때 *

정말 미쳐 버리겠네.	**I'm really mad.** 아임 륄리 매드
정말 열 받는군.	**What a pisser!** 왓 어 피써
참는 것도 한도가 있어요.	**My patience is worn out.** 마이 페이션스 이즈 원 아웃
그 사람 당신한테 화나 있어요.	**He got angry at you.** 히 갓 앵그뤼 앳 유
무슨 소릴 하는 거야?	**What are you talking about?** 왓 아 유 토킹 어밧
쓸데없는 소리하지 마세요.	**Stop your nonsense.** 스탑 유어 난센스

더 이상은 못 참겠어요.	**Enough is enough.** 이너피즈 이너프
노발대발하지 마.	**Don't throw a fit.** 돈(트) 쓰로우 어 퓟
화 내지 마세요.	**Please don't get angry.** 플리즈 돈(트) 겟 앵그뤼
그만 하세요! 더 이상 참을 수가 없어요.	**Stop it! I can't take it any more.** 스탑 잇 아이 캔(트) 테이킷 애니 모어
말대꾸하지 마!	**Don't sass me back!** 돈(트) 쌔스 미 백
그만해! 그것에 대해서 더 듣고 싶지 않아요.	**Cut it out! I don't want to hear any more about it.** 컷잇 아웃 아이 돈(트)원투 히어 애니 모어 어바우릿
내게 말하지 마.	**Don't talk to me.** 돈(트) 톡 투 미
그만둬!	**Stop it!** 스탑 잇
제 자신에게 화가 났어요.	**I'm mad at myself.** 아임 매댓 마이셀프
입 닥치고 잠자코 있어!	**Keep your mouth shut!** 킵 유어 마우스 셧

* 노여울 때 *

이성을 잃으면 안 돼.	**Don't lose your temper.** 돈(트) 루우쥬어 템퍼
바보 같은 소리 집어 치워!	**Cut off the silly story!** 컷 오프 더 씰리 스토리
너무 화내지 마.	**Don't get so upset.** 돈(트) 겟 쏘 업셋
너무 화가 나서 터질 것만 같아.	**I'm so angry I could blow.** 아임 쏘 앵그뤼 아이 쿠드 블로우

* 불쾌할 때 *

이것은 몹시 불쾌해.	**I'm extremely unhappy about this.** 아임 익스트륌리 언해피 어밧 디스
저를 몹시 화나게 하는 군요.	**It burns me up.** 잇 번즈 미 업
그만해둬, 좀 조용히 해!	**Stop bothering me. Just be quiet.** 스탑 바더링 미 저슷(트) 비 콰이엇
네가 완전히 망쳤어.	**You really blew it.** 유 륄리 블루 잇
그 말을 들으니까 기분 나쁜데.	**I take offense to that.** 아이 테익 어펜스 투 댓

내가 너한테 뭘 어떻게 했다는 거야?	**What did I ever do to you?** 왓 딧 아이 에버 두 투 유
너무 화가 난다.	**I'm very angry.** 아임 붸리 앵그뤼
너 두고 보자!	**You won't get away with this.** 유 웡(트) 겟 어웨이 윗디스

7. 주의와 충고

＊ 주의를 줄 때 ＊

계단 조심하세요.	**Watch Your Step.** 왓치 유어 스텝
주의하시오.	**Watch Out.** 왓치 아웃
2, 3일간 휴식을 취하세요.	**Take a rest for a few days.** 테이커 뤠스트 풔러 퓨 데이즈
머리 조심하세요.	**Watch your head.** 왓치 유어 헤드
잊으신 물건이 없도록 하세요.	**Don't leave anything behind.** 돈(트) 리브 애니띵 비하인드
들어가지 마시오.	**Keep Out.** 킵 아웃

＊ 충고할 때 ＊	
당신 할 일이나 하세요.	**Do your job!** 두 유어 잡
얘기를 좀 정리해서 하세요.	**Get the story straight.** 겟 더 스토뤼 스트레잇
어서 일이나 하세요.	**Get back to work.** 겟 백 투 워크
다시는 그런 일이 없도록 하세요.	**Don't let it happen again.** 돈 렛 잇 해펀 어겐
이왕 할 거면 빨리 하세요.	**Hurry up if you're going to do it anyway.** 허뤼 업 이퓨아 고잉 투 두 잇 애니웨이
용건만 간단히 하세요.	**Don't hog the phone.** 돈(트) 헉 더 폰
눈치껏 좀 하세요.	**Don't be so obvious.** 돈(트) 비 쏘 어뷔어스
당신이 느끼는 대로 이야기 하세요.	**Tell me what you feel.** 텔 미 와츄 필
소신껏 하세요.	**Do it your own way.** 두 잇 유어 오운 웨이

배운 대로 하세요.	**Do it the way you were taught.** 두 잇 더 웨이 유 워 토웃(트)
핸드폰을 진동으로 해 주세요.	**Keep your cell phone on vibration.** 킵 유어 셀 폰 온 봐이브레이션
소리를 좀 낮춰주세요.	**Please keep the volume down.** 플리즈 킵 더 볼륨 다운
매일 조금씩 더 하세요.	**Do a little more everyday.** 두 어 리들 모어 에브뤼데이

8. 긴장과 초조

✻ 긴장할 때 ✻

난 지금 좀 긴장돼.	**I'm a little nervous right now** 아임 어 리들 너버스 롸잇 나우
긴장 풀고 평소대로 해요.	**Just relax and be yourself.** 저슷(트) 륄렉스 앤 비 유어셀프
긴장된 분위기예요.	**There's tension in the air.** 데어즈 텐션 인 디 에어
걱정거리는 뒤로 제쳐 두세요.	**Leave your cares behind.** 리뷰어 케어즈 비하인드

* 긴장할 때 *

난 긴장하고 있어요.

I'm on the ball.
아임 온 더 볼

걱정한다고 될 일이 아닙니다.

Worry never helps anything.
워뤼 네버 헬프스 애니띵

긴장하지 말아요.

Don't be nervous.
돈(트) 비 너버스

걱정이 많은가 봐?

Do you have a lot of things on your mind?
두 유 햅 얼랏옵 띵스 온 유어 마인드

너무 긴장돼요.

I'm so nervous.
아임 쏘 너버스

긴장을 푸세요.

Calm your nervs.
카암 유어 너브스

심호흡 한번 해봐.

Just take a deep breath.
저슷(트) 테이커 딥 브뤠쓰

* 초조할 때 *

난 너무 걱정이 돼서 안절부절 못하겠어.

I'm so anxious I feel like I have ants in my pants.
아임 쏘 앵셔스 아 퓔 라익 아이 햅 앤츠 인 마이 팬츠
= You're so uptight.

왜 손톱을 물어뜯고 있니?	**Why are you chewing your fingernails?** 와이 아 유 츄잉 유어 핑거네일즈
마음이 조마조마합니다.	**I have butterflies in my stomach.** 아이 햅 버러플라이즈 인 마이 스토맥
너무 떨려서 말이 안 나와요.	**I'm too scared to speak.** 아임 투 스케얼드 투 스픽

9. 놀라움과 충격

* 놀라울 때 *	
저런, 세상에!	**Oh, my God!** 오, 마이 갓
앉아서 긴장을 푸는 게 좋겠어.	**You'd better go sit down and relax.** 유(드) 배러 고 씻 다운 앤 릴랙스
이거 큰일 났군.	**We really are in trouble!** 위 륄리 아 인 트러블
등골에 땀이 나요.	**I have perspiration on my back.** 아이 햅 퍼스퍼레이션 온 마이 백
그 말을 듣고서 너무 놀랐습니다.	**I was surprised to hear that.** 아이 워즈 써프라이즈드 투 히어 댓

* 놀랐을 때 *	
진정하세요.	**Put your mind at ease about that.** 풋 유어 마인드 앳 이즈 어밧 댓
나는 겁에 잔뜩 질렸어요.	**I was scared shitless.** 아이 워즈 스케얼드 쉬틀리스
정말 충격이야.	**It was a total shock.** 잇 워즈 어 토털 샥
어안이 벙벙하네요.	**I'm stunned.** 아임 스턴드
놀라지 마세요.	**Don't alarm yourself.** 돈(트) 얼람 유어셀프
너 때문에 놀랬잖아.	**You startled me.** 유 스타틀드 미
그 생각만 하면 무서워요.	**I dread to think of that.** 아이 드레드 투 띵크 옵 댓
하느님 맙소사!	**My goodness!** 마이 굿니스
굉장하군요!	**That's terrific!** 댓츠 터뤼픽
놀랍군요!	**What a surprise!** 왓 어 써프라이즈

그것은 금시초문인데요.	**That's news to me.** 댓츠 뉴스 투 미
놀랍군요!	**How surprising!** 하우 써프라이징
정말 절 놀라게 하시네요.	**You caught me off guard.** 유 커엇 미 오프 가드
두려워할 게 뭐가 있어?	**What's to be afraid of?** 왓츠 투 비 어프뤠이드 옵
내 팔에 소름끼치는 것 좀 보세요.	**Look at these goose bumps on my arms.** 룩 앳 디즈 구스 범프손 마이 암즈
정말 무서운 영화였어.	**That was a really scary movie.** 댓 워즈 어 뤌리 스케얼리 무비
간 떨어질 뻔 했어요.	**I almost dropped a load.** 아이 올모슷 드랍트 어 로드
믿을 수 없어.	**I can't believe it.** 아이 캔(트) 빌리빗
난 무서워서 아무것도 할 수가 없었어.	**I was too scared to do anything.** 아이 워즈 투 스케얼드 투 두 애니띵
야, 정말 놀랐습니다.	**Now, I've seen everything.** 나우 아이(브) 씬 에브뤼띵

* 놀랐을 때 *

말도 안 돼!	**No way!** 노 웨이
무서운 생각이야.	**It's a frightening thought.** 잇처 프라이트닝 쏘웃(트)

* 충격 받았을 때 *

생각지도 못했습니다.	**I'd never have thought it.** 아이(드) 네버 햅 쏘우릿
내 귀를 믿을 수가 없어요.	**I couldn't believe my ears.** 아이 쿠든(트) 빌리브 마이 이어즈
충격적이에요.	**I'm shocked!** 아임 샥트
그럴 리가 없어요.	**It can't be true!** 잇 캔(트) 비 트루
믿을 수가 없어!	**Incredible!** 인크레더블
정말 당황스럽네요.	**I'm so embarrassed.** 아임 쏘 임베뤄스(드)
그 사고에 충격을 받았습니다.	**I was shocked by the accident.** 아이 워즈 샥트 바이 디 액씨던트

10. 후회와 감탄

* 후회할 때 *

언젠가는 후회할 겁니다.	**Someday you'll be sorry.** 썸데이 유일 비 쏘뤼
그 사람이 실패하다니 정말 안됐군요.	**It is a great pity that he had failed.** 잇 이저 그뤠잇 피리 댓 히 해드 페일드
난 정말 이곳을 그리워 할 거야.	**I'm really going to miss this place.** 아임 륄리 고잉 투 미쓰 디스 플레이스
난 후회하지 않아.	**I don't have any regrets.** 아이 돈(트) 해배니 뤼그렛츠
그에게 사과했어야 하는 건데.	**I would have apologized to him.** 아이 우드 햅 어팔러자이즈드 투 힘
이젠 너무 늦었어.	**It's too late now.** 잇츠 투 레잇 나우
나는 이 일을 맡은 것에 대해 결코 후회해 본 적이 없어.	**I've never regretted taking on this job.** 아이(브) 네버 뤼그렛티드 테이킹 온 디스 잡
나는 후회가 많습니다.	**I have so many regrets.** 아이 햅 쏘 매니 뤼그렛츠

*express regret at ~에 유감을 표하다

감정표현

✻ 후회할 때 ✻	
운이 없었을 뿐이야.	**It's unfortunate.** 잇츠 언퍼춰닛
당신에게 그걸 보여주고 싶었는데요.	**You should have been there to see it.** 유 슈드 햅 빈 데어 투 씨 잇
영어공부를 좀 열심히 했더라면 좋았을 텐데.	**I wish I had studied English harder.** 아이 위시 아이 해드 스터디드 잉글리시 하더

✻ 감탄했을 때 ✻	
맛있네요!	**Delicious!** 딜리셔스
엄청나네요!	**That's really super!** 댓츠 륄리 수퍼
와, 정말 아름답네요!	**Wow, beautiful!** 와우, 뷰뤼풀
잘했어요!	**Good for you!** 굿 풔 유
재미있네요!	**How interesting!** 하우 인터뤠스팅
부럽습니다.	**I envy you.** 아이 엔뷰 = I'm envious of you.

●필수 단어●

깜짝 놀란	alarmed 얼람(드)
화난	angry 앵그뤼
기분 좋은	cheerful 취어풀
혼란스러운	confused 컨퓨즈(드)
실망한	disappointed 디스어포인티드
당황한	embarrassed 임베뤄스(드)
용기를 얻게 된	encouraged 엔커리지(드)
시기하는	envious 엔비어스
희망에 차 있는	hopeful 홉풀
무관심한	indifferent 인디풔런트
신경 과민의	nervous 너버스
평온한	peaceful 피스펄
후회하는	regretful 뤼그렛펄
느긋한	relaxed 륄렉스트
안도하는	relieved 릴리브(드)
분개한	resentful 리젠트펄
만족한	satisfied 새티스파이드
겁먹은	scared 스케얼드
놀란	surprised 써프라이즈(드)
입장	position 포지션
의견	opinion 어피니언
반응, 의견	feedback 퓌드백
생각, 의견	idea 아이디어
요점	point 포인트
동의하다	agree 어그뤼
수락하다, 응하다	accept 액셉(트)
동의하다	consent 컨센트
반대하다	against 어겐스트
반대, 이의	objection 어브젝션
반대하다	oppose 어포우즈
반대, 대립	opposition 어포지션
차이	difference 디풔런스
의견이 다르다	disagree 디스어그뤼
중립의	neutral 뉴트럴
이유	reason 뤼즌
제안하다	offer 오풔
제안	proposal 프러포즐
제안	proposition 프라포지션
승인	approval 어프루벌

관광 Sightseeing

1. 관광 정보

＊ 관광 정보 수집 ＊

시내로 들어가는 버스가 있습니까?	**Is there a bus to the city?** 이즈 데어러 버스 투 더 씨리
승차권은 어디서 사야 합니까?	**Where do I get a ticket?** 웨어 두 아이 겟 어 티킷
재미있는 장소 좀 추천해 주세요.	**Recommend interesting places.** 뤠커멘드 인터뤠스팅 플레이시즈
~행 배를 타는 곳은 어디입니까?	**Where can I board the ship to ~?** 웨어 캔 아이 보드 더 쉽 투 ~
경치가 좋은 곳을 아십니까?	**Do you know a place with a nice view?** 두 유 노우 어 플레이스 위더 나이스 뷰
사적지가 있습니까?	**Are there any historical sites?** 아 데어 애니 히스토뤼컬 사잇츠
그곳의 어떤 점이 그렇게 좋습니까?	**What's good about it?** 왓츠 굿 어바우릿

택시 타는 곳은 어딥니까?	**Where is the taxi stand?** 웨어리즈 더 택시 스탠드
승선 시각은 몇 시입니까?	**What time do we board?** 왓 타임 두 위 보드
이 지역의 관광지는 어디입니까?	**What should I see in this city?** 왓 슈다이 씨 인 디스 씨리
그곳은 이 지도의 어디지요?	**Where's it on this map?** 웨어즈 잇 온 디스 맵
이 버스는 ~ 호텔에서 정차합니까?	**Does this bus go to the ~ Hotel?** 더즈 디스 버스 고 투 더 ~ 호텔

＊ 관광 안내 문의 ＊

관광코스를 추천해 주시겠습니까?	**Can you recommend a sightseeing tour?** 캔 유 뤠커멘더 싸잇씽잉 투어
여기서 호텔 예약을 할 수 있습니까?	**Can I reserve a hotel room here?** 캔 아이 뤼저브 어 호텔 룸 히어
관광 안내소는 어디에 있습니까?	**Where is the tourist information center?** 웨어리즈 더 투어뤼스트 인풔메이션 센터
여기서 관광 버스표를 살 수 있습니까?	**Can I buy tickets for a sightseeing bus here?** 캔 아이 바이 티킷츠 풔러 싸잇씨잉 버스 히어

관광

* 관광 안내 문의 *	
택시 요금은 얼마나 나올까요?	**How much would the taxi fare be?** 하우 머취 우드 더 택시 페어 비
여기서 렌터카 예약이 가능합니까?	**Can I reserve a rent a car here?** 캔 아이 뤼저브 어 렌터카 히어
번화한 곳에 가보고 싶습니다.	**I want to go to downtown.** 아이 원투 고 투 다운타운
쇼를 관람하는 코스가 있습니까?	**Is there a tour of some shows?** 이즈 데어러 투어 옵 썸 쇼우즈
가이드를 고용할 수 있습니까?	**Is it possible to hire a guide?** 이짓 파서블 투 하이어 어 가이드
갑판 좌석을 예약하고 싶습니다.	**I'd like to reserve a deck chair.** 아이(드) 라익 투 뤼저브 어 덱 췌어
입장은 유료입니까?	**Is there a charge for admission?** 이즈 데어러 촤지 풔 어드미션 *adult 어른, 성인
관광객을 위한 안내서가 있습니까?	**Do you have a tourist guide brochure?** 두 유 해버 투어뤼스트 가이드 브로슈어
관광 안내정보를 알려면 어디로 가야 해요?	**Is there a tourist information center?** 이즈 데어러 투어뤼스트 인풔메이션 센터

✻ 관광 가이드 활용 ✻

구경할 곳이 아주 많습니다.	**There are so many places to see.** 데어라 쏘 매니 플레이시즈 투 씨
매표소에서 표를 구입하셔야 합니다.	**You need to buy a ticket.** 유 닛투 바이 어 티킷
여행 기간은 얼마나 됩니까?	**How long is the trip for?** 하우 롱 이즈 더 트립 풔
이곳은 경치가 아름답기로 유명합니다.	**This area is famous for its scenery.** 디스 에어뤼어 이즈 페이머스 풔 잇츠 씨너뤼
몇 분인지 세어봅시다.	**Let' s count heads.** 렛츠 카운트 헤즈
잠시만 기다려 주시겠습니까?	**Could you wait a few minutes?** 쿠쥬 웨잇 어 퓨 미닛츠
모두 오셨습니까?	**Is everyone here?** 이즈 에브뤼원 히어
출발합시다.	**Let's get a move on.** 렛츠 겟 어 무브 온 = Let's start. = Off we go!
우리는 여기서 한 시간 동안 있을 겁니다.	**We'll stop here for an hour.** 윌 스탑 히어 풔 언 아우어 *ticket booth 매표소

관광

＊ 매표소 안내 ＊

출구는 어디입니까?	**Where is the exit?** 웨어리즈 디 엑싯(트)
박물관 입장료는 얼마지요?	**How much is the admission to the museum?** 하우 머취즈 디 어드미션 투 더 뮤지엄
기념품은 어디에서 팝니까?	**Where is the souvenir shop?** 웨어리즈 더 수베니어 샵 *souvenir 기념품
대학생은 할인됩니까?	**Do you offer student discounts?** 두 유 오퍼 스튜던(트) 디스카운츠
아이들 표는 얼마죠?	**How much is a child's ticket?** 하우 머취즈 어 촤일(드)스 티킷
티켓은 어디에서 삽니까?	**Where can I buy a ticket?** 웨어 캔 아이 바이 어 티킷
어른 한 사람에 얼마죠?	**How much for an adult?** 하우 머취 풔 언 어덜트
노인 할인 가격이 있나요?	**Is there a senior citizen's discount price?** 이즈 데어러 씨니어 시리즌스 디스카운트 프라이스
경로우대 티켓으로 10장 주시겠어요?	**Could I have ten senior tickets?** 쿠다이 햅 텐 시니어 티킷츠

2. 관광 안내

＊ 시내 관광할 때 ＊

둘러보는 데 얼마나 걸립니까?	**How long will it take to look around?** 하우 롱 위릿 테익 투 룩 어롸운드
오늘 관광이 있습니까?	**Do you have the tour today?** 두 유 햅 더 투어 투데이
점심식사 포함입니까?	**Is lunch included?** 이즈 런치 인클루디드
예약은 해야 합니까?	**Do I need a reservation?** 두 아이 니더 레저베이션 *sold out 매진되다
여기서 표를 살 수 있습니까?	**Can I buy a ticket here?** 캔 아이 바이 어 티킷 히어
유람선 타는 곳은 어디입니까?	**Where can I get on a sightseeing boat?** 웨어 캔 아이 겟 오너 싸잇씨잉 보트 *observatory 전망대
몇 시에 돌아옵니까?	**What time will we be back?** 왓 타임 윌 위 비 백
몇 시에 출발하나요?	**What time does it leave?** 왓 타임 더짓 리브 *enter ~에 참가하다

관광

* 시내 관광할 때 *

입장료도 포함됩니까?	**Is the entrance fee included?** 이즈 디 엔트런스 퓌 인클루디드
이 관광에서는 무엇을 보게 됩니까?	**What will I see on this tour?** 왓 윌 아이 씨 온 디스 투어
호텔까지 데려다 줍니까?	**Do you take us to our hotel?** 두 유 테익 어스 투 아워 호텔
이 관광은 몇 시간 걸립니까?	**How long does this tour take?** 하우 롱 더즈 디스 투어 테익
야간 관광은 있습니까?	**Do you have a night tour?** 두 유 해버 나잇 투어
한국어 가능한 가이드가 있습니까?	**Are there any Korean speaking guides?** 아 데어 애니 코뤼언 스피킹 가이즈
할인 티켓 있나요?	**Do you have some discount tickets?** 두 유 햅 썸 디스카운트 티킷츠
어떤 관광이 있습니까?	**What kinds of tours are there?** 왓 카인즈 옵 투어즈 아 데어
출발은 어디에서 합니까?	**Where does it start?** 웨어 더짓 스타트
투어는 매일 있습니까?	**Do you have tours every day?** 두 유 햅 투어즈 에브뤼데이

✻ 개인과 단체 관광할 때 ✻

여기에서 관광예약을 할 수 있습니까?	**Can I book a tour here?** 캔 아이 북 어 투어 히어
관광버스가 있습니까?	**Do you have a sightseeing bus?** 두유 해버 싸잇씨잉 버스
몇 시에 어디서 출발합니까?	**What time and where does it leave?** 왓 타임 앤 웨어 더짓 리브
개인당 비용은 얼마입니까?	**What's the rate per person?** 왓츠 더 뤠잇 퍼 퍼슨 *round trip fare 왕복 여행 요금
몇 시에 버스로 돌아와야 하나요?	**What time should we be back to the bus?** 왓 타임 슈드 위 비 백 투 더 버스
어디서 예약할 수 있습니까?	**Where can I book it?** 웨어 캔 아이 북 잇
이 투어에서 어디를 방문하게 되나요?	**Where will we visit on this tour?** 웨어 윌 위 뷔짓 온 디스 투어
단체할인은 있습니까?	**Do you have a group discount?** 두 유 해버 그룹 디스카운트
일정을 자세히 말씀해 주시겠어요?	**Would you tell me the schedule in detail?** 우쥬 텔 미 더 스케줄 인 디테일

＊ 개인과 단체 관광할 때 ＊

투어 중에 자유시간이 있습니까?	**How about free time?** 하우 어밧 프뤼 타임
코스가 어떻게 됩니까?	**What's the route.** 왓츠 더 룻

3. 관광지에서

＊ 관광하면서 ＊

전망대까지 올라가는데 비용이 듭니까?	**Is there a charge to go up to the observatory?** 이즈 데어러 촤지 투 고 업 투 디 업저버터뤼
시간이 더 있었으면 좋겠습니다.	**I wish I had more time.** 아이 위쉬 아이 해드 모어 타임
방문객을 위한 입구는 어디에 있습니까?	**Where's the entrance for visitors?** 웨어즈 디 엔트런스 풔 뷔지터스
이 티켓으로 모든 전시를 볼 수 있습니까?	**Can I see everything with this ticket?** 캔 아이 씨 에브뤼띵 윗디스 티킷
특별한 전시회들이 있습니까?	**Are there any special exhibitions?** 아 데어 애니 스페셜 이그지비션스

이 그림은 누가 그렸습니까?	**Who painted this picture?** 후 페인티드 디스 픽쳐
전망이 너무 훌륭합니다!	**What a wonderful view!** 와러 원더풀 뷰
저것은 무엇입니까?	**What is that?** 왓 이즈 댓
저건 무슨 산입니까?	**What is the name of that mountain?** 왓 이즈 더 네임 옵 댓 마운틴
정말 아름다운 경치이군요!	**What a beautiful sight!** 와러 뷰뤼풀 싸잇
이 건물은 왜 유명합니까?	**What is this building famous for?** 왓 이즈 디스 빌딩 페이머스 풔
저 동상은 뭐죠?	**What's that statue?** 왓츠 댓 스태튜
무료 팸플릿은 있습니까?	**Do you have a free brochure?** 두 유 해버 프뤼 브로슈어
박물관 주변을 산책하고 싶습니다.	**I want to walk around the museum.** 아이 원투 웍 어롸운더 뮤지엄

＊ 관광하면서 ＊

언제 세워졌습니까?	**When was it built?** 웬 워짓 빌트
박물관은 몇 시에 닫습니까?	**When does the museum close?** 웬 더즈 더 뮤지엄 클로즈
내부를 볼 수 있습니까?	**Can I take a look inside?** 캔 아이 테이커 룩 인사이드 *opera glasses (극장용) 쌍안경

4. 관광 관람

＊ 공연관람 ＊

가장 싼 좌석으로 두 장 주십시오.	**Two cheapest tickets, please.** 투 치피스트 티킷츠 플리즈
오늘 저녁 표 있습니까?	**Are there any tickets for tonight?** 아 데어 애니 티킷츠 풔 투나잇
지금 표를 살 수 있어요?	**Can I still get a ticket?** 캔 아이 스틸 겟 어 티킷
입석 있습니까?	**Do you have standing seat?** 두 유 햅 스탠딩 씻
앞자리로 부탁해요.	**Front row, please.** 프런트 로우 플리즈

좌석을 예약하고 싶습니다.	**I'd like to reserve seats.** 아이(드) 라익 투 뤼저브 씻츠
1층 제일 앞 좌석을 주십시오.	**I want a seat in the orchestra.** 아이 원(트) 어 씻 인 디 오키스트러
이 자리 비어 있어요?	**Is this seat free?** 이즈 디스 씻 프뤼
내 자리로 안내해 주세요.	**Please show me to my seats.** 플리즈 쇼우 미 투 마이 씻츠
좌석이 매진되었습니다.	**Sorry, sold out.** 쏘뤼 솔다웃
이 열의 세 번째와 네 번째입니다.	**The 3rd and the 4th of this row.** 더 써드 앤 더 풔쓰 옵 디스 로우
제일 싼 자리로 주세요.	**The cheapest one, please.** 더 치피스트 원 플리즈
지금 극장에서 무엇이 상영되고 있습니까?	**What's showing at the movies now?** 왓츠 쇼우잉 앳 더 무비즈 나우
몇 시에 시작합니까?	**What time does it begin?** 왓 타임 더짓 비긴
누가 출연합니까?	**Who are the stars?** 후 아 더 스타즈
1층석도 괜찮습니까?	**Will first floor seats do?** 윌 풔스트 플로어 씻츠 두

관광

* 박물관 관람 *

가방 좀 맡아주시겠어요?	**Can you keep my bags for me?** 캔 유 킵 마이 백스 풔 미
여자화장실은 어디인가요?	**Where is the ladies room?** 웨어리즈 더 레이디즈 룸
들어가도 돼요?	**Can I go in?** 캔 아이 고 인
입장료가 얼마예요?	**How much is the admission free?** 하우 머취즈 디 어드미션 프뤼 *admission 입장료
출구가 어디예요?	**Where is the exit?** 웨어리즈 디 엑싯(트)
안에서 사진 찍어도 돼요?	**May I take a picture inside?** 메아이 테이커 픽쳐 인사이드
입구는 어디예요?	**Where is the entrance?** 웨어리즈 디 엔트런스
오늘 문 여나요?	**Is the museum open today?** 이즈 더 뮤지엄 오픈 투데이
몇 시까지 해요?	**What time does it close?** 왓 타임 더짓 클로즈
엽서 있어요?	**Do you have any postcards?** 두유 해배니 포스트카즈

5. 관광버스 · 렌터카 이용

＊ 관광버스 이용할 때 ＊

지금 빈 좌석 있습니까?	**Do you have any vacancies now?** 두 유 해배니 붸컨시즈 나우
시내 구경을 하고 싶은데요.	**I want to do the sights of the city.** 아이 원투 두 더 싸잇츠 옵 더 씨리
이 관광에 대해 설명해 주시겠습니까?	**Would you tell me what this tour covers?** 우쥬 텔 미 왓 디스 투어 커버스
무료 시내 지도는 있습니까?	**Is there a free city map?** 이즈 데어러 프뤼 씨리 맵
시간은 어느 정도 걸립니까?	**How long will it take?** 하우 롱 위릿 테익
하루에 얼마입니까?	**What is it the fee per day?** 왓 이짓 더 퓌 퍼 데이
관광할 만한 것은 무엇이 있습니까?	**What do you recommend for sightseeing?** 왓 두 유 뤠커멘드 풔 싸잇씨잉
한국어를 할 수 있는 가이드를 부탁합니다.	**I want a Korean speaking guide.** 아이 원(트) 어 코뤼언 스피킹 가이드

* 렌터카 이용할 때 *

이게 제 국제면허증입니다.	**Here's my international driver's license.** 히어즈 마이 인터내셔널 드라이버즈 라이쎈쓰
보험은 포함되어 있습니까?	**Does the price include insurance?** 더즈 더 프라이스 인클루드 인슈어런스
렌터카 회사가 이 근처에 있습니까?	**Is there a car rental company near here?** 이즈 데어러 카 렌탈 컴퍼니 니어 히어
차를 보고 싶습니다만.	**Can you show me a car?** 캔 유 쇼우 미 어 카
3일간 차를 빌리고 싶습니다.	**I want to rent a car for three days.** 아이 원투 렌터 카 풔 뜨리 데이즈
어디서 차를 빌릴 수 있습니까?	**Where can I rent a car?** 웨어 캔 아이 렌터 카
종합보험을 들어 주세요.	**With comprehensive insurance, please.** 윗 컴프리헨시브 인슈어런스 플리즈
소형차를 1주일간 빌리고 싶은데요.	**A compact car for a week, please.** 어 컴팩트 카 풔러 윅 플리즈
(공항에서) 렌터카 카운터는 어디입니까?	**Where's the rent a car counter?** 웨어즈 더 렌터 카 카운터

스포츠카를 찾고 있습니다.	**I'm looking for a sports car.** 아임 룩킹 풔러 스포츠 카
차를 1대 빌리고 싶습니다.	**I'd like to rent a car.** 아이(드) 라익 투 렌터 카
중형차는 어떻습니까?	**How about a medium size car?** 하어밧 어 미디움 싸이즈 카
신용카드와 운전면허가 있습니까?	**Do you have a credit card and a driver's license?** 두 유 해버 크뤠딧 카댄 어 드라이버스 라이쎈쓰
선불이 필요합니까?	**Do I need a deposit?** 두 아이 니더 디파짓
좀 싸게 안 될까요?	**Can you reduce the price?** 캔 유 뤼듀스 더 프라이스
오토매틱을 원합니다.	**I think I'd like an automatic.** 아이 띵크 아이(드) 라익컨 오터매딕
보증금은 얼마입니까?	**How much is the deposit?** 하우 머취즈 더 디파짓
요금은 하루 얼마입니까?	**What's the charge per day?** 왓츠 더 촤지 퍼 데이

*fare 운임, 통행료
*a single(a double) fare 편도(왕복)운임

＊ 렌터카 이용할 때 ＊	
사고시의 연락처를 가르쳐 주십시오.	**Please give me some places to call in case of trouble.** 플리즈 깁미 썸 플레이시즈 투 콜 인 케이스 옵 트러블
요금표를 보여 주십시오.	**Can I see a list of your rates?** 캔 아이 씨 어 리스트 옵 유어 뤠이츠
어떤 차종이 있습니까?	**What kind of cars do you have?** 왓 카인돕 카즈 두 유 햅
얼마나 오랫동안 빌릴 겁니까?	**How long do you rent a car?** 하우 롱 두 유 렌터 카
소형차가 있습니까?	**Do you have a compact car?** 두 유 해버 컴팩트 카
대형차 있습니까?	**Do you have a full size car?** 두 유 해버 풀 싸이즈 카
차를 빌리고 싶은데요.	**I'd like to rent a car, please.** 아이(드) 라익 투 렌터 카 플리즈
차가 고장났습니다. 사람을 보내 주세요.	**The car broke down. Please send someone for it.** 더 카 브로크 다운 플리즈 쎈드 썸원 풔릿 *replair 수리하다
이 차종으로 24시간 빌리고 싶습니다.	**I want to rent this car for 24hours.** 아이 원투 렌트 디스 카 풔 투웨니풔 아우어즈

6. 기념 촬영

* 사진 찍을 때 *

카메라 렌즈를 봐 주세요.	**Look at the camera please.** 룩 앳 더 캐머뤄 플리즈
이것은 완전 자동카메라입니다.	**This is an auto focus programmed camera.** 디씨즈 언 오토 포커스 프로그램드 캐머뤄
움직이지 마세요.	**Stand still, please.** 스탠드 스틸 플리즈
셔터를 눌러 주시겠어요?	**Would you push the shutter?** 우쥬 푸시 더 셔러
저랑 같이 사진 찍으실래요?	**Could you take a picture for me?** 쿠쥬 테이커 픽쳐 풔 미
멋진 포즈 좀 잡아주세요.	**Make your best pose please.** 메익 유어 베슷 포즈 플리즈
실례합니다, 사진을 찍어주시겠습니까?	**Excuse me, Will you take a picture of me?** 익스큐즈 미 윌 유 테이커 픽쳐 옵 미
관내에서 사진을 찍어도 됩니까?	**May I take pictures inside?** 메아이 테익 픽쳐스 인사이드 *black and white 흑백

관
광

* 사진 찍을 때 *	
당신을 찍어도 될까요?	**May I take your picture?** 메아이 테익 유어 픽쳐
배경 앞에 서세요.	**Stand in front of the backdrop.** 스탠딘 프런트 옵 더 백드랍 *bachdrop 배경
카메라를 보고 웃어주세요.	**Smile at the camera.** 스마일 앳 더 캐머뤄
비디오 촬영을 해도 됩니까?	**May I take a video?** 메아이 테이커 뷔디오
전 카메라를 잘 다룰 줄 모르는데요.	**I'm not familiar with cameras.** 아임 낫 풔밀리어 윗 캐머뤄즈
함께 사진을 찍읍시다.	**Let's take a picture together.** 렛츠 테이커 픽쳐 투게더
한 장 더 부탁합니다.	**One more, please.** 원 모어 플리즈
셔터만 누르시면 됩니다.	**You just press the shutter.** 유 저슷(트) 프뤠스 더 셔러
여기서 사진을 찍어도 됩니까?	**May I take pictures here?** 메아이 테익 픽쳐스 히어 = May I take pictures inside?

* 사진 찍을 때 *

사진이 다 나왔습니까?	**Do you have my pictures ready?** 두 유 햅 마이 픽쳐스 뤠디
이 카메라에 맞는 필름을 주세요.	**Please give me a film for this camera.** 플리즈 깁 미 어 퓔름 풔 디스 캐머뤄
사진이 모두 나오지는 않았습니다.	**Not all of the shots came out.** 낫 올 옵 더 샷츠 케임 아웃
이 사진은 흐릿합니다.	**This picture is blurry.** 디스 픽쳐 이즈 블러뤼
사진을 찾으러 왔는데요.	**I'm here to pick up my pictures.** 아임 히어 투 픽업 마이 픽쳐스
이 사진은 근사하게 나왔네요.	**This one came out great.** 디스 원 케임 아웃 그뤠잇
필름 한 통 넣어 주세요.	**Please put a roll of film in.** 플리즈 풋 어 롤 옵 퓔름 인
이 사진을 저 크기로 확대시켜 주세요.	**Will you enlarge this picture to that size?** 윌 유 엔라쥐 디스 픽쳐 투 댓 싸이즈
순서대로 된 건가요?	**Are they in order?** 아 데이 인 오더 *in order 순서대로

관광

* 사진 찾을 때 *

이 사진들 당신이 직접 찍으셨나요?	**Did you take these pictures yourself?** 디쥬 테익 디즈 픽쳐즈 유어셀프
사진을 아주 잘 찍으시네요.	**You're an excellent photographer.** 유아 언 엑설런트 포토그뤄풔

* 사진 현상할 때 *

두 장씩 빼 주세요.	**I need double prints.** 아이 닛 더블 프륀츠
무슨 사이즈를 원하세요?	**What size do you want?** 왓 싸이즈 두 유 원(트)
언제까지 해주실 수 있어요?	**How fast can you get them done?** 하우 패슷(트) 캔 유 겟 뎀 던
이것 좀 확대해 주시겠어요?	**Would you enlarge this?** 우쥬 엔라쥐 디스
이 필름을 현상하고 인화해 주세요.	**Develop and print this film, please.** 디벨럽 앤 프륀트 디스 퓔름 플리즈 *develop 현상하다
잘된 것만 인화해 주십시오.	**I want prints only of the exposures that turned out well.** 아이 원(트) 프륀츠 온리 옵디 익스포저스 댓 턴다웃 웰

이것들을 슬라이드로 만들어 주실 수 있습니까?	**Could you make slides of these?** 쿠쥬 메익 슬라이즈 옵 디즈
각각 세장씩 뽑고 싶습니다.	**I'd like three prints of each.** 아이(드) 라익 뜨리 프린츠 옵 이취
이 필름 현상하는 데 시간이 얼마나 걸립니까?	**How quickly can you develop this film?** 하우 퀵클리 캔 유 디벨럽 디스 퓔름
언제까지 필요하시죠?	**When do you need it?** 웬 두 유 니딧
한 장씩 더 뽑아 주시겠습니까?	**Could I have them duplicated?** 쿠다이 햅 뎀 듀플리케이리드
이 필름 현상해 주시겠습니까?	**Could you develop this film, please?** 쿠쥬 디벨럽(트) 디스 퓔름, 플리즈
한 시간 안에 현상할 수 있어요?	**Can you have this developed in an hour?** 캔 유 햅 디스 디벨럽 인 언 아우어
사람 숫자대로 뽑아 주세요.	**Copy these negatives according to the number of people.** 카피 디즈 네거티브즈 어코딩 투 더 넘버 옵 피플
이 필름을 인화하고 싶습니다.	**I need this roll of film printed.** 아이 닛 디스 롤 옵 퓔름 프린티드

7. 관광 쇼핑

＊ 면세점에서 ＊

고르는 데 도움을 주시겠습니까?	**Could you help me to make a selection?** 쿠쥬 헬(프) 미 투 메이커 셀렉션
어떤 카메라를 원하십니까?	**What type of camera do you want, sir?** 왓 타입 옵 캐머뤄 두 유 원(트) 써
술은 몇 병까지 면세입니까?	**How many bottles can I take duty-free?** 하우 매니 바들즈 캔 아이 테익 듀티 프뤼
이 지방의 대표적인 공예품을 찾고 있습니다.	**I'm looking for typical crafts of this area.** 아임 룩킹 풔 티피컬 크래프츠 옵 디스 에어뤼어
제 아내한테 줄 선물로 무엇이 좋을까요?	**What gift would you recommend for my wife?** 왓 기프트 우쥬 뤠커멘드 풔 마이 와입(프)
교육적인 것이 있습니까?	**Do you have anything educational?** 두 유 햅 애니띵 에쥬케이셔널
여기는 면세점입니까?	**This is a duty free shop, isn't it?** 디씨저 어 듀티 프뤼샵 이즌팃 *staple 명산물, 주요 상품

켄트 한 갑 주십시오.	**Could I have a pack of Kent's, please?** 쿠다이 해버 팩 옵 켄츠 플리즈
이것은 남성용입니까?	**Is this for men?** 이즈 디스 풔 멘
어떤 상표를 원하십니까?	**Which brand do you want?** 위치 브랜드 두 유 원(트)
탑승권을 보여 주시겠습니까?	**May I see your boarding pass?** 메아이 씨 유어 보딩 패쓰
계산은 어디서 하죠?	**Where is the cashier?** 웨어리즈 더 캐셔
위스키 두 병 주십시오.	**Give me two bottles of whiskey.** 깁 미 투 바들즈 옵 위스키
선물용으로 포장해 주시겠어요?	**Can I have it gift-wrapped?** 캔 아이 햅 잇 기프트 랩트
이것은 면세품입니까?	**Is this duty-free?** 이즈 디스 듀티 프뤼
이 타이를 사고 싶어요, 얼마입니까?	**I'd like to buy this tie. How much is it?** 아이(드) 라익 투 바이 디스 타이 하우 머취 이짓 쇼핑에서 많이 쓰이는 표현은 How much is it? What does my bill come to? 등으로 "얼마입니까?"라는 의미이다.

관광

8. 관광중 질병 발생

* 관광중에 아플 때 *

가장 가까운 약국은 어디에 있습니까?	**Where is the nearest pharmacy?** 웨어리즈 더 니어리스트 파머씨
이 처방전을 약국에 가져 가세요.	**Take this prescription to the pharmacy.** 테익 디스 프리스크립션 투 더 파머씨
여행을 계속해도 좋습니까?	**Can I continue traveling?** 캔 아이 컨티뉴 트래벌링
술을 마셔도 됩니까?	**May I drink alcohol?** 메아이 드링(크) 앨코울
안정을 해야 합니까?	**Do I have to keep still?** 두 아이 햅투 킵 스틸
며칠이나 안정이 필요합니까?	**How many days do I have to stay in bed?** 하우 매니 데이즈 두 아이 햅 투 스테이 인 베드
처방전을 써 주시겠습니까?	**May I have a prescription?** 메아이 해버 프리스크립션
어느 정도면 완쾌됩니까?	**How long will it take to recover?** 하우 롱 위릿 테익 투 뤼커버

• 필수 단어 •

관광	sightseeing 싸잇씨잉
교외	suburbs 써버브즈
극장	theater 씨어터
낚시	fishing 퓌싱
동물원	zoo 주
명소	famous spots 페이머스 스포츠
명승지	scenic spot 씨닉 스팟
뮤지컬	musical 뮤지컬
미술관	art museum 아트 뮤지엄
바다/육지	sea/land 씨/랜드
박물관	museum 뮤지엄
발레	ballet 밸랫
빈자리	empty seat 엠티 씻
시내 중심	city center 씨리 센터
예매권	advance ticket 어드밴스 티킷
유람선	sightseeing boat 싸잇씨잉 보트
유적	ruins 뤼인즈
음악회	concert 칸써트
지정석	reserved seating 뤼저브드 씻팅
테니스 코트	tennis court 테니스 코트
통역	interpreter 인터프리터
특별행사	special event 스페셜 이벤트
플래쉬	flash 플래시
해안	seacoast 씨코우스트
건전지	battery 배러리
휴식시간	intermission 인터미션
무료입장	admission free 어드미션 프뤼
유료입장	paid admission 페이(드) 어드미션
장거리 여행	journey 져니
바다여행	voyage 보야쥐
단체여행	excursion 익스커션
여행일정	itinerary 아이티너레리
휴양지	resort 리조(트)

교육 Education

1. 학교생활

* 초중고 생활 *

공부를 해야겠어요.	**I better hit the books.** 아이 베러 힛 더 북스
졸업하고 무엇을 하시겠습니까?	**What will you do after graduation?** 왓 윌 유 두 앱터 그레쥬에이션
어느 고등학교에 다니셨습니까?	**Which highschool did you go to?** 위치 하이스쿨 디쥬 고 투
아들은 초등학생입니다.	**My son is in grade school.** 마이 썬 이즈 인 그뤠이드 스쿨
학교에서는 교복을 입어야 합니다.	**I have to wear a school uniform in the school.** 아이 햅 투 웨어 어 스쿨 유니폼 인 더 스쿨
너 몇 학년이니?	**What grade are you in?** 왓 그뤠이드 아 유 인
그녀는 반에서 1등이에요.	**She is at the top of her class.** 쉬 이즈 앳 더 탑 옵 허 클래스

그 사람은 제 2년 선배입니다.	**He's two years my senior.** 히즈 투 이어즈 마이 시니어
그녀는 고등학교를 갓 나왔습니다.	**She's fresh out of high school.** 쉬즈 프레쉬 아웃 옵 하이스쿨
어느 학교에 다니십니까?	**Where do you go to school?** 웨어 두 유 고 투 스쿨
그는 밤중까지 공부를 해요.	**He is burning the midnight oil.** 히 이즈 버닝 더 미드나잇 오일
그는 대학중퇴자입니다.	**He is a college drop out.** 히 이저 칼리쥐 드랍 아웃
학교 생활은 재미있나요?	**Do you have fun in school?** 두 유 햅 펀 인 스쿨
고등학교 2학년입니다.	**I'm in high school, 2nd grade.** 아임 인 하이스쿨 세컨(드) 그레이드
그는 제 학교선배입니다.	**He's ahead of me in school.** 히즈 어헤돕 미 인 스쿨
우리는 동창입니다.	**We went to school together.** 위 웬투 스쿨 투게더
아르바이트하는 학생들이 많아요.	**Many students are working at part time jobs.** 매니 슈튜던츠 아 워킹 앳 파트 타임 잡스

* 초중고 생활 *	
우리 학교는 폭력으로부터 안전합니다.	**My school is safe from violence.** 마이 스쿨 이즈 세입 프럼 봐이어런스 *transfer 전근하다, 전학하다
저보다 3년 선배이시군요.	**You're three years ahead of me.** 유아 뜨리 이어즈 어헤돕 미

* 대학 생활 *	
우리 학교는 남녀공학입니다.	**My school is coed.** 마이 스쿨 이즈 코에드 *coeducation 남녀공학
대학원에 진학하고 싶습니다.	**I'd like to go to graduate school.** 아이(드) 라익 투 고 투 그레쥬에잇 스쿨 *graduate 대학원의
다음 학기에는 휴학을 할 겁니다.	**I'm going to take next semester off.** 아임 고잉 투 테익 넥슷(트) 씨메스터 오프
나는 장학금을 신청했습니다.	**I applied for a scholarship.** 아이 어플라이드 풔러 스칼러쉽
교육학을 전공하고 있습니다.	**I'm majoring in Education.** 아임 메이저링 인 에쥬케이션
우리 학교는 다양한 동아리가 있습니다.	**There are various clubs in my school.** 데어라 붸어뤼어스 클럽스 인 마이 스쿨
대학교 4학년입니다.	**I'm a senior.** 아임 어 시니어 *sophomore 대학 2학년

이번 학기에는 몇 과목이나 수강신청을 했습니까?	**How many courses are you taking this semester?** 하우 매니 코시스 아 유 테이킹 디스 씨메스터
어느 대학에 다닙니까?	**What college are you at?** 왓 칼리쥐 아 유 앳
그 교수는 학점이 후합니다.	**That professor is such an easy grader.** 댓 프로페서 이즈 써취 언 이지 그레이더
어떤 학위를 가지고 계십니까?	**What degree do you have?** 왓 디그뤼 두 유 햅
그 교수님은 학점이 너무 짭니다.	**The professor is a really tough grader.** 더 프로페서 이즈 어 륄뤼 터프 그레이더
대학교 때 전공이 무엇이었습니까?	**What was your major at college?** 왓워쥬어 메이져 앳 칼리쥐 *minoring 부전공하다
우리 학교는 교칙이 아주 엄격합니다.	**Our school has very strict rules.** 아워 스쿨 해즈 붸리 스트뤽트 룰즈
그 교수님의 수업을 전에 들은 적이 있나요?	**Have you taken his class before?** 해뷰 테이큰 히스 클래스 비풔 *professor 교수
우리 학교는 매년 10월에 축제가 있습니다.	**There's a festival at my school in October each year.** 데얼져 페스티벌 앳 마이 스쿨 인 악토버 이취 이어

교육

* 수업 시간 *

나는 맨 뒷자리에 앉기를 좋아해요.	**I like to sit way in the back.** 아이 라익 투 씻 웨이 인 더 백
그는 9시 정각에 출석을 부릅니다.	**He calls the roll at nine o'clock sharp.** 히 콜즈 더 롤 앳 나인 어클락 샵
우리 학교는 8시에 시작됩니다.	**My school begins at eight.** 마이 스쿨 비긴즈 앳 에잇
그는 수업 준비하느라 바쁩니다.	**He's busy preparing for class.** 히즈 비지 프리페어링 풔 클래스
우리 학교는 6시에 끝납니다.	**My school is over at six.** 마이 스쿨 이즈 오버 앳 식스
학교 수업은 아침 8시부터 오후 6시까지 있습니다.	**I have classes from 8 a.m. to 6 p.m.** 아이 햅 클래시즈 프럼 에잇 에이엠 투 씩스 피엠
잡담하지마세요.	**No talking in class.** 노 토킹 인 클래스
질문 있습니까?	**Any questions?** 애니 퀘스쳔스
수업 어떠세요?	**What do you think of the class?** 왓 두 유 띵크 옵 더 클래스

* 강의와 성적 관리 *

너 수강 신청했니?	**Did you sign up?** 디쥬 싸인 업 *sign up 수강신청 하다
몇 학점을 수강하세요?	**How many credits are you taking?** 하우 매니 크뤠딧츠 아 유 테이킹
수강 신청이 꽉 찼어.	**The class is full.** 더 클래시즈 풀
이번 학기 강의 시간이 어떻게 돼요?	**What's your schedule like this semester?** 왓츄어 스케줄 라익 디스 씨메스터 *semester 학기
수업 일정이 어떻게 됩니까?	**What's your schedule like?** 왓츄어 스케줄 라익
이번 학기의 학점은 어때요?	**How are your grades this term?** 하우 아 유어 그뤠이즈 디스 텀
시험 성적은 어때요?	**How did you get on in your exam?** 하우 디쥬 겟 온 인 유어 익잼
이번 학기에 한 과목 낙제했습니다.	**I failed one class this semester.** 아이 페일드 원 클래스 디스 씨메스터 *fall 낙제하다, 실패하다
지난 학기 기말 시험 잘 봤어?	**Did you ace your finals last quarter?** 디쥬 에이스 유어 파이널즈 래슷(트) 쿼뤄

교육

* 강의와 성적 관리 *

중간고사는 어땠어요?	**How did your mid-terms go?** 하우 디쥬어 미드텀즈 고
시험을 망쳤습니다.	**I blew the exam.** 아이 블루 디 익잼
시험을 잘 봤습니다.	**I did well on my test.** 아이 딧 웰 온 마이 테스트
그는 학교성적이 매우 좋아진 것 같아요.	**He seems to be getting on very well at school.** 히 심즈 투 비 게링 온 붸리 웰 앳 스쿨
오늘 학교에서 수학시험 만점을 받았어요.	**I got a perfect score on my math test.** 아이 가러 퍼펙트 스코어 온 마이 매스 테스트
내일은 영어 시험이 있습니다.	**I have an English test tomorrow.** 아이 해번 잉글리쉬 테스트 터머로우
밤새워 벼락공부를 했습니다.	**I stayed up all night cramming.** 아이 스테이덥 올 나잇 크레밍 *cram 벼락치기를 하다,
그는 항상 시험공부를 벼락치기로 합니다.	**He always crams for his exams.** 히 얼웨이즈 크램스 풔 히스 익잼스
시험이 객관식이에요, 주관식이에요?	**Is the test multiple choice or short answer?** 이즈 더 테스트 멀티플 초이스 오어 숏 앤서 *multiple choice 객관식

시험은 나에게 많은 스트레스를 줍니다.	**The exams give me a lot of stress.** 디 익잼스 깁 미 얼랏옵 스트뤠스
시험은 쉬웠습니다.	**The test was easy.** 더 테스트 워즈 이지 *course 과목
전부 다 너무 어려웠어요.	**They were all so difficult.** 데이 워 올 쏘 디퓌컬(트)
저는 전공을 바꾸고 싶습니다.	**I'd like to change my major.** 아이(드) 라익 투 체인지 마이 메이져
전공이 뭔가요?	**What's your major?** 왓츄어 메이져
영문학을 전공하고 있습니다.	**I'm majoring in English Literature.** 아임 메이져링 인 잉글리쉬 리터뤄춰
경제학을 전공하고 있습니다.	**I'm majoring in economics.** 아임 메이져링 인 이커너믹스
한국 무용을 전공하고 있습니다.	**I'm majoring in Korean dance.** 아임 메이져링 인 코뤼언 댄쓰
그는 시험에서 부정행위했다.	**He cheated on the test.** 히 춰티드 온 더 테스트
졸업하려면 몇 학점을 들어야 해?	**How many credits are needed to graduate.** 하우 매니 크뤠딧츠 아 니디드 투 그레쥬에잇

2. 도서관 생활

＊ 도서관 안내 ＊

참고 열람실은 어디에 있습니까?

Where is the reference room?
웨어리즈 더 뤠퍼런스 룸

정기 간행물은 대출이 안 됩니다.

Periodicals cannot be checked out.
피어리아디컬스 캔낫 비 첵트 아웃

과학에 관한 서가가 어디에 있습니까?

Where can I find the section on science?
웨어 캔 아이 퐈인드 더 섹션 온 사이언스

컴퓨터로 열람해 보는 것이 어떻습니까?

Why don't you check with the computer?
와이 돈츄 첵(크) 윗 더 컴퓨러

색인목록을 봅시다.

Let's look in the catalog.
렛츠 룩 인 더 캐덜럭

＊ 도서관 카드 이용 ＊

대출카드가 있으신가요?

Do you have a library card?
두 유 해버 라이브뤄뤼 카드

도서관 카드를 먼저 만드셔야 됩니다.

You must get a library card first.
유 머슷(트) 게러 라이브뤄뤼 카드 풔스트

책을 대출하려면 대출 카드가 있어야 합니까?	**Do I need to a library card to check out a book?** 두 아이 닛투 어 라이브뤄뤼 카드 투 체카웃 어 북
사진이 붙은 신분증과 거주지 증명이 필요합니다.	**You need a photo ID and proof of residence.** 유 니더 포토 아이디 앤 프루프 옵 뤠지던스
카드를 만드는 데 돈을 내야 하나요?	**Should I pay anything to sign up for a card?** 슈다이 페이 애니띵 투 싸인 업 풔러 카드
이 도서관 대출카드를 만들 수 있습니까?	**How can I make a library card?** 하우 캔 아이 메이커 라이브뤄뤼 카드
대출카드를 발급 받았으면 합니다.	**I'd like to have a library card.** 아이(드) 라익 투 해버 라이브뤄뤼 카드
이 도서관에서는 카드 없이는 아무것도 할 수가 없습니다.	**You can't do anything in this library without a card.** 유 캔(트) 두 애니띵 인 디스 라이브뤄뤼 위다웃 어 카드
＊ 도서 대여 ＊	
이 책들의 대출을 연장하고 싶습니다.	**I'd like to renew these books.** 아이(드) 라익 투 뤼뉴 디즈 북스
대출기한은 얼마인가요?	**How long can I keep the books?** 하우 롱 캔 아이 킵 더 북스

교육

* 도서 대여 *

한 번에 몇 권까지 빌릴 수 있나요?	**How many books can I borrow at a time?** 하우 매니 북스 캔 아이 버뤄우 앳 어 타임
책 몇 권 좀 대출하려고 하는데요.	**I'd like to check out some books.** 아이(드) 라익 투 체카웃 썸 북스
이 책을 대출할 수 있습니까?	**May I check these out?** 메아이 첵 디즈 아웃
도서관 카드나 신분증 좀 주실래요?	**May I have your library card or ID card?** 메아이 해뷰어 라이브뤄뤼 카드 오어 아이디 카드 *charge 책임, 담당
이 책들은 열람만 가능합니다.	**These books are for reference only.** 디즈 북스 아 풔 뤼퍼런스 온리
책을 예약하고 싶습니다.	**I'd like reserve some books, please.** 아이(드) 라익 뤼저브 썸 북스 플리즈

* 도서 찾기 *

이 책을 찾도록 도와주시겠습니까?	**Can you help me find this title?** 캔 유 헬(프) 미 파인디스 타이틀
이 시스템을 어떻게 사용하는지 가르쳐 주시겠어요?	**Can you tell me how to use the system?** 캔 유 텔 미 하우 투 유즈 더 시스템

온라인 도서목록이 있습니까?	**Do you have an online catalog?** 두 유 해번 온라인 캐덜럭
특정 저자나 책 제목을 아십니까?	**Do you know any particular authors or titles?** 두 유 노우 애니 퍼티큘러 어더즈 오어 타이틀즈 *periodical 정기간행물
카드목록을 컴퓨터로 검색해보는 건 어떠세요?	**How about going a computerized search of the system?** 하어밧 고잉 어 컴퓨러롸이지드 써취 옵 더 시스템
어떻게 하면 이 주제에 관한 책을 찾을 수 있을까요?	**How can I find some books on this topic?** 하우 캔 아이 퐈인드 썸 북스 온 디스 타픽
어디에서도 이 책들을 찾을 수가 없습니다.	**I can't find these books anywhere.** 아이 캔(트) 퐈인디즈 북스 애니웨어
한국 역사에 대한 자료가 필요합니다.	**I need some information on Korean history.** 아이 닛 썸 인풔메이션 온 코뤼언 히스토뤼
컴퓨터에 관한 책들을 찾고 있는데요.	**I'm looking for books about computers.** 아임 룩킹 풔 북스 어밧 컴퓨러즈
죄송합니다만, 이미 대출이 되었네요.	**I'm sorry, it's been checked out.** 아임 쏘뤼 잇츠 빈 첵트 아웃
정기간행물은 어디에 있습니까?	**Where can I find the periodicals?** 웨어 캔 아이 퐈인더 피어리아디컬즈

* 도서 찾기 *

제가 찾는 책이 서가에 없습니다.

The book I'm looking for isn't on the shelves.
더 북 아임 룩킹 풔 이즌(트) 온 더 쉘브즈

참고도서 구획은 카드 목록 뒤편에 있습니다.

The reference section is behind the card catalogs.
더 뤼퍼런스 섹션 이즈 비하인더 카드 캐덜럭그즈

생물학에 관한 책은 어디에 있습니까?

Where can I find books on biology?
웨어 캔 아이 파인드 북스 온 바이알러지
*biology 생물학

참고도서 서고는 어디인가요?

Where is the reference section?
웨어리즈 더 뤼퍼런스 섹션

주제를 컴퓨터에 입력하셔야 합니다.

You'll need to enter the subject into the computer.
유일 닛투 엔터 더 서브젝트 인투 더 컴퓨러

* 도서 반납 *

연체료 15달러가 있으시군요.

You have $15 in overdue fines.
유 햅 핍틴 달러스인 오버듀 파인즈

이 책 언제까지 반납해야 하나요?

When do I have to return the book?
웬 두 아이 햅투 뤼턴 더 북

기한을 한 주 넘겼습니다.

It's one week overdue.
잇츠 원 윅 오버듀

나중에 내도 됩니까?	**Can I pay it off later?** 캔 아이 페이 잇 오프 레이러
빌려간 책을 반납하러 왔습니다.	**I've come to return the book I borrowed.** 아이(브) 컴 투 뤼턴 더 북 아이 버뤄우(드)
연체료는 얼마입니까?	**How much is the late charge?** 하우 머취즈 더 레잇 촤지
벌금이 있습니까?	**Do I have to pay a fine?** 두 아이 햅 투 페이 어 퐈인
이 책이 언제 반납될 예정인지 알 수 있습니까?	**Can you tell me when this book might be returned?** 캔 유 텔 미 웬 디스 북 마잇 비 뤼턴드
책을 늦게 반납하면 벌금이 얼마입니까?	**If I return my books late, how much is the fine?** 이퐈이 뤼턴 마이 북스 레잇 하우 머취즈 더 퐈인
반납기일 안에 책을 반납해주지 않으면, 연체료를 내야 합니다.	**If you return books after the due date, you have to pay a fine.** 이퓨 뤼턴 북스 앱터 더 듀 데잇(트) 유 햅투 페이 어 퐈인
책을 잃어버리면 어떻게 되나요?	**What happens if I lose a book?** 왓 해픈즈 이퐈이 루우즈 어 북
이 책들은 반환기한이 지났습니다.	**These books are overdue.** 디즈 북스 아 오버듀

＊ 도서 반납 ＊

이 책들을 어디서 구했어요?	**Where did you get these books?** 웨어 디쥬 겟 디즈 북스
나는 저 책들을 공공도서관에서 빌렸다.	**I borrowed those books from the public library.** 아이 버뤄우(드) 도우즈 북스 프럼 더 퍼블릭 라이브뤄뤼
책 반납일을 연기할 수 있습니까?	**Can I have the due date extended on these books?** 캔 아이 햅 더 듀 데이트 익스텐디드 온 디즈 북스

3. 컴퓨터 활용

＊ 기초 이론 ＊

컴퓨터를 켜고 끄는 법을 아세요?	**Do you know how to turn the computer on and off?** 두 유 노우 하우 투 턴 더 컴퓨러 온 앤 오프
저는 컴퓨터를 어떻게 작동시키는지 모릅니다.	**I don't know how to use a computer.** 아이 돈(트) 노우 하우 투 유저 컴퓨러
워드프로세서 정도 사용할 줄 압니다.	**I only know how to use a word processor.** 아이 온리 노우 하우 투 유저 워드 프라세서
나는 컴퓨터에 능숙합니다.	**I'm used to computers.** 아임 유즈(드) 투 컴퓨러즈

저는 컴퓨터에 관심이 매우 많습니다.	**I'm very interested in computers.** 아임 붸리 인터뤠스티드 인 컴퓨러즈
내 컴퓨터 부팅하는 데 너무 오래 걸려요.	**My computer seems to take forever to boot-up.** 마이 컴퓨러 심즈 투 테익 풔에버 투 부텁
어떤 종류의 프린터를 가지고 있습니까?	**What kind of printer do you have?** 왓 카인돕 프륀터 두 유 햅
그것을 제 CD에 복사해 주세요.	**Please copy that onto my CD.** 플리즈 카피 댓 온투 마이 씨디
하드 디스크는 용량이 몇 메가입니까?	**How many megabytes does your hard disk have?** 하우 매니 메가바이츠 더즈 유어 하드 디슷(크) 햅
그림을 스캔하는 법을 아세요?	**Do you know how to scan a picture?** 두 유 노우 하우 투 스캔 어 픽쳐
그녀는 컴퓨터를 잘 다룬다.	**She is proficient at [in] operating the computer.** 쉬이즈 프로퓌션트 앳(인) 아퍼레이팅 더 컴퓨러
재부팅해야 합니다.	**I'll have to reboot the system.** 아일 햅투 뤼붓(트) 더 시스템
엄마는 컴맹입니다.	**Mom is computer-illiterate.** 맘 이즈 컴퓨러이뤼터럿 *expert 전문가

＊ 기초 이론 ＊

바이러스에 걸리지 않도록 매우 주의해야 합니다.	**You must be very careful to avoid viruses.** 유 머슷(트) 비 붸리 케어풀 투 어보이드 봐이러시즈
모든 컴퓨터 작업은 CD에 저장해 두는 게 좋아요.	**You'd better save all your computer work on a CD.** 유(드) 베러 쎄입 올 유어 컴퓨러 워크 온 어 씨디
당신의 하드 디스크는 거의 다 찼어요.	**Your hard disk is almost full.** 유어 하드 디슷(크) 이즈 올모슷 풀
컴퓨터하고는 거리가 멉니다.	**Computers are beyond me.** 컴퓨러즈 아 비연드 미
플로피 디스크를 넣고 뺄 줄 아십니까?	**Do you know how to insert and remove the floppy disk?** 두 유 노우 하우 투 인서탠 뤼무브 더 플로피 디슷(크)
당신 컴퓨터는 무슨 기종입니까?	**What type of computer do you have?** 왓 타입 옵 컴퓨러 두 유 햅

＊ 데이터 관리 ＊

모든 자료가 날아갔습니다.	**All the data is lost.** 올 더 데이터 이즈 로스트
이것 좀 복사할 수 있습니까?	**Can I make a copy of it?** 캔 아이 메이커 카피 오빗

백업 파일을 만들어 두셨습니까?	**Did you make a backup copy of your file?** 디쥬 메이커 백업 카피 옵 유어 퐈일
자료를 저장하셨습니까?	**Did you save your data?** 디쥬 쎄이뷰어 데이터
프린트할 줄 아세요?	**Do you know how to print it out?** 두 유 노우 하우 투 프륀팃 아웃
저는 더 이상 그 자료가 필요 없습니다.	**I don't need that data anymore.** 아이 돈(트) 닛 댓 데이터 애니모어
실수로 자료를 모두 지워버렸습니다.	**I erased all the data by mistake.** 아이 이레이즈드 올 더 데이터 바이 미스테익
당신 컴퓨터의 자료가 필요합니다.	**I need that data on your computer.** 아이 닛 댓 데이터 온 유어 컴퓨러
그것을 제 디스켓에 복사해 주세요.	**Please copy that onto my disk.** 플리즈 카피 댓 온투 마이 디스크 *backup 백업, 예비, 여벌
이 문서를 두 장씩 프린터해 주세요.	**Print me two copies of this document.** 프륀트 미 투 카피즈 옵 디스 다큐먼트
이 컴퓨터는 메모리가 충분치 않습니다.	**This computer doesn't have enough memory.** 디스 컴퓨러 더즌(트) 햅 이너프 메모뤼

* 데이터 관리 *

컴퓨터를 주로 무슨 일에 사용하십니까?

What do you usually use your computer for?
왓 두 유 유절리 유즈 유어 컴퓨러 풔

어떤 프로그램 사용하세요?

Which program do you use?
위치 프로그램 두 유 유즈

컴퓨터에 작성한 것을 프린트해 주시겠어요?

Will you print out what you drew up on the computer?
윌 유 프륀트 아웃 왓츄 드루 업 온 더 컴퓨러

*print out 인쇄하다

* 소프트웨어 *

그는 컴퓨터 게임에 빠져 있어요.

He is into computer games.
히즈 인투 컴퓨러 게임즈
*be addicted to ~에 빠지다, 중독되다

하드 드라이브에서 오래된 파일을 삭제하세요.

Delete some old files on your hard drive.
딜릿(트) 썸 올드 퐈일즈 온 유어 하드 드라이브

이 소프트웨어를 사용하려면 패스워드가 필요합니까?

Do I need a password to use this software?
두 아이 니더 패스워드 투 유즈 디스 섭트웨어

자료를 입력할 줄 아세요?

Do you know how to compile data?
두 유 노우 하우 투 컴파일 데이터
*draw up 작성하다
*know how to ~하는 법을 알다

컴퓨터에 프린터를 연결할 줄 아세요?	**Do you know how to connect a printer to the computer?** 두 유 노우 하우 투 커넥터 프린터 투 더 컴퓨러
프로그램 다운 받는 법을 아세요?	**Do you know how to download a program?** 두 유 노우 하우 투 다운로드 어 프로그램
프로그램 까는 법을 아세요?	**Do you know how to load a program?** 두 유 노우 하우 투 로드 어 프로그램
프로그램 제거법을 아세요?	**Do you know how to uninstall a program?** 두 유 노우 하우 투 언인스톨 어 프로그램
패스워드 입력했나요?	**Have you got your password?** 해뷰 갓 유어 패스워드
이 프로그램을 어떻게 설치하면 되죠?	**How do I install this program?** 하우 두 아이 인스톨 디스 프로그램
작동법을 잊어버렸어요.	**I forgot how to operate it.** 아이 풔갓 하우 투 아퍼레이릿
저는 이 프로그램 제거해야 합니다.	**I need to uninstall this program.** 아이 닛투 언인스톨 디스 프로그램
설치 아이콘을 누르기만 하면 됩니다.	**Just click on the install icon.** 저슷(트) 클릭 온 디 인스톨 아이콘

* 소프트웨어 *

소프트웨어 프로그램은 매번 업그레이드를 해 줘야 하나요?	**Should I upgrade my software programs every chance I get?** 슈다이 업그뤠이드 마이 섭트웨어 프로그램즈 에브뤼 챈스 아이 겟
이 소프트웨어에는 편리한 기능이 많이 있어요.	**This software has a lot of handy functions.** 디스 섭트웨어 해즈 얼랏옵 핸디 펑션즈
이 소프트웨어는 약간 복잡합니다.	**This software is a little tricky.** 디스 섭트웨어 이저 리들 트뤽키
당신이 가지고 있는 소프트웨어는 무슨 버전인가요?	**What version of the software do you have?** 왓 버전 옵 더 섭트웨어 두 유 햅
이 소프트웨어 사용법을 알려주실래요?	**Will you show me how to use this software?** 윌 유 쇼우 미 하우 투 유즈 디스 섭트웨어
원본 파일을 못 찾겠어요.	**I can't find the originals.** 아이 캔(트) 퐈인더 오리지널스
컴퓨터에 무슨 문제 있나요?	**What's wrong with the computer?** 왓츠 롱 윗 더 컴퓨러
키보드가 말을 안 들어요.	**The computer keyboard is not working.** 더 컴퓨러 키보드 이즈 낫 월킹 *of order 고장 난

* 인터넷 활용 *

인터넷을 사용하세요?	**Do you use the Internet?** 두 유 유즈 디 이너넷
당신은 인터넷을 할 수 있습니까?	**Do you know how to surf the internet?** 두 유 노우 하우 투 써프 디 이너넷
인터넷에 접속되어 있으세요?	**Are you connected to the Internet?** 아 유 커넥티드 투 디 이너넷
그 파일 지금 저한테 보내주시겠어요?	**Can you send me the file now?** 캔 유 쎈드 미 더 퐈일 나우
인터넷에 접속하는 법을 가르쳐줄래?	**Can you show me how to log on to the internet?** 캔 유 쇼우 미 하우 투 로그온 투 디 이너넷
전자우편 계정을 가지고 있습니까?	**Do you have an email account?** 두 유 해번 이메일 어카운트
인터넷에 접속하는데 시간이 많이 걸려요.	**Getting on the internet takes forever.** 게링 온 디 이너넷 테익스 풔에버
어떻게 하면 접속을 할 수 있죠?	**How can I get on line?** 하우 캔 아이 겟 온 라인
전 인터넷을 통해 친구들과 연결되어 있어요.	**I'm connected to them through the internet.** 아임 커넥티드 투 뎀 쓰루 디 이너넷

* 인터넷 활용 *

고속 모뎀을 사용하지 않아서 그래요.

It does unless you have a high speed modem.
잇 더즈 언레스 유 해버 하이 스피드 모뎀

당신 컴퓨터로 자료를 다운 받으려면 시간이 오래 걸려요.

It takes a long time for data to download on to your computer.
잇 테익스 어 롱 타임 풔 데이터 투 다운로드 온 투 유어 컴퓨러

제 주관심사는 인터넷 입니다.

My main interest lies in Internet.
마이 메인 인터뤠스트 라이즈 인 이너넷

인터넷 서비스 제공회사에 알아보셔야 해요.

You need to contact an internet service provider.
유 닛투 컨택(트) 언 이너넷 써뷔스 프뤄봐이더

* 이메일 주고 받기 *

메일주소를 가르쳐주시겠어요?

Can I get your email address?
캔 아이 겟츄어 이메일 어드뤠스

당신의 메일로 한국어를 볼 수 있나요?

Do you have Korean capability with your email?
두 유 햅 코뤼언 케이퍼빌러티 위듀어 이메일

제게 다시 메일을 보내주세요.

Email it back to me.
이메일 잇 백 투 미

이메일에 첨부해주신 파일을 열 수 없습니다.	**I can't open the file attached to your email.** 아이 캔(트) 오픈 더 퐈일 어태치(드) 투 유어 이메일 *attach 첨부하다
제가 나중에 이메일을 드리겠습니다.	**I'll send you an email later.** 아일 쎈쥬 언 이메일 레이러
지금 온라인이거든요.	**I'm online right now.** 아임 온라인 롸잇 나우
그럼 메신저로 보내주세요.	**Just send it to me via messenger then.** 저슷(트) 쎈딧 투 미 봐이어 메신저 덴
우리 계속 연락해요.	**Keep in touch.** 키핀 터치
전자우편 주소가 어떻게 되세요?	**What's your email address?** 왓츄어 이메일 어드뤠스 *e-mail 전자우편
그냥 메신저로 보내지 그래요?	**Why don't you just send it to me over messenger?** 와이 돈츄 저슷(트) 쎈딧 투 미 오버 메신저
낯선 사람으로부터 온 이메일을 열어보면 안 됩니다.	**You shouldn't open email from strangers.** 유 슈든(트) 오픈 이메일 프럼 스트뤠인저즈
당신 메일의 글씨가 깨졌습니다.	**Your email message was unreadable.** 유어 이메일 메시지 워즈 언뤼더블

* 장애가 생겼을 대 *

바이러스 제거하는 법을 아십니까?	**Do you know how to remove a virus?** 두 유 노우 하우 투 뤼무버 봐이러스 *know how to ~하는 법을 알다
혹시 누군가와 디스켓 바꿔 쓴 적 있어요?	**Have you been swapping disks with anybody?** 해뷰 빈 스와핑 디슷(크)스 윗 애니바디
시스템에 장애가 생겼어요.	**I have a systems failure.** 아이 해버 시스템즈 패일러
재시동하면 모든 데이터를 잃게 될 거예요.	**If I restart it, all the data will be lost.** 이퐈이 뤼스타팃 올 더 데이터 윌 비 로스트
컴퓨터가 망가졌어요.	**My computer is out of order.** 마이 컴퓨러 이즈 아웃 옵 오더 *break down 망가지다
컴퓨터를 재부팅해서 다시 시도해 보세요.	**Reboot your system and try again.** 뤼부(트) 유어 시스템 앤 트롸이 어겐 *reboot 재부팅하다
컴퓨터가 다운됐어요.	**The computer is down.** 더 컴퓨러 이즈 다운
키보드가 말을 안 들어요.	**The computer keyboard isn't working.** 더 컴퓨러 키버드 이즌(트) 월킹 *straighten out 해결되다

컴퓨터를 고쳐야 되겠어요.	**The computer needs to be fixed.** 더 컴퓨러 니즈 투 비 픽스드 *fix ~을 수리하다
프린터가 고장입니다.	**The printer doesn't work.** 더 프륀터 더즌(트) 워크
스크린이 움직이지 않아요.	**The screen is frozen.** 더 스크륀 이즈 프로즌
이 컴퓨터는 바이러스에 감염되었습니다.	**This computer is infected by a computer virus.** 디스 컴퓨러 이즈 인펙티드 바이 어 컴퓨러 봐이러스 *infected 감염이 된
고치려면 어떻게 해야 합니까?	**What do I do to fix this then?** 왓 두 아이 두 투 픽스 디스 덴 *fix ~을 수리하다
컴퓨터에 무슨 문제 있나요?	**What's wrong with the computer?** 왓츠 롱 윗더 컴퓨러
그래서 화면이 멈춰 버렸구나.	**That's why the screen is frozen.** 댓츠 와이 더 스크륀 이즈 프로즌
당신의 시스템이 바이러스에 걸렸습니다.	**Your system caught a virus.** 유어 시스템 커엇 어 봐이러스 *uninstall 프로그램 설치를 해제하다

laptop computer 는 탁상용 컴퓨터로 desk top computer 보다 소형으로 이동하기 편하고 무릎 위에 올려놓고 사용할 수 있다.

교육

쇼핑 Gone Shopping

1. 쇼핑 장소

* 상가를 찾을 때 *

근처에 백화점이 있습니까?	**Is there a department store nearby?** 이즈 데어러 디파트먼(트) 스토어 니어바이
이 근처에 골프 용품점은 있습니까?	**Is there a golf goods shop?** 이즈 데어러 골프 굿스 샵
할인점은 어디에 있습니까?	**Where's the discount shop?** 웨어즈 더 디스카운트 샵
이 도시에 쇼핑할 만한 곳은 어디 있습니까?	**Where's the shopping area in this town?** 웨어즈 더 쇼핑 에어뤼어 인 디스 타운
여기서 가장 가까운 쇼핑센터는 어디입니까?	**Where's the nearest shopping center from here?** 웨어즈 더 니어리슷 쇼핑 센터 프롬 히어
면세점은 있습니까?	**Is there a duty-free shop?** 이즈 데어러 듀티프뤼 샵

*outlet 판로, 소매점, 대리점

✻ 매장을 찾을 때 ✻

도움이 필요하시면 알려주세요.	**Let me know if you need any help.** 렛미 노우 이퓨 니드 애니 헬(프)
손님, 무엇을 도와드릴까요?	**May I help you, sir?** 메아이 헬퓨 써
찾으시는 게 있으세요?	**How can I help you?** 하우 캔 아이 헬퓨
어떤 종류를 찾고 계신가요?	**What kind are you looking for?** 왓 카인다 유 룩킹 풔
매장 안내소는 어디입니까?	**Where is the information booth?** 웨어리즈 디 인풔메이션 부쓰
아동복은 어디서 사죠?	**Where can I buy children's clothing?** 웨어 캔 아이 바이 췰드런즈 클로우딩
서적 코너는 어디입니까?	**Where's the book corner?** 웨어즈 더 북 코너
필름은 어디서 살 수 있습니까?	**Where can I buy a film?** 웨어 캔 아이 바이 어 퓔름
전자제품코너는 어디입니까?	**Where's the electric appliances corner?** 웨어즈 디 일렉트뤽 어플라이언씨즈 코너

* 매장을 찾을 때 *

문구 매장을 찾고 있습니다.	**I'm looking for the stationery section.** 아임 룩킹 풔 더 스테이셔너뤼 섹션
남성복은 몇 층에 있습니까?	**Which floor is the men's wear on?** 위치 플로어 이즈 더 맨스 웨어 온
여성복은 몇 층입니까?	**Which floor is the women's clothing on?** 위치 플로어 이즈 더 위민스 클로우딩 온
내려가는 에스컬레이터를 찾을 수가 없네요.	**I can't find the down escalator.** 아이 캔(트) 퐈인 더 다운 에스컬레이러
몇 층에 식당가가 있습니까?	**On which floor is the food department?** 온 위치 플로어 이즈 더 풋 디파트먼(트) *a dining hall 식당
장난감은 어디서 팝니까?	**Where do they sell toys?** 웨어 두 데이 셀 토이즈
넥타이는 어디서 팝니까?	**Where can I get ties?** 웨어 캔 아이 겟 타이즈
이 건물에 스포츠 용품점이 있습니까?	**Is there a sporting goods store in this building?** 이즈 데어러 스포팅 굿스 스토어 인 디스 빌딩

2. 상품 고르기

＊ 물건을 고를 때 ＊

선물을 사고 싶은데요.	**I'd like to buy some souvenirs.** 아이(드) 라익 투 바이 썸 수베니어즈
샤넬은 있습니까?	**Do you have Chanel?** 두 유 햅 샤넬
어디에서 살 수 있습니까?	**Where can I buy it?** 웨어 캔 아이 바이 잇
같은 것으로 다른 색깔은 없습니까?	**Do you have this in another color?** 두 유 햅 디스 인 어나더 컬러
구경만 하겠습니다.	**I'm just looking.** 아임 저슷(트) 룩킹
그런 물건은 흔하지 않아요.	**Such things are by no means common.** 써취 띵즈 아 바이 노 민즈 커먼
그런 상품은 취급하지 않습니다.	**We don't carry that item.** 위 돈(트) 캐뤼 댓 아이텀
남성용 화장품을 보고 싶습니다.	**I'd like to see a men's cosmetics.** 아이(드) 라익 투 씨 어 멘스 카즈메틱스

건물의 층은 floor, story를 사용한다.

쇼핑

✻ 물건을 고를 때 ✻

너무 화려(수수)합니다.	**It's too loud(dark).** 잇츠 투 라우드(다크)
마침 그 물건이 떨어졌습니다.	**They're all sold out.** 데이아 올 솔다웃
언제 다시 갖다 놓을 건가요?	**When are you going to get it back in stock?** 웬 아 유 고잉 투 겟 잇 백 인 스탁
다른 것으로 보여 주십시오.	**Show me another one, please.** 쇼우 미 어나더 원 플리즈
집사람에게 줄 선물을 찾고 있습니다.	**I'm looking for a gift to my life.** 아임 룩킹 풔러 깁투 마이 와입(프)
향수 좀 보여 주세요.	**Show me the perfume, please.** 쇼우 미 더 퍼퓸 플리즈
몇 가지 더 보여 주시겠어요?	**Will you show me some?** 월 유 쇼우 미 썸
생각해 볼게요.	**I'll think about it.** 아일 띵커밧 잇
세일하는 것 있습니까?	**Do you have anything on sale?** 두 유 햅 애니띵 온 쎄일
여기 잠깐 봐 주시겠어요?	**Hello. can you help me?** 헬로우 캔 유 헬(프) 미

이 물건 있습니까?	**Do you have this in stock?** 두 유 햅 디스 인 스탁
이 색깔(모양)은 마음에 안 듭니다.	**I don't like this color(type).** 아이 돈(트) 라익 디스 컬러(타입)
이 지역의 특산품은 뭐예요?	**What is a popular local product?** 왓 이즈 어 파퓰러 로컬 프라덕트
이 치수와 같은 것을 보여 주십시오.	**Show me something in this size.** 쇼우 미 썸띵 인 디스 싸이즈
이건 여성용인가요?	**Is this for ladies?** 이즈 디스 풔 레이디스
이걸 만져도 됩니까?	**May I touch this?** 메아이 터치 디스
저것을 보여 주십시오.	**Please show me that.** 플리즈 쇼우 미 댓
좀더 나은 것을 보여 주세요.	**Please show me a better one.** 플리즈 쇼우 미 어 베러 원
좀더 싼 것을 보여 주십시오.	**Please show me a cheaper one.** 플리즈 쇼우 미 어 치퍼 원
좀더 큰(작은) 것이 있습니까?	**Haven't you anything bigger (smaller)?** 헤븐츄 애니띵 비거(스몰러)

＊ 가격 흥정할 때 ＊

조금 비싸네요.	**It's a little expensive.** 잇처 리들 익스펜시브
적당한 가격인 것 같군요.	**I think it's a reasonable price.** 아이 띵(크) 잇처 뤼저너블 프라이스
좀 더 싸게 해주세요.	**Can I have a little more of a discount?** 캔 아이 헤버 리들 모어 오버 디스카운트
깎아주면 사겠습니다.	**If you discount, I'll buy.** 이퓨 디스카운트 아일 바이
세금이 포함된 가격입니까?	**Does the price include tax?** 더즈 더 프라이스 인클루드 택스
이건 무슨 금액인가요?	**What is it for?** 왓 이짓 풔
서비스료는 포함돼 있습니까?	**Does the bill include the service charge?** 더즈 더 빌 인클루더 써뷔스 촤지
현금으로 지불하면 더 싸게 됩니까?	**Do you give discounts for cash?** 두 유 깁 디스카운츠 풔 캐쉬 = If I pay in cash, would you give me a better deal? *a carton of 한 상자의, 한 곽의

3. 계산하기

*** 계산할 때 ***

계산서가 틀린 것 같은데요.	**You made a mistake in this bill, I think.** 유 메이더 미스테익 인 디스 빌 아이 띵크
전부 얼마입니까?	**How much in all?** 하우 머취 인 올
계산을 따로 하고 싶습니다.	**We want to pay separately.** 위 원투 페이 세퍼레이틀리
계산서를 주십시오.	**Bill, please.** 빌 플리즈
영수증을 주십시오.	**Can I please have a receipt?** 캔 아이 플리즈 해버 리씻(트)
혹시 계산이 틀리지 않았습니까?	**Isn't there a mistake in the bill?** 이즌(트) 데어러 미스테익 인 더 빌
현금으로 하시겠어요, 카드로 하시겠어요?	**Cash or charge?** 캐쉬 오어 좌지
현금으로 낼게요.	**In Cash.** 인 캐쉬

*charge card(credit card) 신용 카드

* 계산할 때 *

아직 거스름돈을 받지 않았습니다.	**I haven't got my change back yet.** 아이 해븐(트) 갓 마이 체인지 백 옛
거스름돈이 모자라는 것 같군요.	**I think I was short-changed.** 아이 띵카이 워즈 숏(트)체인지드
거스름돈이 틀립니다.	**You gave me the wrong change.** 유 게이브 미 더 롱 체인쥐
각자 지불로 합시다.	**Let's go dutch.** 렛츠 고우 더치
선불입니다.	**You have to pay in advance.** 유 햅투 페이 인 애드밴스
다시 한 번 확인해 주세요.	**Will you check it again?** 윌 유 체킷 어겐
여행자 수표를 받습니까?	**Do you accept traveler's checks?** 두 유 엑셉트 트레블러스 첵(크)스
신용카드를 받습니까?	**Will you take credit cards?** 윌 유 테익 크레딧 카즈
3개월 할부로 하고 싶습니다.	**I want to have 3 easy payments.** 아이 원투 햅 뜨리 이지 페이먼츠 = I'd like to pay it over 3 months. *good deal 싼 거래

할인되는 카드 있습니까?	**Can I get a cheaper price by some cards?** 캔 아이 게러 치퍼 프라이스 바이 썸 카즈
할부로 살 수 있습니까?	**Can I pay in installments?** 캔 아이 페이 인 인스톨먼츠 = Do you have an installments? *bottom price 최저가격 *fixed price 정찰가격

4. 포장 · 배달

*** 포장을 부탁할 때 ***

따로따로 포장해 주세요.	**Wrap them separately, please?** 랩 뎀 세퍼레이틀리 플리즈
가격표를 떼 주시겠어요?	**Could you take the price tags off?** 쿠쥬 테익 더 프라이스 택스 오프
봉투를 주시겠어요?	**Could I have a bag?** 쿠다이 해버 백
같이 포장해 주세요.	**Please wrap together.** 플리즈 랩 투게더
이 메모를 첨부해서 보내주세요.	**I'd like to send it with this message.** 아이(드) 라익 투 쎈딧 윗디스 메시지

* 포장을 부탁할 때 *

이거 넣을 박스 좀 얻을 수 있을까요?	**Is it possible to get a box for this?** 이짓 파서블 투 게러 박스 풔 디스
종이백에 넣어주세요.	**In a paper bag.** 이너 페이퍼 백
선물용으로 포장해 주세요.	**Would you gift-wrap this please?** 우쥬 깁트랩 디스 플리즈

* 배달을 부탁할 때 *

배달 가능합니까?	**Can I have this delivered?** 캔 아이 햅 디스 딜리버드
이것들을 한국으로 보내 주시겠어요?	**Could you send these to Korea?** 쿠쥬 쎈디즈 투 코뤼아
이 주소로 보내주세요.	**Send it to this address, please.** 쎈딧 투 디스 어드뤠스 플리즈
항공편으로 얼마나 듭니까?	**How much does it cost by air mail?** 하우 머취 더짓 코스트 바이 에어 메일
별도의 요금이 듭니까?	**Is there an extra charge for that?** 이즈 데어런 엑스트뤄 촤지 풔 댓 *out of ~이 부족하다

항공편으로 보내주세요.	**Please send it by air.** 플리즈 쎈딧 바이 에어
오늘중으로 배달해 주면 좋겠습니다.	**I'd like to have it today.** 아이(드) 라익 투 햅 잇 투데이
제 호텔까지 배달해 줄 수 있습니까?	**Can you send it to my hotel for me?** 캔 유 쎈딧 투 마이 호텔 풔 미 *terms of payment 지불 조건

5. 교환 · 환불

* 교환을 요청할 때 *	
이걸 교환해 주시겠어요?	**Can I exchange this?** 캔 아이 익스체인지 디스
다른 걸로 바꾸고 싶어요.	**I'd like to exchange this for another one.** 아이(드) 라익 투 익스체인지 디스 풔 어나더 원
때가 묻었습니다.	**It's dirty.** 잇츠 더티
사이즈가 안 맞아요.	**It's the wrong size.** 잇츠 더 롱 싸이즈

✱ 교환을 요청할 때 ✱

긁힌 자국이 있습니다.	**There's a scratch here.** 데얼져 스크래치 히어
꽤 오래 전에 사셨군요.	**I see you bought this quite a while ago.** 아이 씨 유 보웃 디스 콰이러 와일 어고
작동되지 않습니다.	**It's not working properly.** 잇츠 낫 워킹 프라펄리 = This is not functioning.

✱ 환불을 요청할 때 ✱

여기에 영수증이 있습니다.	**Here's the receipt.** 히어즈 더 리씻(트)
이거 고장났어요.	**It doesn't work.** 잇 더즌(트) 워크
환불해 주시겠어요?	**Can I have a refund on this?** 캔 아이 해버 리펀드 온 디스
반품해 주세요.	**I'd like to return this.** 아이(드) 라익 투 뤼턴 디스
이 옷들은 반품이 가능합니다.	**These clothes are returnable.** 디즈 클로시즈 아 뤼터너블

불량품인 것 같은데요.	**I think it's defective.** 아이 띵크 잇츠 디펙티브
이것은 파손되어 있습니다.	**This is broken.** 디씨즈 브로큰 = It's not working right. *durable 내구성이 있는, 질긴

6. 특정 가게에서

* 구두가게에서 *	
이 색상으로 다른 모양은 있습니까?	**Do you have another type in this color?** 두 유 햅 어나더 타입 인 디스 컬러
이건 너무 팍 끼는데요(헐렁해요).	**It's too tight (loose).** 잇츠 투 타잇(트) (루즈)
이걸로 내게 맞는 사이즈는 있습니까?	**Do you have this one in my size?** 두유 햅 디스 원 인 마이 싸이즈
발 치수가 어떻게 되세요?	**What size do you wear?** 왓 싸이즈 두 유 웨어
신어봐도 돼요?	**May I try these on?** 메아이 트라이 디즈 온

* 구두가게에서 *	
발 끝이 좀 조이는군요.	**It's a bit tight in the front.** 잇처 빗 타잇(트) 인 더 프런트
구두 굽을 새 것으로 갈아 주십시오.	**Please put new soles on these shoes.** 플리즈 풋 뉴 소울즈 온 디즈 슈즈

* 선물가게에서 *	
화장품 코너는 어디에 있습니까?	**Where is the cosmetic counter?** 웨어리즈 더 카즈메틱 카운터
이건 진짜입니까, 모조품입니까?	**Is this genuine or an imitation?** 이즈 디스 제뉴인 오어 언 이미테이션
피부가 건조하시군요.	**Your skin is dry.** 유어 스킨 이즈 드라이
어느 것이 좋을까요?	**Which one do you like?** 위치 원 두 유 라익
생일카드 있습니까?	**Do you have birthday cards?** 두 유 햅 버쓰데이 카즈
립스틱을 하나 사려고 하는데요.	**I'd like to buy a lipstick.** 아이(드) 라익 투 바이 어 립스틱
좀더 진한 색으로 주세요.	**A deeper color, please.** 어 디퍼 컬러 플리즈

가격표가 안 보이는데요.	**I can't see a price tag.** 아이 캔(트) 씨 어 프라이스 태그
＊ 시계가게에서 ＊	
저 시계를 보여 주시겠습니까?	**Please show me that watch.** 플리즈 쇼우 미 댓 워치
더 얄팍한 것은 없습니까?	**Do you have a thinner one?** 두 유 해버 띠너 원
아니, 그게 아니고 그 옆의 것입니다.	**No, not that, the one next to it.** 노우 낫 댓 디 원 넥슷(트) 투 잇
이 시계를 수리하고 싶습니다.	**I'd like to have this watch repaired.** 아이(드) 라익 투 햅 디스 워치 리페어드
＊ 카메라가게에서 ＊	
카메라를 조사해 주십시오.	**Please check my camera.** 플리즈 첵 마이 캐머뤄
저 카메라 좀 볼 수 있을까요?	**Can I see that camera for a minute?** 캔 아이 씨 댓 캐머뤄 풔러 미닛
이 카메라에 필름을 넣어 주십시오.	**Please put a role of film in this camera.** 플리즈 풋 어 롤 옵 퓔름 인 디스 캐머뤄
이 카메라를 교환할 수 있을까요?	**Would you let me exchange this camera, please?** 우쥬 렛 미 익스체인지 디스 캐머뤄 플리즈

쇼핑

* 옷가게에서 *

셔츠를 사고 싶은데요.	**I want some shirts, please.** 아이 원(트) 썸 셔츠 플리즈
1인치쯤 옷자락을 올려 줄 수 있어요?	**Can I have the hem raised about an inch?** 캔 아이 햅 더 헴 뤠이즈드 어밧 언 인치
진열장 안에 있는 저 드레스를 볼 수 있을까요?	**Can I see that dress in the window?** 캔 아이 씨 댓 드뤠씬 더 윈도우
저것을 보여 주세요.	**Please show me that.** 플리즈 쇼우 미 댓
어떤 스타일을 찾으세요?	**What kind of style are you looking for?** 왓 카인돕 스타일 아 유 룩킹 풔
다른 디자인은 있습니까?	**Do you have any other designs?** 두 유 해배니 아더 디자인스
어때요, 잘 맞습니까?	**How's the fit?** 하우즈 더 퓝
이것은 어떠세요?	**How do you like this one?** 하우 두 유 라익 디스 원
손님한테 어울릴 것 같은데요.	**I think it'll look good on you.** 아이 띵(크) 이딜 룩 굿 온 유 *go with 조화되다, 어울리다

이것보다 수수한 것을 원합니다만.	**I'd like a plainer one.** 아이(드) 라이커 플레이너 원
사이즈를 잘 모르는데요.	**I'm not sure of my size.** 아임 낫 슈어 옵 마이 싸이즈
색깔이 마음에 안 들어요.	**It's the wrong color.** 잇츠 더 롱 컬러
저에게 잘 맞습니다.	**It fits me very well.** 잇 핏츠 미 붸리 웰
너무 큰데요.	**It's too big.** 잇츠 투 빅
거울 좀 봐야겠어요.	**Let me check in the mirror.** 렛 미 체킨 더 미러
한 번 입어 보세요.	**Please try it on.** 플리즈 트롸이딧 온
다른 색상으로 보여 주세요.	**Show me different color, please.** 쇼우 미 디풔런트 컬러 플리즈
별로 마음에 들지 않아요.	**Sorry, but I don't like it.** 쏘리 벗 아이 돈(트) 라이킷
이 블라우스는 나한테 안 맞아요.	**This blouse doesn't fit me.** 디스 블라우스 더즌(트) 핏 미

* 옷가게에서 *

허리가 꽉 껴요	**This is a little bit tight around my waist.** 디씨저 리들 빗 타잇(트) 어롸운드 마이 웨이스트
잘 어울려요.	**This is good on you.** 디씨즈 굿 온 유 *look well 잘 어울리는 것 같다
너무 커요.	**This is too big.** 디씨즈 투 빅
이건 좀 너무 화려하군요.	**This is too flashy.** 디씨즈 투 플래시
이 색깔은 금년 유행입니다.	**This shade is very popular this year.** 디스 쉐이드 이즈 붸리 파퓰러 디스 이어
이것은 얼마입니까?	**What's the price of this?** 왓츠 더 프라이스 옵 디스
이 소재는 무엇입니까?	**What material is this?** 왓 머티어륄 이즈 디스
진짜 가죽인가요?	**Are they real leather?** 아 데이 륄 레더
탈의실이 어디죠?	**Where is the fitting room?** 웨어리즈 더 퓌링 룸 *fitting room 탈의실

* 전자상가에서 *	
디지털 카메라를 보여 주세요.	**Show me the digital camera, please.** 쇼우 미 더 디지털 캐머뤄 플리즈
좀더 싼 것을 보여 주세요.	**Please show me a cheaper one.** 플리즈 쇼우 미 어 치퍼 원 *come down (값을) 내리다
이것은 어느 회사 제품입니까?	**What brand is this?** 왓 브랜드 이즈 디스
노트북을 보여 주세요.	**Show me the notebook computer, please.** 쇼우 미 더 노트북 컴퓨러 플리즈
이런 것은 어떻습니까?	**Would you like this?** 우쥬 라익 디스
이것은 일본제입니까?	**Is this made in Japan?** 이즈 디스 메이딘 재팬
이걸 면세로 살 수 있습니까?	**Can I buy this tax free?** 캔 아이 바이 디스 택스 프뤼
얼마까지 면세가 됩니까?	**How much duty free can I buy?** 하우 머취 듀티 프뤼 캔 아이 바이
질은 괜찮습니까?	**Is the quality good ?** 이즈 더 퀄리티 굿

* 전자상가에서 *

이것은 최신 상품인가요?	**Is this the latest thing?** 이즈 디스 더 레이티스트 띵
다른 제품도 보여 주세요.	**Show me another one, please.** 쇼우 미 어나더 원 플리즈
좀 봐도 될까요?	**May I see it?** 메아이 씨 잇
보증기간은 얼마나 됩니까?	**How long is the warranty?** 하우 롱 이즈 더 워런티
이것은 인기상품입니다.	**This is the most popular brand.** 디씨즈 더 모슷 파퓰러 브랜드
어느 나라에서 만들어진 것입니까?	**Where was this made?** 웨어 워즈 디스 메이드
원하는 브랜드가 있습니까?	**Is there any special brand you like?** 이즈 데어 애니 스페셜 브랜드 유 라익 = Which brand do you prefer?
잠시 품절입니다.	**We are temporarily out of stock.** 위 아 템퍼레러리 아웃 옵 스탁
재고가 없습니다.	**It's out of stock.** 잇츠 아웃 옵 스탁 *lineup (사람, 물건의) 정렬

＊ 편의점에서 ＊

칫솔은 없습니까?	**Where are the toothbrushes?** 웨어라 더 투쓰브러쉬즈
세면용품은 어디에 있나요?	**Where are the toiletries, please?** 웨어라 더 터일리트리즈 플리즈
이것과 같은 건전지는 있습니까?	**Do you have the Same battery as this?** 두 유 햅 더 쎄임 배러리 애즈 디스
손톱깎이는 있습니까?	**Do you have nail clippers?** 두 유 햅 내일 클리퍼스
이것들은 신선해 보이지 않네요.	**These don't look fresh.** 디즈 돈(트) 룩 프레쉬
제가 예산했던 것보다 비싸군요.	**That's more than I wanted to spend.** 댓츠 모어 댄 아이 원티드 투 스펜드
최근의 베스트셀러를 찾고 있습니다.	**I'm looking for some recent best-sellers.** 아임 룩킹 풔 썸 뤼쎈트 베스트 셀러즈
이런 물건 있나요?	**Do you have this in stock?** 두 유 햅 디스 인 스탁
어떻게 계산하시겠어요?	**How would you like to pay?** 하우 우쥬 라익 투 페이

* 면세점에서 *	
어떤 담배가 있습니까?	**What cigarettes do you have?** 왓 시거렛츠 두 유 햅
캔트 있습니까?	**Do you have Kent?** 두 유 햅 캔트
어떤 상표를 원하십니까?	**Which brand do you want?** 윗치 브랜드 두 유 원(트)
면세품 리스트 한 장 얻을 수 있을까요?	**May I have a list of duty-free goods?** 메아이 해버 리스트 옵 듀티 프뤼 굿스
위스키 두 병을 사고 싶습니다.	**I'd like to buy two bottles of whisky.** 아이(드) 라익 투 바이 투 보를즈 옵 위스키
MP3 플레이어도 있습니까?	**Do you have MP3 players?** 두 유 햅 엠피뜨리 플레이어즈
화장품 세트도 있습니까?	**Do you have cosmetic sets?** 두 유 햅 카즈메틱 셋츠
저 펜 좀 보고 싶은데요.	**I'd like to see that pen, please.** 아이(드) 라익 투 씨 댓 펜 플리즈
이것 말입니까?	**You mean this one?** 유 민 디스 원 *regular price 정가 *get ripped off 바가지 쓰다

아닙니다. 갈색 케이스에 있는 것 말입니다.	**No, the other one in the brown case.** 노 디아더 원 인 더 브라운 케이스
아 이것 말씀이시군요. 여기 있습니다.	**Oh, this one. Here.** 오 디스 원 히어
이것 좀 써 봐도 될까요? 물론입니다.	**May I try it? / Sure.** 메이 아이 트롸이딧 슈어
참 잘 써지는군요. 이것으로 하겠습니다.	**It's very smooth. I'll take it.** 잇츠 붸리 스무쓰 아일 테이킷
이것으로 하겠습니다.	**I'll take this one, please.** 아일 테잌 디스 원 플리즈
가격표가 안 붙어 있어요.	**There's no price tag on this.** 데얼즈 노 프라이스 택 온 디스
품질보증서가 들어 있습니다.	**It comes with a warranty.** 잇 컴스 위더 워런티
몇 시에 문을 닫나요?	**What time do you close?** 왓 타임 두 유 클로즈
좀 더 생각해 볼게요.	**I'll think about it.** 아일 띵크 어바우릿 = I'll have to think for a bit.

I'll take them both.는 둘 다 주세요라는 표현으로 쇼핑할 때 많이 사용한다.

병원
Hospital

1. 건강 관리

* 몸이 아플 때 *

근처에 병원이 있습니까?	**Is there a hospital nearby?** 이즈 데어러 하스피럴 니어바이
구급차를 불러 주세요.	**Please call an ambulance.** 플리즈 콜 언 앰뷸런스
병원에 데려다 주세요.	**Please take me to the hospital.** 플리즈 테익 미 투 더 하스피럴
의사를 불러 주시겠습니까?	**Would you call a doctor for me?** 우쥬 콜 어 닥터 풔 미
빨리 의사의 진찰을 받아보는 게 좋겠어요.	**You'd better see a doctor soon.** 유(드) 베러 씨 어 닥터 쑨
위독합니다.	**She's in critical condition.** 쉬즈 인 크리티컬 컨디션 = She's seriously ill. = She became unconscious.

Doctor's office(의원), Hospital(병원)이나 Pharmacy(약국)에 미국에서는 보통 (약국)을 Drugstore라고 한다.

2. 병원 안내

* 진료 예약할 때 *

이번이 처음입니다.	**This will be my first visit.** 디스 윌 비 마이 퍼스트 뷔짓
예약이 필요합니까?	**Do I need an appointment?** 두 아이 닛 언 어포인먼(트)
어느 의사선생님께 진찰받기를 원하십니까?	**Which doctor would you like to see?** 위치 닥터 우쥬 라익 투 씨
잠시 기다려 주세요. 그 선생님의 시간을 확인해 보겠습니다.	**One moment, please. Let me check his schedule.** 원 모먼트 플리즈 렛 미 첵 히즈 스케줄
가능하면 빨리 진찰을 받고 싶습니다.	**I'd like to be examined as soon as possible.** 아이(드) 라익 투 비 익재민드 애즈 쑨 애즈 파서블
죄송합니다. 예약이 다 되어 있습니다.	**I'm sorry. We're all booked up.** 아임 쏘뤼 위아 올 북트 업 *be booked up 예약이 꽉 차다.
그보다 더 빨리는 안 될까요?	**No sooner than that?** 노우 쑤너 댄 댓
월요일 9시는 어떨까요.	**How about nine o'clock on Monday?** 하어밧 나인 어클락 온 먼데이

병원

* 진료 예약할 때 *

내일 오후라면 가능합니다.	**We'll be available tomorrow afternoon.** 위일 비 어베일러블 터머로우 앱터눈
좋은 의사의 진찰을 받고 싶습니다.	**I'd like to see a good doctor.** 아이(드) 라익 투 씨 어 굿 닥터
접수처가 어디에 있습니까?	**Where is the reception desk?** 웨어리즈 더 리셉션 데스크 *Reception desk 접수

* 접수 창구에서 *

전에 오신 적이 있습니까?	**Have you been here before?** 해뷰 빈 히어 비풔
몇 가지 양식을 작성해 주셔야겠습니다.	**I'll need you to fill out some forms.** 아일 니쥬 투 필 아웃 썸 폼즈
보험에 가입하셨습니까?	**Are you insured?** 아 유 인슈어드
주소는 무엇이지요?	**What's your address, please?** 왓츄어 어드뤠스 플리즈
입원해야 합니까?	**Do I have to enter the hospital?** 두 아이 햅 투 엔터 더 하스피럴
김박사님 스케줄을 알아보겠습니다.	**Let me check Dr. Kim's schedule.** 렛미 첵 닥터 킴스 스케줄

＊ 대기실에서 ＊

의사 선생님은 지금 계신가요?	**Is the doctor in at the moment?** 이즈 더 닥터 인 앳 더 모먼트
저를 제일 먼저 봐 주시겠어요?	**Could you give me first aid?** 쿠쥬 깁 미 풔스트 에이드
예약이 되어 있지는 않은데요, 너무 급합니다.	**I don't have an appointment, but it's urgent.** 아이 돈(트) 해번 어포인먼(트) 벗 잇츠 어전트
의사 선생님을 만나려면 얼마나 기다려야 할까요?	**How long do I have to wait here to see the doctor?** 하우 롱 두 아이 햅투 웨잇 히어 투 씨 더 닥터 *See a doctor 의사에게 진찰받다

3. 진찰

＊ 증상 물어볼 때 ＊

약은 먹었어요?	**Have you taken any medicine?** 해뷰 테이큰 애니 메더슨
상태가 어떤지 말씀해 주시겠습니까?	**Can you describe to me how you feel?** 캔 유 디스크라이브 투 미 하우 유 퓔
오늘 좀 기분이 어떠세요?	**Are you feeling any better today?** 아유 퓔링 애니 베러 투데이

* 증상 물어볼 때 *

어디가 아프십니까?	**What's the matter?** 왓츠 더 매러
이런 증상이 있은 지 얼마나 됐습니까?	**How long have you had these symptoms?** 하우 롱 해뷰 해드 디즈 심텀즈 *appendicitis 충수염, 맹장염

* 증상을 말할 때 *

회복기미가 전혀 없어요.	**There's no sign of recovery.** 데얼즈 노 사인 옵 뤼커버리
식욕이 없어요.	**I have no appetite.** 아이 햅 노 애퍼타이트
잠을 잘 수 없습니다.	**I can't sleep Well.** 아이 캔(트) 슬립 웰
조금(많이) 나아진 것 같습니다.	**I feel a little(much) better.** 아이 필 어 리들(머취) 베러
여전히 몸이 좋지 않습니다.	**I still don't feel well.** 아이 스틸 돈(트) 필 웰
피곤하고 기운이 없어요.	**I feel tired and run down.** 아이 필 타이어드 앤 런 다운 = I am beat. = I am worn out.

✻ 진료를 받을 때 ✻

진찰을 해 보겠습니다.	**I'll examine you.** 아일 익재민 유
몇 가지 검사를 해봐야 겠는데요.	**I'd like to run some tests on you.** 아이(드) 라익 투 런 썸 테스츠 온 유
웃옷을 벗으세요.	**Take off your clothes, please.** 테익 오프 유어 클로시즈 플리즈
엑스레이 촬영과 혈액 검사입니다.	**X-rays and a blood test.** 엑스레이즈 앤 어 블러드 테스트
기본적인 검사입니다.	**The tests are standard.** 더 테스츠 아 스탠다드
여기를 만지면 아프십니까?	**Does it hurt when I touch here?** 더짓 허(트) 웬 아이 터치 히어
누우십시오.	**Lie down there.** 라이 다운 데어
주사 한 대 놓겠습니다.	**I will give you an injection.** 아이 윌 기뷰 언 인젝션
진통제를 처방해 드릴게요.	**Let me prescribe you some pain-killers.** 렛 미 프뤼스크라이브 유 썸 페인킬러즈

* 진료를 받을 때 *

체온을 재보겠습니다.	**Let me examine your temperature.** 렛 미 익재민 유어 템퍼뤄춰
수술해야 합니까?	**Will I need an operation?** 윌 아이 니던 아퍼레이션 *Internal medicine 내과 *IA patient 환자

* 건강에 대한 조언 *

몸을 따뜻하게 해요.	**Keep yourself warm.** 킵 유어셀프 웜
담배를 끊으세요.	**I advise you to quit smoking.** 아이 어드바이스 유 투 퀵 스모킹
좀 쉬어야 해요.	**You must take a rest.** 유 머슷(트) 테이커 뤠스트
식이요법을 하시는 게 좋습니다.	**You'd better go on a diet.** 유드 베러 고 온 어 다이어(트)
당분간 술을 삼가세요.	**You should stop drinking for a while.** 유 슈드 스탑 드륑킹 풔러 와일
먼지 알레르기가 있습니다.	**I am allergic to dust.** 아임 앨러직 투 더스트 *pollen 화분, 꽃가루

4. 내과

＊ 증상 설명할 때 ＊

기침이 나고 콧물이 흐릅니다.	**I have a cough and my nose is running.** 아이 해버 코프 앤 마이 노우지즈 뤄닝
기침이 멈추지 않아요.	**I can't stop coughing.** 아이 캔(트) 스탑 코우핑
두통이 있어요.	**I have a headache.** 아이 해버 헤데익
편도선이 부었습니다.	**I have swollen tonsils.** 아이 햅 스월런 탄실스
머리가 깨지는 것 같습니다.	**I have a splitting headache.** 아이 해버 스플리팅 헤드에익
메스꺼워요.	**I feel nauseous.** 아이 퓔 노셔스
목이 아픕니다.	**I have a sore throat.** 아이 해버 쏘어 쓰로웃
몸이 아주 아픕니다.	**I'm very sick.** 아임 붸리 씩 = I ache all over.

* 증상 설명할 때 *	
배가 아파요.	**I have a stomachache.** 아이 해버 스토매익
등이 아파요.	**My back hurts.** 마이 백 허츠
생리중이에요.	**I'm menstruating.** 아임 멘스트뤠이팅
설사를 해요.	**I have diarrhea.** 아이 햅 다이어리어
아무것도 먹을 수가 없습니다.	**I can eat very little.** 아이 캔 잇 붸리 리들
어지럽고 쓰러질 것 같아요.	**I feel dizzy and faint.** 아이 퓔 디지 앤 페인트
열이 있고 기침이 납니다.	**I have a fever and a cough.** 아이 해버 피버 앤 어 코프
온 몸이 욱신욱신 쑤셔요.	**I have a muscle aches all over.** 아이 해버 머슬 에익스 올 오버
현기증이 납니다.	**I feel dizzy.** 아이 퓔 디지
열이 있어요.	**I have a fever.** 아이 해버 피버

* 진료 후 *	
고혈압이에요.	**I have high blood pressure.** 아이 햅 하이 블러드 프레셔
변비가 있어요.	**I'm constipated.** 아임 칸스티페이티드 *constipation 변비
몸살이 났어요.	**I ache all over.** 아이 에익 올 오버
소화불량 기미가 있는 것 같아요.	**I think I have a touch of indigestion.** 아이 띵카이 해버 터치 옵 인디제스천 *indigestion 소화불량
감기 기운이 있어요.	**I'm coming down with a cold.** 아임 커밍 다운 위더 콜드
알레르기가 있어요.	**I have allergies.** 아이 햅 앨러지스
임신중이에요.	**I'm pregnant.** 아임 프리그넌트
혈액형은 O형입니다.	**My blood type is O.** 마이 블러드 타입 이즈 오우
체온은 정상입니다.	**Your temperature is normal.** 유어 템퍼뤄춰 이즈 노멀 자기의 증상을 말할 때는 I have ~나 I've got ~ 라고 한다.

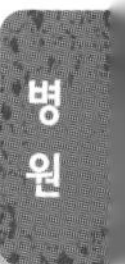

5. 외과

✻ 증상 설명 ✻

다리가 부러졌어요.	**I broke my leg.** 아이 브로크 마이 렉 *undergo an operation 수술받다
귀가 아파요.	**I have an earache.** 아이 해번 이어에익
움직일 수가 없어요.	**I can't move.** 아이 캔(트) 무브
발목을 삐었어요.	**I sprained my ankle.** 아이 스프뤠인드 마이 앵클
다리가 부었어요.	**I have a swollen foot.** 아이 해버 스왈른 풋
낫는 데 얼마나 걸릴까요?	**How long will it take to recover?** 하우 롱 위릿 테익 투 뤼커버
감염될 염려가 있나요?	**Should I be worried about it getting infected?** 슈다이 비 워뤼드 어바우릿 게링 인펙티드
전신에 멍이 들었습니다.	**It's all black and blue.** 잇츠 올 블랙 앤 블루

요리를 하다가 손을 데었습니다.	**I burned my hand cooking.** 아이 번드 마이 핸드 쿠킹
흉터가 남을까요?	**Is it going to scar?** 이짓 고잉 투 스카 *scar 상처, 흉터
항생제 알레르기가 있습니다.	**I'm allergic to antibiotics.** 아임 앨러직 투 앤티바이아틱스

＊ 진료 후 ＊

응급조치가 필요합니다.	**I need first aid.** 아이 닛 풔스트 에이드
상태가 어떻습니까?	**How do you feel now?** 하우 두 유 퓔 나우
이렇게 하면 아픕니까?	**Does it hurt when I do this?** 더짓 허(트) 웬 아이 두 디스
깁스를 해야겠습니다.	**We'll put it in a cast.** 윌 풋 잇 이너 캐스트
체온을 재볼게요.	**Let me check your temperature.** 렛 미 첵(크) 유어 템퍼뤄춰 = Let me take your temperature
어떤 상태입니까?	**How do you feel?** 하우 두 유 퓔 체온은 한국은 "섭씨(Centigrade)"를 외국에서는 "화씨(Fahrenheit)"를 사용한다.

6. 안과

* 증상 설명 *

눈이 가렵습니다.	**My eyes itch.** 마이 아이즈 이치
눈병이 났습니다.	**I have eye trouble.** 아이 햅 아이 트러블
눈이 쓰라리고 아파요.	**My eyes smart.** 마이 아이즈 스마트
눈에 염증이 생겼어요.	**My eyes feel irritated.** 마이 아이즈 퓔 이뤄테이티드 *irritated 염증을 일으킨
오른 쪽 눈에 다래끼가 났습니다.	**I had a sty in my right eye.** 아이 해더 스타이 인 마이 롸잇 아이
왼쪽 눈이 따끔거려요.	**I have a prickling pain in my left eye.** 아이 해버 프뤼클링 페인 인 마이 렙트 아이 *bleary 눈이 흐린
눈이 침침하고 안 보이는데요.	**I have blurry eyes.** 아이 햅 블러뤼 아이즈 = I'm losing my eyesight.
이 부분이 몹시 아픕니다.	**This part hurts the most.** 디스 파앗 헛츠 더 모우스트

✻ 진료 후 ✻

원시입니다.	**I'm farsighted.** 아임 퐈싸잇티드
근시입니다.	**I'm nearsighted.** 아임 니어싸잇티드
난시예요.	**I have astigmatic eyes.** 아이 햅 애스틱매릭 아이즈
시력이 나쁩니다.	**I have poor vision.** 아이 햅 푸어 뷔전
시력검사표를 보세요.	**Just take a look at the chart.** 저슷(트) 테이커 룩 앳 더 좌트
시력은 어떻게 되십니까?	**How's your eyesight?** 하우즈 유어 아이싸잇
두 번째 줄을 읽어보시겠습니까?	**Can you read the second line?** 캔 유 뤼더 세컨(드) 라인
시력이 떨어지는 것만 같아요.	**I'm afraid my eyesight is failing.** 아임 어프뤠이드 마이 아이싸이티즈 페일링
시력 검사를 하러 왔습니다.	**I'm here to have my eyes checked.** 아임 히어 투 햅 마이 아이즈 첵트

have는 eat나 drink를 대신해서 쓰지만 "약을 먹다, 혹은 복용하다"는 take를 쓴다.

7. 치과

＊ 증상 설명 ＊

치통이 있습니다.	**I've got a toothache.** 아이(브) 가러 투쓰에익 *toothache 치통
잇몸에서 피가 납니다.	**My gums are bleeding.** 마이 검즈 아 블리딩 *gum 잇몸, 치은
식사할 때 이가 아픕니다.	**I get a toothache when I eat.** 아이 게러 투쓰에익 웬 아이 잇
이가 흔들립니다.	**I have a loose tooth.** 아이 해버 루즈 투쓰
치아 세척을 받고 싶습니다.	**I need to get my teeth cleaned.** 아이 닛투 겟 마이 티쓰 클린드

＊ 진료 후 ＊

입을 크게 벌리세요.	**Please open your mouth wide.** 플리즈 오픈 유어 마우스 와이드
충치를 때워야 할 것 같습니다.	**I think I need to have my cavity filled in.** 아이 띵카이 닛투 햅 마이 캐비티 필드 인
통증이 있나요?	**Does it give you much pain?** 더짓 기뷰 머춰 페인

이를 규칙적으로 닦으세요.	**I suggest you brush regularly.** 아이 서제스트 유 브러쉬 뤠귤러리 *regularly 규칙적으로
뽑아버려야 될 것 같습니다.	**We'll have to pull it out.** 위일 햅 투 풀 잇 아웃

8. 문병

＊ 병문안 갈 때 ＊

쾌유를 빕니다.	**I hope you'll get better soon.** 아이 홉 유일 겟 베러 쑨
안됐습니다.	**That's too bad.** 댓츠 투 배드
유감스럽습니다.	**Embarrassing.** 임베뤄씽
곧 좋아질 거예요.	**You will soon be feeling better.** 유 윌 쑨 비 필링 베러
그냥 누워 계세요.	**Don't get up.** 돈(트) 겟 업
얼굴이 좋아보이네요.	**Your color is good.** 유어 컬러 이즈 굿

교통 Transportation

1. 길 안내

*** 길을 물어볼 때 ***

여기는 무슨 거리입니까?	**What street is this?** 왓 스트륏(트) 이즈 디스
센트럴 파크까지 몇 마일입니까?	**How many miles to Central Park?** 하우 매니 마일즈 투 센트럴 팍
그것은 몇 번가에 있습니까?	**What street is that on?** 왓 스트륏(트) 이즈 댓 온
실례합니다만 좀 여쭙겠습니다.	**Excuse me. I have a question.** 익스큐즈 미 아이 해버 퀘스쳔
시청으로 가는 방향이 어느 쪽인가요?	**Which direction is City Hall?** 위치 디렉션 이즈 씨리 홀
센트럴 파크는 어느 길로 가면 됩니까?	**Which way to Central Park?** 위치 웨이 투 센트럴 팍
도로 지도를 갖고 싶습니다.	**May I have a road map?** 메아이 해버 로드 맵

*block 한 구획, 한 가 약 1/20Km

*** 교통안내 방송 활용 ***

교통이 정체되어 있습니다.	**It's bumper to bumper.** 잇츠 범퍼 투 범퍼 *traffic jam 교통의 마비, 혼잡
도로는 비교적 차량이 한산한 편입니다.	**The road is relatively free of traffic.** 더 로드 이즈 륄레이티블리 프뤼 옵 트래픽
러시아워시간대는 이 차선은 버스전용차선입니다.	**During rush hour, this line is only used for buses.** 듀링 러시아워 디스 라인 이즈 온리 유즈(드) 풔 버시즈

2. 자동차 이용

*** 운전할 때 ***

이 길을 따라 30분 동안 운전해 가세요.	**Drive for 30 minutes down this road.** 드라이브 풔 떠리 미닛츠 다운 디스 로드
여기서 두 구획을 가시면 있습니다.	**It's two blocks from here.** 잇츠 투 블락스 프럼 히어
첫 번째 모퉁이에서 좌회전하세요.	**Turn left at the first corner.** 턴 렙트 앳 더 풔스트 코너
두 번째 모퉁이를 지나 계속해서 가십시오.	**Carry on past the second corner.** 캐뤼 온 패슷 더 세컨(드) 코너

* 운전할 때 *	
세 번째 신호등에서 오른쪽으로 도십시오.	**Turn right at the third traffic light.** 턴 롸잇 앳 더 써드 트래픽 라잇
신호등이 나올 때까지 곧장 가세요.	**Go straight until you come to a traffic light.** 고 스트레잇 언틸 유 컴 투 어 트레픽 라잇
여기저기에 표지판이 있을 거예요.	**There will be signs everywhere.** 데어 윌 비 싸인즈 에브뤼웨어
교차로에서 좌회전 하세요.	**Turn left at the intersection.** 턴 렙트 앳 더 인터섹션

* 사고가 났을 때 *	
경찰을 불러주세요.	**Call the police, please.** 콜 더 폴리스 플리즈
내 운전면허증입니다.	**Here's my driver's license.** 히얼즈 마이 드라이버스 라이쎈스
교통사고가 났어요.	**I was in a car accident.** 아이 워지너 카 액씨던트
다친 사람이 있어요.	**We have an injured person out here.** 위 해번 인져드 펄슨 아웃 히어 *auto(automobil) 자동차

급해요!	**It's an emergency !** 잇츠 언 이머전씨
고속도로에서 차가 고장났습니다.	**My car broke down on the free-way.** 마이 카 브로크 다운 온 더 프뤼웨이 *down to the corner 모퉁이까지 내려 가서
＊ 교통 위반했을 때 ＊	
경찰관, 무슨 일이죠?	**Hi, officer, what's the problem?** 하이 어퓌서 왓츠 더 프라블럼
경찰관, 제가 뭘 잘못했나요?	**Hi, officer, did I do anything wrong?** 하이 어퓌서 디다이 두 애니띵 롱
운전면허증을 보여 주세요.	**I need to see your driver's license, please.** 아이 닛투 씨 유어 드라이버스 라이쎈스 플리즈
저기 경관님, 봐 주세요.	**Officer, can you cut me some slack here?** 어퓌서 캔 유 컷 미 썸 슬랙 히어
여기 음주 측정기를 부십시오.	**Please blow into this breath analyzer here.** 플리즈 블로우 인투 디스 브뤠쓰 애널라이저 히어
선생님, 정지 신호에서 멈추지 않았습니다.	**Sir, you didn't stop for that stop sign.** 써 유 디든(트) 스탑 풔 댓 스탑 싸인

* 주유할 때 *	
이 근처에 주유소가 있는가요?	**Is there a gas station near here?** 이즈 데어러 개스 스테이션 니어 히어
연료가 거의 다 됐어요.	**We're low on gas.** 위아 로우 온 개스
주유구를 열어주시겠어요?	**Would you open the gas cap?** 우쥬 오픈 더 개스 캡
가득 채워 주세요.	**Top it up.** 탑 잇 업
보통이요, 고급이요?	**With regular or supreme?** 윗 뤠귤러 오어 서프륌
오일을 점검해 주시겠습니까?	**Would you check the oil, please?** 우쥬 첵(크) 디 오일 플리즈
20리터 넣어 주세요.	**20 liters, please.** 투웨니 리터스 플리즈
어떤 걸로 넣어드릴까요?	**What would you like?** 왓 우쥬 라익
가스가 떨어졌습니다.	**I'm all out of gas.** 아임 올 아웃 옵 개스
부동액을 점검해 주세요.	**Check the fluid levels.** 첵(크)더 플루이드 레벨즈

여기서 세차를 해줍니까?

Do you wash cars here?
두 유 워쉬 카즈 히어

✻ 주차장에서 ✻

주차장이 어디에 있습니까?

Where is your parking lot?
웨어리즈 유어 파킹 랏

바로 앞에다 주차해 두었어요.

I parked out front.
아이 팍트 아웃 프런트

차를 뒤로 빼 주시겠어요?

Would you mind backing up, please?
우쥬 마인드 백킹 업 플리즈

이곳은 견인지역입니다.

This is a towaway zone.
디씨저 토우어웨이 존

주차장이 꽉 찼어요.

The parking lot is full
더 파킹 랏 이즈 풀

세차를 해 주시겠습니까?

Would you give the car a wash?
우쥬 깁 더 카 어 워쉬

시간당 주차료가 얼마입니까?

How much is it per hour?
하우 머취 이짓 퍼 아우어

여기는 무료 주차장입니다.

This is a free parking lot.
디씨저 프뤼 파킹 랏

* 카센타에서 *	
시동이 걸리지 않습니다.	**I can't start the engine.** 아이 캔(트) 스타트 디 엔진
가끔씩 갑자기 엔진이 꺼집니다.	**Sometimes the engine fails suddenly.** 썸타임즈 디 엔진 페일즈 써든리
계속 시동이 꺼집니다.	**It keeps stalling.** 잇 킵스 스털링
차에서 이상한 소리가 납니다.	**My car's making strange noises.** 마이 카즈 메이킹 스트뤠인지 노이지즈
근처에 수리 공장이 있습니까?	**Is there an auto repair shop nearby?** 이즈 데어런 오토 뤼페어 샵 니어바이
배터리가 떨어졌습니다.	**The battery is dead.** 더 배러리 이즈 데드
브레이크 상태가 아주 나쁩니다.	**Your brakes are in bad shape.** 유어 브뤠익스 아 인 배드 쉐입
오일이 샙니다.	**The oil is leaking.** 디 오일 이즈 리킹
타이어의 공기압력이 낮은 것 같습니다.	**The tire pressure seems to be low.** 더 타이어 프레셔 심즈 투 비 로우
왼쪽 뒷바퀴가 다 닳았어요.	**The left rear tire is all worn out.** 더 렙트 리어 타이어 이즈 올 원 아웃

제 차를 다 고쳤습니까?	**Is my car ready to go?** 이즈 마이 카 뤠디 투 고

＊ 렌터카를 이용할 때 ＊

요금표를 보여 주십시오.	**Can I see a list of your rates?** 캔 아이 씨 어 리스트 옵 유어 뤠이츠
차를 빌리고 싶은데요.	**I'd like to rent a car, please.** 아이(드) 라익 투 렌터카 플리즈
어떤 차종이 있습니까?	**What kind of cars do you have?** 왓 카인돕 카즈 두 유 햅
오토매틱을 원합니다.	**I think I'd like an automatic.** 아이 띵크 아이(드) 라익컨 오터매틱
보험을 들고 싶습니다.	**I want to get insurance.** 아이 원투 겟 인슈어런스
이 차종으로 24시간 빌리고 싶습니다.	**I want to rent this car for 24 hours.** 아이 원투 렌트 디스 카 풔 투웨니풔 아우어즈
사고시의 연락처를 가르쳐 주십시오.	**Please give me some places to call in case of trouble.** 플리즈 깁 미 썸 플레이시즈 투 콜 인 케이스 옵 트러블
차가 고장났습니다. 사람을 보내 주세요.	**The car broke down. Please send someone for it.** 더 카 브로크 다운 플리즈 쎈드 썸원 풔릿

3. 대중교통 – 버스

* 매표소에서 *	
요금은 얼마입니까?	**How much is the fare?** 하우 머취즈 더 페어
시간표 좀 주시겠습니까?	**Will you give me a timetable?** 윌 유 깁 미 어 타임테이블
다음 버스는 몇 시입니까?	**When is the next bus?** 웬 이즈 더 넥슷(트) 버스
표 수속을 해주실 수 있습니까?	**Could you arrange a ticket for me?** 쿠쥬 어뤠인쥐 어 티킷 풔 미
버스 노선도를 주십시오.	**May I have a bus route?** 메아이 해버 버스 룻
여기가 버스 기다리는 줄인가요?	**Is this the line for the bus?** 이즈 디스 더 라인 풔 더 버스
시청 가려면 어떤 버스를 타야 합니까?	**Which bus should I take for City Hall?** 위치 버스 슈다이 테익 풔 씨리홀
배차 간격이 어떻게 됩니까?	**How often do the buses run?** 하우 어픈 두 더 버스즈 런 = What's the interval between buses?

＊ 버스를 이용할 때 ＊

얼마 간격으로 운행하고 있습니까?	**How often does the bus come?** 하우 어픈 더즈 더 버스 컴
10분 간격입니다.	**Every 10minutes.** 에브뤼 텐 미닛츠
가장 가까운 버스 승강장이 어디죠?	**Where's the nearest bus stop** 웨어즈 더 니어리슷 버스 스탑
어느 버스가 시내로 가죠?	**Which bus goes to down town?** 위치 버스 고우즈 투 다운 타운
갈아타야 합니까?	**Do I have to transfer?** 두 아이 햅투 트렌스퍼
이 버스는 5번가까지 갑니까?	**Does this bus go to 5th Avenue?** 더즈 디스 버스 고 투 퓌(프)쓰 애비뉴
다음에서 내리세요.	**Get off at the next stop.** 겟 오프 앳 더 넥슷(트) 스탑
관광 버스를 타고 싶습니다.	**I want to take a sightseeing bus.** 아이 원투 테이커 싸잇씨잉 버스
여기서 몇 정거장이에요?	**How many stops before I get off?** 하우 매니 스탑스 비풔 아이 겟 오프

bound는 '~에 가려고 하는, ~행의' 의 표현으로 많이 사용된다.

* 버스를 이용할 때 *

길 건너편에서 40번 버스를 타세요.	**Take bus number 40 on the other side.** 테익 버스 넘버 풔리 온 디 아더 사이드
버스정류장은 어디입니까?	**Where is the bus stop?** 웨어리즈 더 버스 스탑
그 쪽으로 가는 다른 버스가 있나요?	**Any other buses to take me there?** 애니 아더 버스즈 투 테익 미 데어
몇 번 버스 타면 돼요?	**Which bus should I take?** 위치 버스 슈다이 테익
막차는 몇 시에 있습니까?	**What time does the last bus leave?** 왓 타임 더즈 더 래슷(트) 버스 리브

* 버스를 잘못 탔을 때 *

다음 정류장에서 내립니다.	**I get off at the next stop.** 아이 겟 오프 앳 더 넥슷(트) 스탑
내릴 곳을 지나쳤습니다.	**I missed my stop.** 아이 미쓰드 마이 스탑
지금 어디를 지나고 있습니까?	**Where are we passing now ?** 웨어라 위 패씽 나우

*cross-town bus 시내 횡단 버스

버스를 잘못 탄 것 같은데요.	**I'm afraid I've taken the wrong bus.** 아임 어프뤠이드 아이(브) 테이큰 더 롱 버스
도착하면 가르쳐 주세요.	**Tell me when we arrive there.** 텔 미 웬 위 어롸이브 데어

4. 대중교통 – 고속버스

＊ 고속버스를 이용할 때 ＊

~에 가려면 어디에서 내립니까?	**Where do I get off to go to the ~?** 웨어 두 아이 겟 오프 투 고 투 더
~행 버스 정류장은 어디입니까?	**Where's the bus stop for ~?** 웨어즈 더 버스 스탑 풔
버스시간표 있나요?	**May I see the timetable?** 메아이 씨 더 타임테이블
고속버스터미널은 어디예요?	**Where is the express bus terminal?** 웨어리즈 디 익스프레스 버스 터미널
얼마나 걸리나요?	**How long does it take?** 하우 롱 더짓 테익
~ 가는 버스는 어디서 타나요?	**Where does the bus for ~ leave?** 웨어 더즈 더 버스 풔 리브

5. 대중교통 – 택시

* 택시를 부를 때 *

30분 정도 걸립니다.	**About 30minutes.** 어밧 떠리 미닛츠
5시까지 갈 수 있을까요?	**Can I get there by five?** 캔 아이 겟 데어 바이 퐈이브
1시간 후에 다시 와주세요.	**Could you pick me up here in an hour?** 쿠쥬 픽 미 업 히어 인 언 아우어
택시를 세워 드릴까요?	**Shall I stop a cab?** 쉘 아이 스탑 어 캡
택시를 불러 주십시오.	**Will you get me a taxi?** 윌 유 겟 미 어 택시
트렁크에 짐을 실어도 되나요?	**May I put my luggage in the trunk?** 메아이 풋 마이 러기쥐 인 더 트렁크
짐을 실어 드릴까요?	**Let me take care of your luggage.** 렛 미 테익 케어 옵 유어 러기쥐
짐을 내려 주시겠습니까?	**Could you take out my baggage?** 쿠쥬 테이카웃 마이 배기쥐

*all through ~동안 내내, 처음부터 끝까지

짐삯은 별도로 내야 합니까?	**Do I have to pay extra for the luggage?** 두 아이 햅투 페이 엑스트뤄 풔 더 러기쥐
이 주소로 데려다 주십시오.	**Take me to this address, please.** 테익 미 투 디스 어드뤠스 플리즈
짐 좀 들어 주시겠습니까?	**Could you help me carry my bags?** 쿠쥬 헬(프) 미 캐뤼 마이 백스 *Do Not Pass 추월금지 *Do Not Enter 진입금지 *No U Turn 유턴 금지

* 택시를 이용할 때 *

어디에서 택시를 탑니까?	**Where can I get a taxi?** 웨어 캔 아이 게러 택시
다음 블록에 택시 승강장이 하나 있습니다.	**You can find a taxi stand in the next block.** 유 캔 퐈인더 택시 스탠드 인 더 넥슷(트) 블록
가장 가까운 택시 승강장이 어디죠?	**Where's the nearest taxi Stand?** 웨어즈 더 니어리슷 택시 스탠드
월스트리트로 가주세요.	**I'd like to go to Wall Street, please.** 아이(드) 라익 투 고 투 월 스트륏(트) 플리즈
똑바로 가주십시오.	**Go straight on, please.** 고 스트레잇 온 플리즈 *head for ~로 향해 나아가다

* 택시를 이용할 때 *

저기 건물 앞에 세워주세요.	**Stop in front of that building, please.** 스탑 인 프런트 옵 댓 빌딩 플리즈
빈 택시입니까?	**Is this taxi free?** 이즈 디스 택시 프뤼
서둘러 주시겠어요?	**Could you please hurry?** 쿠쥬 플리즈 허뤼
시내를 한 바퀴 돌아 주십시오.	**Give me a brief tour of the city, please.** 깁 미 어 브리프 투어 옵 더 씨리 플리즈
다음 코너에서 돌아 주세요.	**Turn at the next corner.** 턴 앳 더 넥슷(트) 코너
어디까지 가십니까?	**Where to?** 웨어 투
공항까지 시간은 얼마나 걸립니까?	**How long will it take to go to the airport?** 하우 롱 위릿 테익 투 고 투 디 에어폿
지름길로 가 주세요.	**Please take a short cut.** 플리즈 테이커 숏(트) 컷
좀더 앞까지 가주시겠어요?	**Could you pull up a little further?** 쿠쥬 풀 업 어 리들 풔더

잠깐만 기다려 주세요.	**Please wait here for a minute.** 플리즈 웨잇 히어 풔러 미닛
여기에서 오른쪽으로 돌아주세요.	**Turn right here, please.** 턴 롸잇 히어 플리즈
이제 다 왔습니까?	**Are we there yet?** 아 위 데어 옛
택시를 타면 얼마나 걸립니까?	**How long does it take by taxi?** 하우 롱 더짓 테익 바이 택시
택시로 거기에 20분 못 돼서 갈 수 있습니다.	**You can get there in less than 20 minutes by taxi.** 유 캔 겟 데어 인 레스 댄 투웨니 미닛츠 바이 택시
호텔 앞에 내려 주시겠습니까?	**Can you drop me in front of the hotel?** 캔 유 드랍 미 인 프런트 옵 더 호텔
여기 세워주세요.	**Please stop here.** 플리즈 스탑 히어
가장 가까운 길로 가 주세요.	**Take the shortest way, please.** 테익 더 숏티스트 웨이 플리즈
다음 코너에서 내려주세요.	**Please drop me off at the next corner.** 플리즈 드랍 미 오프 앳 더 넥슷(트) 코너 *next door to ~의 이웃에

＊ 요금을 지불할 때 ＊

얼마입니까?	**How much is it?** 하우 머취 이짓
밤에는 요금이 더 드나요?	**Are your rates more expensive at night?** 아 유어 뤠이츠 모어 익스펜시브 앳 나잇
요금이 잘못 된 것 같아요.	**That fare doesn't seem right.** 댓 페어 더즌(트) 심 롸잇
거리에 비해서 요금이 너무 많군요.	**The fare is too high for this distance.** 더 페어 이즈 투 하이 풔 디스 디스턴쓰
너무 비쌉니다. 싸게 해주세요.	**It's too expensive.** 잇츠 투 익스펜시브
영수증 필요하십니까?	**Do you need a receipt?** 두 유 니더 리씻(트)
거스름돈은 됐어요.	**Keep the change, please.** 킵 더 체인지 플리즈
팁입니다.	**Here is a tip for you.** 히어리즈 어 팁 풔 유
공항까지 요금이 얼마나 나올까요?	**How much will it cost to the air port?** 하우 머취 위릿 코슷 투 디 에어폿

6. 대중교통 – 지하철

* 지하철 길안내 *

우체국으로 가는 출구는 어느 쪽입니까?	**Which exit to the post office?** 위치 엑싯(트) 투 더 포스트 어퓌스
~로 가는 것은 몇 호선입니까?	**Which track is for ~?** 위치 트랙 이즈 풔
지하철역은 어디에 있습니까?	**Where is subway station?** 웨어리즈 섭웨이 스테이션
어디서 지하철을 탈 수 있나요?	**Where can I get on the subway?** 웨어 캔 아이 겟 온 더 섭웨이
이 근처에 지하철 역이 있습니까?	**Is there a subway station around here?** 이즈 데어러 섭웨이 스테이션 어롸운드 히어
입구가 어디죠?	**Where is the entrance?** 웨어리즈 디 엔트런스
국립박물관은 어디로 나가요?	**Which exit is it to the National Museum?** 위치 엑싯(트) 이짓 투 더 내셔널 뮤지엄
시청역은 몇호선입니까?	**What subway line is City Hall Station on?** 왓 섭웨이 라인 이즈 씨리홀 스테이션 온

* 매표소에서 *	
차표는 어디서 사나요?	**Where can I buy a ticket?** 웨어 캔 아이 바이 어 티킷
매표소가 어디죠?	**Where is the ticket office?** 웨어리즈 더 티킷 어퓌스
~까지 두 장 주세요.	**Two tickets to ~, please.** 투 티킷츠 투 플리즈
저쪽 자동판매기에서 사십시오.	**At one of these vending machines over there.** 앳 원 옵 디즈 벤딩 머쉰즈 오버 데어
자동매표기는 어디에 있습니까?	**Where is the ticket machine?** 웨어리즈 더 티킷 머쉰
막차가 언제예요?	**What time is the last train?** 왓 타임 이즈 더 래슷(트) 트레인
저쪽 자동판매기에서 사면 돼요.	**You can get one from that ticket machine.** 유 캔 겟 원 프럼 댓 티컷 머쉰
표 한 장 주십시오.	**One ticket, please.** 원 티킷 플리즈
이 자동매표기 사용법을 가르쳐 주시겠습니까?	**Could you tell me how to use this?** 쿠쥬 텔 미 하우 투 유즈 디스

✻ 지하철을 이용할 때 ✻

2호선을 타세요. 초록색라인이에요.	**Line two, the green line.** 라인 투 더 그륀 라인
이 지하철은 에펠탑에 갑니까?	**Is this for the Effel Tower?** 이즈 디스 풔 디 에펠 타워
이것은 런던 탑으로 가는 전철입니까?	**Does this train go to the Tower of London?** 더즈 디스 트레인 고 투 더 타워 옵 런던
보관함은 어디 있어요?	**Where is the coin locker?** 웨어리즈 더 코인 락커
다음은 어디입니까?	**What's the next station?** 왓츠 더 넥슷(트) 스테이션
지하철이 얼마나 자주 다니는지 아십니까?	**Do you know how often the subway runs?** 두 유 노우 하우 어픈 더 섭웨이 런스
서쪽 출구는 어느 쪽입니까?	**Where is the west way out?** 웨어리즈 더 웨슷 웨이 아웃
가장 가까운 지하철역이 어디죠?	**Where's the nearest subway station?** 웨어즈 더 니어리스트 섭웨이 스테이션
어느 쪽으로 내려야 합니까?	**Which side do I get off?** 위치 싸이드 두 아이 겟 오프

* 지하철을 환승할 때 *

어느 걸 타야 시내로 가나요?	**Which line goes downtown?** 위치 라인 고우즈 다운타운
지하철 노선도 있어요?	**Do you have a subway map?** 두 유 해버 섭웨이 맵
어느 역에서 갈아타야 하나요?	**What station do I have to transfer at?** 왓 스테이션 두 아이 햅투 트랜스퍼 앳
어느 노선으로 갈아타야 합니까?	**Which line should I change to?** 위치 라인 슈다이 체인지 투
시청역에 가려면 몇 개 역을 가야 하나요?	**How many more stops is it to City Hall?** 하우 매니 모어 스탑스 이짓 투 씨리홀
지하철로 그 곳에 갈 수 있습니까?	**Can I take the subway there?** 캔 아이 테익 더 섭웨이 데어
두 정거장 더 가세요.	**Two more stops and you'll be there.** 투 모어 스탑스 앤 유일 비 데어
표 자동판매기가 어디 있나요?	**Is there a vending machine for tickets?** 이즈 데어러 벤딩 머쉰 풔 티킷츠 = Are vending machines available for buying tickets?

7. 대중교통 – 기차

* 매표소에서 *	
몇 등 석으로 드릴까요?	**Which class do you want?** 위치 클래스 두 유 원(트)
뉴욕까지 가는 편도표 1장 주세요.	**A oneway ticket to New York, please.** 어 원웨이 티킷 투 뉴욕 플리즈
멤피스까지 몇 시간 걸립니까?	**How many hours to Memphis?** 하우 매니 아우어즈 투 멤피스
미안하지만, 차표가 매진되었습니다.	**I am sorry, but all seats are sold.** 아이 엠 쏘뤼 벗 올 씻츠 아 소울드
보스턴 가는 표를 주십시오.	**I'd like a ticket to Boston.** 아이(드) 라익커 티킷 투 보스턴
첫 차로 주세요.	**I'd like the first train, please.** 아이(드) 라익 더 풔스트 트뤠인 플리즈
일등석입니까, 이등석입니까?	**First or second class?** 풔스트 오어 세컨(드) 클래스
샌디에이고까지 왕복 2장 주십시오.	**Two round trip ticket to San Diego, please.** 투 롸운드 트립 티킷 투 샌디에이고 플리즈

✽ 매표소에서 ✽

급행으로 부탁합니다.	**Tickets on express, please.** 티킷츠 온 익스프레스 플리즈
매표소는 어디입니까?	**Where's the ticket window?** 웨어즈 더 티킷 윈도우

✽ 기차를 이용할 때 ✽

급행열차가 샌디에고 역에서 섭니까?	**Does the express train stop at San Diego?** 더즈 디 익스프레스 트레인 스탑 앳 샌디에이고
이곳이 보스턴 행 승강구가 맞나요?	**Is this the right platform for Boston?** 이즈 디스 더 롸잇 플랫폼 풔 보스턴
여기에서부터 몇 번째 역입니까?	**How many stops from here?** 하우 매니 스탑스 프럼 히어
센트럴 역은 몇 번째 정거장입니까?	**How many stops to Central station?** 하우 매니 스탑스 투 센트럴 스테이션
포틀랜드 가는 기차는 몇 번 선에서 출발합니까?	**What track does the train for Portland leave from?** 왓 트랙 더즈 더 트레인 풔 포틀랜드 리브 프럼
내가 탈 기차는 몇 번 트랙에서 떠납니까?	**From which track does my train leave?** 프럼 위치 트랙 더즈 마이 트레인 리브

식당차는 어디입니까?	**Where's the dining car?** 웨어즈 더 다이닝 카
탑승구를 잘못 찾으셨습니다.	**You're at the wrong gate.** 유아 앳 더 롱 게이트
더 이른 열차 있습니까?	**Do you have an earlier train?** 두 유 해번 얼리어 트뤠인
마지막 열차 시간이 어떻게 됩니까?	**What time does the last train leave?** 왓 타임 더즈 더 래슷(트) 트뤠인 리브
이 자리에 손님이 계십니까?	**Excuse me, but is this seat taken?** 익스큐즈 미 벗 이즈 디스 씻 테이큰
그곳에 가려면 기차를 몇 번이나 갈아타야 합니까?	**How many times do I change trains to get there?** 하우 매니 타임즈 두 아이 체인지 트뤠인즈 투 겟 데어
몇 시에 보스턴행 열차가 있습니까?	**What time is there a train to Boston?** 왓 타임 이즈 데어러 트뤠인 투 보스턴
이 열차 맞습니까?	**Is this my train?** 이즈 디스 마이 트뤠인
여기가 어디죠?	**Where am I?** 웨어 앰 아이

식당 Restaurant

1. 식당을 찾을 때

가장 가까운 식당은 어디입니까?	**Where is the nearest restaurant?** 웨어리즈 더 니어리슷 레스터런(트)
걸어서 갈 수 있습니까?	**Can I get there on foot?** 캔 아이 겟 데어 온 풋
그곳 음식이 아주 맛있습니다.	**The food there is very good.** 더 풋 데어리즈 붸리 굿
그곳이 이 지역에서 유명한 곳인가요?	**Is the place popular among local people?** 이즈 더 플레이스 파퓰러 어몽 로컬 피플
뭘 드시고 싶으세요. 한식, 양식?	**What do you want to try? Korean? American?** 왓 두 유 원투 트롸이 코뤼언 어메리컨
맛있는 중국 음식을 먹었으면 좋겠어요.	**I feel like to eat delicious Chinese food.** 아이 퓔 라익 투 잇 딜리셔스 차이니즈 풋
식당이 많은 곳은 어디입니까?	**Where is the main area for restaurants?** 웨어리즈 더 메인 에어뤼어 풔 레스터런츠

어떤 레스토랑에 가고 싶으세요?	**What restaurant do you want to go to?** 왓 레스터런(트) 두 유 원투 고 투
이 근처에 싸고 맛있는 레스토랑 있습니까?	**Is there a cheap and good restaurant around here?** 이즈 데어러 칩 앤 굿 레스터런(트) 어롸운드 히어
이 근처에 중국 음식점이 있습니까?	**Is there a Chinese restaurant near here?** 이즈 데어러 차이니즈 레스터런(트) 니어 히어
이 근처의 좋은 식당을 가르쳐 주십시오.	**Can you recommend a good restaurant around here** 캔 유 뤠커멘더 굿 레스터런(트) 어롸운드 히어
이 지방의 명물 요리를 먹고 싶어요.	**I want to eat the best local food.** 아이 원투 잇 더 베슷 로컬 풋
이곳에 한국 식당은 있습니까?	**Do you have a korean restaurant?** 두 유 해버 코뤼언 레스터런(트)
특별히 가고 싶은 식당이 있나요?	**Do you have any particular restaurant in mind?** 두 유 해배니 퍼티큘러 레스터런(트) 인 마인드
냉면 잘 하는 식당 있는데, 가실래요?	**There's a restaurant famous for noodles. Do you want to give it a shot?** 데얼져 레스터런(트) 페이머스 풔 누들스 두유 원투 기비러 샷

2. 식당을 예약할 때

예약할 수 있습니까?	**Can you make a reservation for me?** 캔 유 메이커 레저붸이션 풔 미
오늘밤 예약을 하고 싶습니다.	**I'd like to make a reservation for tonight.** 아이(드) 라익 투 메이커 레저붸이션 풔 투나잇
일행은 몇 분이십니까?	**How large is your party?** 하우 라쥐 이쥬어 파리
두 사람 좌석을 주십시오.	**A table for two, please.** 어 테이블 풔 투 플리즈
전원 같은 자리로 해주세요.	**We'd like to have a table together.** 위(드) 라익 투 해버 테이블 투게더
상현입니다. 가능하면 무대 근처로 자리를 부탁합니다.	**Sanghyun. And put me as close as possible to the stage, please.** 상현 앤 풋 미 애즈 클로즈 애즈 파서블 투 더 스테이지 플리즈
7시에 3인용 좌석을 예약하고 싶은데요.	**I'd like to book a table for three at seven.** 아이(드) 라익 투 북 어 테이블 풔 뜨리 앳 세븐

*make a reservation 예약하다
*book (좌석, 객실, 표) 예약하다

미안합니다. 예약을 취소하고 싶습니다.	**I'm sorry, but I want to cancel my reservation.** 아임 쏘뤼 벗 아이 원투 캔슬 마이 레저붸이션
죄송하지만 지금은 테이블이 다 찼습니다.	**Sorry, but all the tables are booked up.** 쏘뤼 벗 올 더 테이블즈 아 북트 업
흡연석으로 부탁합니다.	**We'd like a smoking table.** 위(드) 라익커 스모킹 테이블
금연석이 있습니까?	**Do you have non-smoking tables?** 두 유 햅 난스모킹 테이블즈
언제 오실 건가요?	**What time will you be arriving?** 왓 타임 윌 유 비 어롸이빙
창가쪽 자리를 주세요.	**I'd like to have a seat by the window.** 아이(드) 라익 투 해버 씻 바이 더 윈도우
성함과 전화번호를 알려 주시겠습니까?	**Could I have your name and phone number?** 쿠다이 해뷰어 네임 앤 폰 넘버
예약하실 필요없습니다.	**You don't need a reservation.** 유 돈(트) 니더 레저붸이션
모든 좌석이 예약됐습니다.	**All seats are reserved.** 올 씻츠 아 뤼저브드

3. 식당입구 자리 안내할 때

몇 분이신가요?	**How many, sir?** 하우 매니 써
세 명입니다.	**Three, please.** 뜨리 플리즈
이리로 오시지요. 마음에 드십니까?	**This way, please. Is this table okay/alright?** 디스 웨이 플리즈 이즈 디스 테이블 오케이/얼롸잇
예, 좋군요. 감사합니다.	**Yes, that'll be fine. Thank you.** 예스 대딜 비 퐈인 땡큐
저기 빈 테이블로 옮겨도 되겠습니까?	**Could I move to an empty table over there?** 쿠다이 무브 투 언 엠티 테이블 오버 데어
창가 테이블 있습니까?	**Do you have a table by the window?** 두 유 해버 테이블 바이 더 윈도우
자리 있습니까?	**Do you have a table?** 두 유 해버 테이블
얼마나 기다려야 하나요?	**How long is the wait?** 하우 롱 이즈 더 웨잇

안내해드릴 때까지 기다려 주십시오.	**Please wait to be seated.** 플리즈 웨잇 투 비 씨티드
미안합니다. 지금 자리가 없습니다.	**Sorry, all the tables are full now.** 쏘뤼 올 더 테이블즈 아 풀 나우
이쪽으로 오십시오.	**This way, please.** 디스 웨이 플리즈
예약을 하지 않았습니다.	**We don't have a reservation.** 위 돈(트) 해버 레저붸이션
조용한 안쪽 자리로 부탁합니다.	**We'd like to have a table in a quiet corner.** 위(드) 라익 투 해버 테이블 이너 콰이엇 코너
흡연석으로 드릴까요, 금연석으로 드릴까요?	**Will that be smoking or non-smoking?** 윌 댓 비 스모킹 오어 난스모킹
다른 데로 갈까요?	**Would you like to go to another place?** 우쥬 라익 투 고 투 어나더 플레이스
성함을 말씀해 주시겠습니까?	**May I have your name, please?** 메아이 해뷰어 네임 플리즈
명단에 손님 이름이 없습니다.	**We don't have your name on the list.** 위 돈(트) 해뷰어 네임 온 더 리스트

4. 메뉴를 물을 때

메뉴 좀 볼 수 있을까요?	**Can I see the menu, please?** 캔 아이 씨 더 메뉴 플리즈
영어 메뉴 있습니까?	**Is there an English menu?** 이즈 데어런 잉글리쉬 메뉴
오늘의 특별 요리는 무엇입니까?	**What is today's special?** 왓 이즈 투데이즈 스페셜
무엇이 좋겠습니까?	**What do you recommend?** 왓 두 유 뤠커멘드
이것은 무슨 요리입니까?	**What kind of dish is this?** 왓 카인돕 디쉬즈 디스
이 지방 특산 와인을 마시고 싶습니다.	**I'd like some local wine.** 아이(드) 라익 썸 로컬 와인
이 지방의 명물 요리를 먹고 싶습니다.	**I want to eat the best local food.** 아이 원투 잇 더 베슷 로컬 풋
이 집에서 특히 잘하는 음식이 뭡니까?	**What's the specialty of this restaurant?** 왓츠 더 스페셜리티 옵 디스 레스터런(트)

*specialty(speciality) 전문, 특제품, 신제품
*fancy 공상하다, 상상하다

특별히 좋아하는 음식이 있나요?	**Do you care for any particular food?** 두 유 케어 풔 애니 퍼티큘러 풋
고기와 생선 중에서 어느쪽을 더 좋아하세요?	**Which do you prefer, meat or fish?** 위치 두 유 프리퍼 밋 오어 피쉬
고기를 더 좋아합니다.	**I'd rather have meat.** 아이(드) 래더 햅 밋
그러면 ABC를 잡수시는 게 어떨까요?	**Then, why don't you try the ABC?** 덴 와이 돈츄 트롸이 디 에이비시
지금 곧 됩니까?	**Can you have it right away?** 캔 유 해벗 롸잇 어웨이
한국어로 된 메뉴가 있나요?	**Do you have a menu in Korean?** 두 유 해버 메뉴 인 코뤼언
먹는 방법을 가르쳐 주십시오.	**How do you eat this?** 하우 두 유 잇 디스
후식 드시겠어요?	**Would you like some dessert?** 우쥬 라익 썸 디저(트) = Would you care for a dessert?

takeout (요리 따위를) 사가지고 가는 (것)으로 많이 사용한다.

5. 음식을 주문할 때

주문을 하고 싶은데요.	**We are ready to order.** 위 아 뤠디 투 오더
여기요. 웨이터!	**Excuse me. Waiter!** 익스큐즈 미 웨이러
주문 좀 받아주세요.	**May I order?** 메아이 오더
디저트는 나중에 주문하겠습니다.	**I'll order dessert later.** 아일 오더 디저(트) 레이러
잠시만 시간을 주시겠습니까?	**Could we have a few more minutes?** 쿠드 위 해버 퓨 미닛츠
이 음식 이름은 뭐예요?	**What is this dish called?** 왓 이즈 디스 디쉬 콜드
후식은 무엇이 있습니까?	**What kind of dessert do you have?** 왓 카인돕 디저(트) 두 유 햅
그것으로 하겠습니다.	**I will have that.** 아이 윌 햅 댓
나는 럼 스테이크를 먹겠습니다.	**I'll have a rump steak** 아일 해버 럼 스테익

저것과 같은 것으로 주십시오.	**Give me the same order as that.** 깁 미 더 쎄임 오더 애즈 댓
맥주 한 병 주십시오.	**I'd like a bottle of beer.** 아이(드) 라익커 바틀 옵 비어
무엇을 주문해야 할지 모르겠군요.	**I still don't know what to order.** 아이 스틸 돈(트) 노우 왓 투 오더
아직 결정하지 못했습니다.	**I haven't made up my mind yet.** 아이 해븐(트) 메이덥 마이 마인드 옛
무엇이 빨리 됩니까?	**What can you serve quickly?** 왓 캔 유 써브 퀵클리
이것을 먹을 수 있을까요?	**Can I have this one, please?** 캔 아이 햅 디스 원 플리즈
어떤 와인이 있습니까?	**What kind of wine do you have?** 왓 카인돕 와인 두 유 햅
연어구이가 되겠습니까?	**Could I have baked salmon?** 쿠다이 햅 베이키트 샐먼
오늘 요리는 무엇입니까?	**What is the menu for today?** 왓 이즈 더 메뉴 풔 투데이
구운 고기에 야채를 곁들인 겁니다.	**It's grilled meat with some vegetables.** 잇츠 그릴드 밋 윗 썸 베지터블즈

6. 음식을 주문받을 때

다른 것 또 원하시는 것 없습니까?	**Would you like anything else?** 우쥬 라익 애니띵 엘스
주문할 준비가 되셨습니까?	**Ready to order?** 뤠디 투 오더
불고기를 드셔보셨나요?	**Have you tried Bulgogi?** 해뷰 트롸이드 불고기
한국음식을 먹어본 적이 있나요?	**Have you ever tried Korean food?** 해뷰 에버 트롸이드 코뤼언 풋
미국음식이 입에 맞습니까?	**Does American food agree with you?** 더즈 어메뤼컨 풋 어그뤼 위듀
어떤 음식을 좋아하세요?	**What kind of food do you like?** 왓 카인돕 풋 두 유 라익
한국요리 좋아하세요?	**Do you like Korean food?** 두 유 라익 코뤼언 풋
지금 주문하시겠습니까?	**May I take your order now?** 메아이 테익 유어 오더 나우 = Are you ready to order now? What's good here? 여기는 무슨 음식을 잘 하나요? 라고 표현할 때 사용한다.

스테이크를 어떻게 요리해 드릴까요?	**How do you want the steak?** 하우 두 유 원(트) 더 스테익 = How would you like your steak?
비프스테이크 어때요?	**How about a beef steak?** 하어밧 어 빕 스테익
잘 익혀주세요.	**Well-done please.** 웰던 플리즈
미디엄으로 익혀주세요.	**Medium, please.** 미디움 플리즈
조금 덜 익혀주세요.	**Rare, please.** 레어 플리즈
이걸로 주세요.	**I'd like this one, please.** 아이(드) 라익 디스 원 플리즈 = I'll have this, please. = Can I have this one?
같은 걸로 주세요.	**Make that too, please.** 메익 댓 투 플리즈 = The same for me, please. = I'll have the same.
후식은 생략할게요.	**I'll skip the dessert.** 아일 스킵 더 디저(트)

7. 식사하면서

전채와 육류 요리를 주십시오.	**Appetizers and a meat dinner, please.** 애퍼타이저즈 앤 어 밋 디너 플리즈
스테이크는 괜찮아요?	**Do you find the steak all right?** 두 유 퐈인 더 스테익 얼롸잇
맛이 어떻습니까?	**How does it taste?** 하우 더짓 테이슷
제가 과식을 했나 봐요.	**I'm afraid I ate too much.** 아임 어프뤠이드 아이 에잇 투 머취
물 좀 주세요.	**A glass of water, please.** 어 글래스 옵 워터 플리즈
먹고 싶은 생각이 없어요.	**I don't feel like eating.** 아이 돈(트) 퓔 라익 이링
소금과 후추를 건네주시겠습니까?	**Could you pass the salt and pepper?** 쿠쥬 패쓰 더 썰트 앤 페퍼
그릇 좀 치워주시겠어요?	**Could you take dishes away?** 쿠쥬 테익 디쉬스 어웨이 *fancy 공상하다, 상상하다

디저트 좀 드시겠습니까?	**I'd like to order some dessert, please.** 아이(드) 라익 투 오더 썸 디저(트) 플리즈
단골이에요.	**I'm a regular here.** 아임 어 뤠귤러 히어
이걸 먹으면 식욕이 없어져요.	**This will spoil your appetite.** 디스 윌 스포일 유어 애퍼타이트
이건 무슨 재료를 사용한 겁니까?	**What are the ingredients for this?** 왓 아 디 인그뤼디언츠 풔 디스
이 고기는 무엇인가요?	**What kind of meat is this?** 왓 카인돕 밋 이즈 디스
이거 맛 좀 볼래요?	**Would you like to taste this?** 우쥬 라익투 테이슷 디스
냄새가 좋은데요.	**It smells good.** 잇 스멜즈 굿
이건 제 입맛에 안 맞아요.	**This food doesn't suit my taste.** 디스 풋 더즌(트) 숫(트) 마이 테이슷
기름기가 없어요.	**It's lean.** 잇츠 린 *pottage (진한) 야채수프 *sirloin 소의 허리 상부의 고기

이걸 먹으면 속이 좋지 않습니다.	**This makes me sick.** 디스 메익스 미 씩
아주 맛있는데요.	**It's very good.** 잇츠 붸리 굿
군침이 도는군요.	**My mouth is watering.** 마이 마우스 이즈 워러링
이 식당 아주 좋네요.	**This restaurant is nice and cool.** 디스 레스터런(트) 이즈 나이스 앤 쿨
맛있어요.	**Taste great!** 테이슷 그뤠잇
뭐든지 난 아무거나 좋아.	**Whatever I don't really care** 왓에버 아이 돈(트) 릴리 케어
음료수는 뭘로 하시겠습니까?	**What would you like to drink?** 왓 우쥬 라익 투 드륑(크)
그냥 커피 주세요.	**I just want some coffee** 아이 저슷(트) 원(트) 썸 커피
남은 음식을 싸 주시겠습니까?	**Do you have a doggy bag?** 두 유 해버 더기 백 = Can you please wrap it up? = Could you wrap this up, please? *wrap up 포장을 하다

8. 식사에 관한 화제

저는 식성이 까다롭지 않습니다.	**I'm not a picky eater.** 아임 낫 어 피키 이터
전 먹는 걸 안 가려요.	**I'm not picky about my food.** 아임 낫 피키 어밧 마이 풋
저는 식성이 까다로운 편입니다.	**I'm a picky eater.** 아임 어 피키 이터
전 음식을 가려먹어요.	**I'm fussy about food.** 아임 퍼씨 어밧 풋
저는 찬 음식을 싫어합니다.	**I hate cold meals.** 아이 해잇(트) 콜드 밀스
저는 단 것을 잘 먹습니다.	**I have a sweet tooth.** 아이 해버 스윗(트) 투쓰
저는 매운 음식을 좋아합니다.	**I like hot food.** 아이 라익 핫 풋
저는 달고 매운 음식을 좋아합니다.	**I like both sweet and hot foods.** 아이 라익 보우쓰 스윗탠 핫 풋(즈)
전 뭐든 잘 먹어요.	**I eat just about everything.** 아이 잇 저슷(트) 어밧 에브뤼띵 *appreciate(enjoy food) 맛있게 먹다

9. 필요한 것 주문할 때

나이프를 떨어뜨렸습니다.	**I dropped my knife.** 아이 드랍트 마이 나이프
포크를 하나 더 주시겠습니까?	**May I have another fork?** 메아이 햅 어나더 풔크
주문한 것을 빨리 갖다 주십시오.	**Could you please rush my order?** 쿠쥬 플리즈 러쉬 마이 오더
지금 디저트를 주문하시겠습니까?	**Would you like to order some dessert now?** 우쥬 라익 투 오더 썸 디저(트) 나우
치즈 좀 더 주시겠어요?	**Could I have a little more cheese, please?** 쿠다이 해버 리들 모어 치즈 플리즈
빵을 조금 더 주십시오.	**Some more bread, please.** 썸 모어 브레드 플리즈
테이블을 닦아 주시겠습니까?	**Could you wipe the table?** 쿠쥬 와입 더 테이블
음식이 차가운데 데워 주세요.	**This food is cold. Could you warm it up?** 디스 풋 이즈 콜드 쿠쥬 웜 잇 업

10. 음식에 대한 불만을 말할 때

좀 싱거워요.	**It's bland.** 잇츠 블랜드 = It,s a little bland. = It needs salt. = Add more salt.
음식이 상한 것 같아요.	**I'm afraid this food is stale.** 아임 어프뤠이드 디스 풋 이즈 스테일
이 음식은 너무 맵군요.	**This food is spicy.** 디스 풋 이즈 스파이시
신선하지 않아요.	**It's stale.** 잇츠 스테일
이건 맛이 별로 없군요.	**This is not good** 디씨즈 낫 굿
비린내 나요.	**It's fishy.** 잇츠 퓌쉬
이 스테이크는 너무 구워졌습니다.	**I think this steak is overdone.** 아이 띵크 디스 스테익 이즈 오버던
수프에 뭐가 들어 있습니다.	**There's something in the soup.** 데어즈 썸띵 인 더 숩

이건 너무 짭니다.	**I think this is a little too salty.** 아이 띵크 디씨저 리들 투 썰티
이 요리를 데워주세요.	**Please warm this dish up.** 플리즈 웜 디스 디쉬 업
요리가 덜 된 것 같습니다.	**This is not cooked enough.** 디씨즈 낫 쿡트 이너프
이 요리를 데워 주세요.	**This is cold. Could you please heat it up a bit?** 디씨즈 콜드 쿠쥬 플리즈 힛잇 업 어 빗 = Could you warm this up a bit?
이건 제가 시킨 게 아닌데요.	**This is not what I ordered.** 디씨즈 낫 왓 아이 오더드
맛이 이상해요.	**This tastes funny.** 디스 테이슷츠 퍼니
우유가 상했어요.	**The milk is sour.** 더 밀크 이즈 소워
음식에 머리카락이 들었어요.	**There's a piece of hair in my hood.** 데얼져 피쓰 옵 헤어 인 마이 후드 = I see a strand of hair in my hood.
음식이 왜 안 나오죠?	**Could you check on our order.** 쿠쥬 첵(크) 온 아워 오더 = Excuse me. My order hasn,t come yet.

11. 주문에 대한 불만을 말할 때

주문을 바꿔도 될까요?	**Can I change my order?** 캔 아이 체인지 마이 오더
다시 가져다 주시겠어요?	**Could you take it back, please?** 쿠쥬 테이킷 백 플리즈
주문을 확인해 주시겠어요?	**Can you please check my order?** 캔 유 플리즈 첵(크) 마이 오더
어느 정도 기다려야 합니까?	**How long do we have to wait?** 하우 롱 두 위 햅 투 웨잇
벌써 30분이나 기다리고 있습니다.	**I've been waiting for thirty minutes.** 아이(브) 빈 웨이링 풔 떠리 미닛츠
주문한 요리가 아직 오지 않았습니다.	**My order hasn't come yet.** 마이 오더 해즌(트) 컴 옛
이건 주문하지 않았습니다.	**I didn't order this.** 아이 디든(트) 오더 디스
글라스가 더럽습니다.	**The glass isn't clean.** 더 글래스 이즌(트) 클린
주문을 취소하고 싶은데요.	**I want to cancel my order.** 아이 원투 캔슬 마이 오더

좀 서둘러 주시겠어요?	**Would you rush my order?** 우쥬 러쉬 마이 오더
이 음식점은 너무 바쁘군요.	**This restaurant is so busy.** 디스 레스터런(트) 이즈 쏘 비지
우리가 주문한 음식은 어떻게 된 거죠?	**What happened to our order?** 왓 해픈(드) 투 아워 오더
새것으로 바꿔 주세요.	**Please change this for a new one.** 플리즈 체인지 디스 풔러 뉴 원
다시 가져가세요.	**Could you take this back?** 쿠쥬 테익 디스 백
주문한 걸로 가져다 드리겠습니다.	**I'll get what you ordered.** 아일 겟 왓 유 오더드
제가 주문했습니다.	**I ordered it.** 아이 오더드 잇
좀 더 구워주시겠어요?	**Could I have it broiled a little more?** 쿠다이 해빗 브로일드 어 리를 모어
와인은 식사 전에 주세요.	**Could we start off with the wine first?** 쿠드위 스타트 오프 윗더 와인 풔스트
배 고파 죽겠어요.	**I'm so hungry.** 아임 쏘 헝그리

12. 식사를 마치면서

먼저 드십시오.	**After you.** 앱터 유
변변치 못합니다.	**It is small.** 잇 이즈 스몰
아니, 충분합니다.	**No more, thank you.** 노우 모어 땡큐
천천히 드세요.	**Take your time eating.** 테이큐어 타임 이링
맛이 어떠세요?	**How does it taste?** 하우 더짓 잇 테이슷
즐거운 시간이 됐는지요?	**Did you have a good time?** 디쥬 해버 굿 타임
훌륭한 저녁식사 감사합니다.	**Thank you for a lovely dinner.** 땡큐 풔러 러블리 디너
맛있게 잘 먹었습니다.	**It was a very good meal.** 잇 워즈 어 붸리 굿 밀 = It was great. = It was very good. = It was very delicious. = I like it very much.

13. 계산할 때

카운터에서 계산해 주십시오.	**Please pay the cashier.** 플리즈 페이 더 캐셔
지금 지불할까요?	**Do I pay you?** 두 아이 페이 유
내가 지불하겠습니다.	**I'll pay for it.** 아일 페이 풔릿
각자 계산하기로 합시다.	**Let's go dutch, shall we?** 렛츠 고 더치 쉘 위
나누어 계산하기로 합시다.	**Let me share the bill,** 렛 미 쉐어 더 빌
거스름돈이 틀립니다.	**I got the wrong change.** 아이 갓 더 롱 체인지
봉사료는 포함되어 있습니까?	**Is it including the service charge?** 이짓 인클루딩 더 써뷔스 촤지
계산서를 주시겠습니까?	**May I have the bill, please?** 메아이 햅 더 빌 플리즈
함께 계산해줘요.	**One check, please.** 원 첵(크) 플리즈

14. 술집에서

글라스로 주문됩니까?	**Can I order it by the glass?** 캔 아이 오더 잇 바이 더 글래스
와인 메뉴 좀 볼까요?	**Can I see your wine list?** 캔 아이 씨 유어 와인 리스트
와인목록 있습니까?	**Do you have a wine list?** 두 유 해버 와인 리스트
술 마시는 거 좋아하세요?	**Do you like to drink?** 두 유 라익 투 드링(크)
오늘밤 한 잔 하시죠?	**How about having a drink tonight?** 하우 어밧 해빙 어 드링(크) 투나잇
너무 많이 마신 거 같아요.	**I think I drank too much.** 아이 띵카이 드랭(크) 투 머취
약간 취기가 있어요.	**I'm a little drunk.** 아임 어 리들 드렁(크)
마시면서 얘기 나눕시다.	**Let's have a talk over drinks.** 렛츠 해버 토크 오버 드링(크)스
제가 한 잔 따라 드리겠습니다.	**Let me pour you a drink.** 렛 미 퍼 유 어 드링(크)

한 병 더 주시겠습니까?	**May I have another one?** 메아이 햅 어나더 원 = Can I have another one? = I'll have another.
맥주가 별로 차갑지 않네요.	**The beer isn't cool enough.** 더 비어 이즌(트) 쿨 이너프
모두의 건강을 위하여, 건배!	**To everyone's health, cheers!** 투 에브뤼원스 헬스 취어스
생맥주 두 잔 주세요.	**Two glasses of draft beer, please.** 투 글래시즈 옵 드래프트 비어 플리즈
뭘로 마시겠습니까?	**What do you want to drink?** 왓 두 유 원투 드륑(크)
안주는 무엇이 있습니까?	**What food do you have to go with your wine?** 왓 풋 두 유 햅투 고 위듀어 와인
술은 어떤 종류가 있습니까?	**What kind of drinks do you have?** 왓 카인돕 드륑(크)스 두 유 햅
가장 좋아하는 술은 뭡니까?	**What's your favorite drink?** 왓츄어 페이보릿 드륑(크)
더 마실래요?	**Would you like another?** 우쥬 라익 어나더

15. 커피숍에서

무엇을 드시겠습니까? 커피요, 아니면 홍차요?	**What would you like? Coffee, or tea?** 왓 우쥬 라익 커피 오어 티
애플 파이를 주십시오.	**Apple-pie, please.** 애플파이 플리즈
가져갈 수 있어요?	**Can I take it away?** 캔 아이 테이킷 어웨이
커피를 주십시오. 크림과 설탕을 넣어서요.	**Coffee, please. With cream and sugar.** 커피 플리즈 윗 크림 앤 슈거
차게 해 주세요.	**Cold, please.** 콜드 플리즈
냉홍차가 있습니까?	**Do you have any iced tea?** 두 유 해배니 아이스드 티
전통차는 어떤 게 있어요?	**Do you have any traditional tea?** 두 유 해배니 트뤼디셔널 티
한국 차를 드시겠습니까?	**Would you like some Korean tea?** 우쥬 라익 썸 코뤼언 티

*refill 보충물

뜨거운 커피 주세요.	**Hot coffee, please.** 핫 커피 플리즈
바닐라 아이스크림을 먹겠습니다.	**I'll have vanilla icecream.** 아일 햅 버닐러 아이스크림
그것을 두 잔 해 주세요.	**Make that two.** 메익 댓 투
마실 것은 어떤 것으로 하죠?	**Something to drink?** 썸띵 투 드륑(크)
홍차에 레몬을 곁들여 주십시오.	**Tea with a slice of lemon, please.** 티 윗 더 슬라이스 옵 레몬 플리즈
녹차 주세요.	**Green tea, please.** 그륀 티 플리즈
음료는 어떤 종류가 있습니까?	**What kind of soft drink do you have?** 왓 카인돕 섭트 드륑(크) 두 유 햅
커피, 홍차, 우유, 오렌지주스가 있습니다.	**We have coffee, tea, milk, and orange juice.** 위 햅 커피 티 밀크 앤 오륀지 주스
물 좀 주시겠습니까?	**May I have some water, please?** 메아이 햅 썸 워터 플리즈
음료는 셀프입니다.	**Drinks are self service.** 드륑(크)스 아 셀프 써뷔스

16. 패스트푸드점에서

어디에서 주문합니까?	**Where do I order?** 웨어 두 아이 오더
주문을 받을까요?	**May I take your order?** 메아이 테익 유어 오더
새로운 메뉴 있나요?	**Do you have a new one?** 두 유 해버 뉴 원
어느 사이즈로 하시겠습니까?	**Which size would you like?** 위치 싸이즈 우쥬 라익
어떤 게 가장 인기가 있나요?	**Which one is the most famous?** 위치 원 이즈 더 모슷 페이머스
치즈버거 하나랑 콜라요.	**A cheese burger and a coke, please.** 어 치즈 버거 앤 어 콕 플리즈
3번 세트로 주세요.	**I'll take the number three combo.** 아일 테익 더 넘버 뜨리 콤보
5분 정도 걸리니, 잠시만 기다려 주세요.	**It takes five minutes. Wait a minute.** 잇 테익스 퐈이브 미닛츠 웨잇 어 미닛
자리에 앉아계시면 번호를 불러드리겠습니다.	**I will call your number. please wait for a moment.** 아이 윌 콜 유어 넘버 플리즈 웨잇 풔러 모먼트

겨자를 발라 주세요.	**With mustard, please.** 윗 머스터드 플리즈
네, 햄버거하고 프렌치 프라이를 하겠어요.	**Yes, please. I'd like a hamburger and french fries.** 예스 플리즈 아이(드) 라익커 햄버거 앤 프렌치 프라이즈
리필 되나요?	**May I have a refill?** 메아이 해버 뤼필
마요네즈를 바르시겠습니까?	**Would you like mayonnaise?** 우쥬 라익 메여네이즈
아이스커피 있습니까?	**Do you have iced coffee?** 두 유 햅 아이스드 커피
여기서 드실 건가요, 가지고 가실 건가요?	**For here or to go?** 풔 히어 오어 투 고
이 자리에 앉아도 됩니까?	**May I take this seat?** 메아이 테익 디스 씻
여기에서 먹을 거예요.	**For here, please.** 풔 히어 플리즈
음료는요?	**Anything to drink?** 애니띵 투 드륑(크)
스푼과 포크는 오른쪽에 있습니다.	**Spoons and forks are on your right.** 스푼스 앤 퍽(크)스 아 온 유어 롸잇

핫도그 하나와 콜라 작은 걸로 하나 주세요.	**I'd like a hot dog and a small coke.** 아이(드) 라익커 핫독 앤 어 스몰 콕
햄버거와 샐러드를 담아 주세요.	**A hamburger and salad, please.** 어 햄버거 앤 샐러드 플리즈
케첩을 주세요.	**With ketchup, please.** 윗 케첩 플리즈
콜라에 얼음은 빼주세요.	**I'd like a coke with no ice.** 아이(드) 라익커 콕 윗 노우 아이스
큰 컵으로 콜라 두 개 주세요.	**Two large cokes, please.** 투 라쥐 콕스 플리즈
포장해 주세요.	**To go.** 투 고
가져갈 거예요.	**It's to go.** 잇츠 투 고 = It's for take-out.
세트 메뉴로는 무엇이 있나요?	**What kind of combo's do you have?** 왓 카인돕 콤보스 두 유 햅 = Do you have any combinations?
셋트 메뉴에는 1인세트 메뉴 2인세트 메뉴가 있습니다.	**There are two set menues. One is for a single person and the other one is for two people.** 데어라 투 셋 메뉴스 원 이즈 풔러 싱글 펄슨 앤 디 아더 원 이즈 풔 투 피플

의견 Opinions

1. 의견을 제안할 때

당신에게 할 이야기가 좀 있습니다.	**I have something to tell you.** 아이 햅 썸띵 투 텔 유
그걸 어떻게 말해야 될까요?	**How can I say it?** 하우 캔 아이 쎄이 잇
오늘 저녁에 시간 있으세요?	**Do you have time tonight?** 두 유 햅 타임 투나잇
같이 영화 볼까요?	**Shall we go to the movies?** 쉘 위 고 투 더 무비스
이야기 좀 할 수 있을까요?	**Can I have a word with you?** 캔 아이 해버 워드 위듀
잠깐 이야기를 나누고 싶은데요.	**I'd like to have a word with you.** 아이(드) 라익 투 해버 워드 위듀
말씀 중에 잠깐 실례를 해도 될까요?	**May I interrupt you?** 메아이 인터럽츄
충고 좀 해도 될까요?	**Can I give you some advice?** 캔 아이 깁 유 썸 어드바이스

누가 그랬는지 말해 보세요.	**Tell me who has said so.** 텔 미 후 해즈 쎄드 쏘
뭔가 다른 이야기를 합시다.	**Let's talk about something else.** 렛츠 토크 어바웃 썸띵 엘스
시간 좀 있으세요?	**Do you have a minute?** 두 유 해버 미닛
요점을 말씀드리자면~.	**Coming to the point~.** 커밍 투 더 포인트~
음, 그걸 어떻게 말해야 될까요?	**Well, how should I say it?** 웰 하우 슈다이 쎄이 잇
뭘 좀 마실래요?	**Do you want something to drink?** 두 유 원(트) 썸띵 투 드륑(크)
어디서 만날까요?	**Where shall we meet?** 웨어 쉘 위 밋
아주 좋은 생각이에요.	**That sounds like a good idea.** 댓 싸운즈 라익커 굿 아이디어
저하고 쇼핑하실래요?	**How about going shopping with me?** 하어밧 고잉 쇼핑 윗 미
이야기중 끼어들어서 죄송합니다.	**Pardon me for cutting in.** 파던 미 풔 커팅 인

2. 의견을 물을 때

그것이 뭐라고 생각해요?	**What do you think it means?** 왓 두 유 띵킷 민즈
그렇게 생각하십니까?	**Do you think so?** 두 유 띵쏘
당신은 누구 편입니까?	**Whose side are you on?** 후즈 싸이드 아 유 온
당신은 어때요?	**How about you?** 하우 어밧츄
당신의 입장은 어떻습니까?	**What's your position?** 왓츄어 포지션
방금 뭐라고 말씀하셨죠?	**What did you say just now?** 왓 디쥬 쎄이 저슷(트) 나우
왜 그렇게 생각하세요?	**Why do you think so?** 와이 두 유 띵쏘
의견이 있으십니까?	**Do you have any ideas?** 두 유 해배니 아이디어즈
이것이 많이 불공평한가요?	**Is this very unfair?** 이즈 디스 붸리 언페어

이해하시겠어요?	**Do you understand it?** 두 유 언더스탠딧
제가 이 일을 해낼 수 있을 거라고 생각해요?	**You think I can do this?** 유 띵카이 캔 두 디스
지금까지 제가 한 말을 이해하시겠어요?	**Are you with me so far?** 아 유 윗 미 쏘 퐈
찬성입니까? 반대입니까?	**Are you for or against it?** 아 유 풔 오어 어겐스팃
당신 생각은 뭔데요?	**What's on your mind?** 왓츠 온 유어 마인드
알아서 하세요!	**Suit yourself.** 슛(트) 유어셀프
일단 내 얘기를 먼저 들어요.	**Listen before speaking.** 리슨 비풔 스피킹
저는 ~라고 생각합니다.	**I think ~.** 아이 띵크
왜 그렇게 생각해?	**What makes you think so?** 왓 메익스 유 띵쏘
터놓고 이야기합시다	**Let's have a heart-to-heart talk.** 렛츠 해버 하(트)투 하(트)토크 *issue 문제, 논쟁점

의견

3. 자기의 의견을 말할 때

그건 이해가 안 되는군요.	**It's out of my depth.** 잇츠 아웃 옵 마이 뎁스
그걸 전혀 이해할 수가 없군요.	**I can't make heads or tails of it.** 아이 캔(트) 메익 헤즈 어 테일즈 오빗
당신 말씀을 이해할 수 없습니다.	**I couldn't make out what you mean.** 아이 쿠든(트) 메익 아웃 왓 유 민
당신은 내가 어떻게 해야 하는지 말해줘야 돼요.	**You have to tell me what to do.** 유 햅 투 텔 미 왓 투 두
당신의 생각을 말해줘요.	**Tell me what you think.** 텔 미 왓츄 띵(크)
당신의 의견을 듣고 싶습니다.	**I want your feedback.** 아이 원츄어 퓌드백
당신의 입장을 이해합니다.	**I understand your position.** 아이 언더스탠드 유어 포지션
대충만 말해줘요.	**Just give me a rough idea.** 저슷(트) 깁 미 어 러프 아이디어
제 생각으로는 ~	**In my opinion~** 인 마이 어피니언

도무지 감이 잡히질 않습니다.	**I can't get the hang of it.** 아이 캔(트) 겟 더 행 오빗
무슨 말을 하는지 모르겠어요.	**I don't follow you.** 아이 돈(트) 팔로우 유
아, 무슨 말씀인지 알겠습니다.	**Oh! I see what you mean.** 오 아이 씨 왓 유 민
와, 그러니까 감이 잡히는군요.	**Wow, that really tells a story.** 와우 댓 륄리 텔스 어 스토뤼
이해가 안 됩니다.	**I don't understand.** 아이 돈(트) 언더스탠드
이해가 됩니다.	**It makes sense to me.** 잇 메익스 쎈스 투 미
제 소견을 말씀드리겠습니다.	**Let me give my humble opinion.** 렛 미 깁 마이 험블 어피니언
내가 어떻게 해야 할까요?	**What do you think I should do?** 왓 두 유 띵카이 슈두
내가 할 수 있는 일이라면요.	**I will do what I can.** 아이 윌 두 왓 아이 캔
좋은 수가 있어요.	**I've got an idea.** 아이(브) 갓 언 아이디어 = I have a thought.

4. 상대의 의견에 동의할 때

그건 일리가 있네요.	**That makes sense.** 댓 메익스 센스
그것은 좋은 의견 같습니다.	**That sounds like a fine idea.** 댓 싸운즈 라익커 파인 아이디어
그래야 할 것 같아요.	**Maybe I should do it.** 메이비 아이 슈두 잇
나는 당신 의견에 따를 거예요.	**I'll side with you.** 아일 싸이드 위듀
내 의견은 대체로 당신의 의견과 같습니다.	**My opinion is on the whole the same as yours.** 마이 어피니언 이즈 온 더 호울 더 쎄임 애즈 유어즈
당신 말이 맞습니다.	**I think you're right.** 아이 띵크 유아 롸잇
당신이 말한 바로 그거예요.	**You have a point.** 유 해버 포인트
동의합니다.	**I agree with you.** 아이 어그뤼 위듀
이제야 말이 통하는구나.	**Now you're talking.** 나우 유아 토킹

저도 같은 생각입니다.	**I feel the same way.** 아이 퓔 더 쎄임 웨이
좋은 생각입니다.	**That's good idea.** 댓츠 굿 아이디어
찬성합니다.	**I'm for it.** 아임 풔릿
그걸로 됐어요.	**Fair enough.** 페어 이너프
전적으로 동의합니다.	**I entirely agree with you.** 아이 엔타이얼리 어그뤼 위듀
저도 그렇게 생각합니다.	**I think so, too.** 아이 띵쏘 투
저는 좋습니다.	**That's fine with me** 댓츠 퐈인 윗 미
당신이 맞아요.	**you're right.** 유아 롸잇
내 생각도 그렇습니다.	**That's just what I was thinking** 댓츠 저슷(트) 왓 아이 워즈 띵킹
정곡을 찌르셨네요.	**You hit the nail on the head.** 유 힛 더 네일 온 더 헤드 = That's the very point of the matter.

5. 상대의 의견에 반대할 때

그 점에 대해서는 동의할 수 없습니다.	**I can't go along with you there.** 아이 캔(트) 고 얼롱 위듀 데어
그건 불가능한 일입니다.	**That's impossible.** 댓츠 임파서블
그건 터무니없어요.	**That's nonsense.** 댓츠 난센스
그것에 반대합니다.	**I'm against it.** 아임 어겐스팃
난 그렇게 생각하지 않아요.	**I don't think so.** 아이 돈(트) 띵크 쏘
난 당신이 틀렸다고 생각해요.	**I think you're wrong.** 아이 띵크 유아 롱
내키지 않네요.	**I don't feel up to it.** 아이 돈(트) 퓔 업 투 잇
바보 같은 소리 말아요.	**Don't be silly!** 돈(트) 비 씰리
싫습니다. 전 아니에요.	**It's not me.** 잇츠 낫 미 *wording 말씨, 용어, 표현

저의 견해는 조금 다릅니다.	**I don't see things that way.** 아이 돈(트) 씨 띵즈 댓 웨이
전 당신 의견을 지지할 수 없습니다.	**I cannot support your opinion.** 아이 캔낫 써포트 유어 어피니언
전 당신 생각에 동의하지 않습니다.	**I don't agree with you.** 아이 돈(트) 어그뤼 위듀
전 동의하지 않습니다.	**I disagree with it.** 아이 디스어그뤼 위딧
나라면 그렇게 말하지 않겠습니다.	**I wouldn't say that.** 아이 우든(트) 쎄이 댓
당신 말은 맞지 않습니다.	**You're not right.** 유아 낫 롸잇
농담하십니까?	**Are you kidding?** 아유 키딩
저는 그것에 대해 다른 생각을 갖고 있어요.	**I have a different opinion about that.** 아이 해버 디퓌런트 어피니언 어밧 댓
절대 안 돼.	**Definitely not.** 데퍼넛틀리 낫 *run counter 반대로 가다
안 될 것 같습니다.	**I'm afraid not.** 아임 어프뤠이드 낫

의견

6. 자신의 판단을 말할 때

한 번 해 봐.	**You should try it.** 유 슈드 트롸이딧
그게 그렇게 간단치가 않습니다.	**It's not that simple.** 잇츠 낫 댓 심플
그다지 좋지 않습니다.	**Not that good.** 낫 댓 굿
그런 게 아니에요.	**Not that.** 낫 댓
그만 두는 게 좋을 것 같아요.	**We'd better stop it.** 위(드) 베러 스탑 잇
기억이 나지 않습니다.	**I don't remember.** 아이 돈(트) 리멤버
내가 아는 바가 아닙니다.	**Not that I know of.** 낫 댓 아이 노우 옵
모르겠습니다.	**I don't know.** 아이 돈(트) 노우
네가 방법을 찾아낼 거라고 확신해.	**I'm sure you'll find a way.** 아임 슈어 유일 파인더 웨이

이젠 틀렸어요.	**It's all up.** 잇츠 올업
결심했습니다.	**I've made up my mind.** 아이(브) 메이드 업 아이 마인드
그건 오해입니다.	**That's a misunderstanding.** 댓서 미스언더스탠딩 = You got me wrong.
그런 뜻이 아닙니다.	**I didn't mean that.** 아이 디든(트) 민 댓 = That's not what I meant.
맞는 말입니다.	**You said it.** 유 쎄딧 = You made a point.
제가 착각했습니다.	**I got mixed up.** 아이 갓 믹스드 업 = I got all mixed up.

mini 회화

A : I don't know.
아이 돈(트) 노우 모르겠습니다.

B : Okay. Let's do one thing at a time.
오케이 렛츠 두 원 띵 앳 어 타임
좋습니다. 한번에 한 가지씩만 해요.

7. 상대의 의견을 확인할 때

그 말이 무슨 뜻이죠?	**What do you mean by that?** 왓 두 유 민 바이 댓
다시 한 번 설명해 주시겠어요?	**Will you explain it again?** 윌 유 익스플레이닛 어겐
무슨 말씀이신지 잘 모르겠습니다.	**I don't understand.** 아이 돈(트) 언더스탠드
뭐라고 하셨지요?	**What did you say?** 왓 디쥬 쎄이
여기에 좀 써 주십시오.	**Please write it down here.** 플리즈 롸이릿 다운 히어
잘 못 들었습니다.	**I can't hear you.** 아이 캔(트) 히어 유
좀더 간단히 말씀해 주세요.	**Please put it more simply.** 플리즈 풋 잇 모어 심플리
좀더 자세히 말씀해 주시겠어요?	**Could you be more specific?** 쿠쥬 비 모어 스피시픽
좀더 천천히 말씀해 주시겠어요?	**Could you speak more slowly?** 쿠쥬 스픽 모어 슬로우리

좀더 큰소리로 말씀해 주시겠어요?	**Could you speak up?** 쿠쥬 스픽 업
철자가 어떻게 되는지요?	**How do you spell it?** 하우 두 유 스펠 잇
이해가 됩니다.	**I understand.** 아이 언더스탠드
이해하십니까?	**Do you understand?** 두 유 언더스탠드
좀 더 알기쉽게 설명해 주시겠어요?	**Can you go over that again?** 캔 유 고 오버 댓 어겐 = Can you paraphrase that? = Can you simplify what you've just said?
진짜입니까?	**Really?** 륄리 = You are serious? = Are you sure?

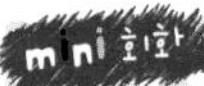

A : I found what you asked for.
아이 파운드 왓 유 애스크드 풔
당신이 부탁한 것 찾았어요.

B : You are serious? Thanks!
유 아 시어리어스 땡큐 정말? 고맙습니다.

8. 상대방과 의견을 조율할 때

그러기를 바랍니다.	**I hope so.** 아이 홉 쏘
그러지요.	**Certainly** 써튼리
그럴 거라고 생각합니다.	**I think so.** 아이 띵쏘
나도 그래요.	**Me, too.** 미투
네, 그렇습니다.	**Yes, I am.** 예스 아이 엠
맞아요.	**Right. / Okay.** 롸잇 / 오케이
물론이죠.	**Of course. / I bet.** 옵 코스 / 아이 벳
응.	**Yeah.** 예
저도 좋습니다.	**I'd be happy to.** 아이(드) 비 해피 투

9. 상대방과 맞장구 칠 때

그거 괜찮은데요.	**That's not bad.** 댓츠 낫 배드
그거 좋군요.	**That's good.** 댓츠 굿
그것에 찬성합니다.	**I'm in favor of it.** 아임 인 페이버 오빗
그계획에 찬성합니다.	**I agree with the plan.** 아이 어그뤼 윗 더 플랜
그러게 말이야!	**Tell me about it!** 텔미 어바우릿
그렇게 말할 수도 있겠죠.	**You could say that.** 유 쿠드 쎄이 댓
당신에게 동의합니다.	**I'm with you.** 아임 위듀
모르겠는데요.	**I don't know about that** 아이 돈(트) 노우 어밧 댓
바로 그겁니다.	**That's it.** 댓츠 잇 *on one condition 한 가지 조건부로

아마 당신 말이 맞을 거예요.	**Perhaps you're right.** 퍼햅스 유아 롸잇
알겠어요.	**I see.** 아이 씨
예, 그렇고말고요.	**Yes, indeed.** 예쓰 인디드
유감스럽지만, 찬성합니다.	**I hate to say it, but I agree.** 아이 해이투 쎄이 잇 벗 아이 어그뤼
의심할 여지가 없습니다.	**No doubt about it.** 노 다웃 어바우릿
저는 괜찮습니다.	**I don't mind.** 아이 돈(트) 마인드
저도 그렇게 생각했어요.	**I thought so, too.** 아이 쏘웃(트) 쏘 투
지당하신 말씀입니다.	**You've said a mouthful there!** 유(브) 쎄더 마우스풀 데어
이의가 없습니다.	**There is no objection on my part.** 데어리즈 노우 어브젝션 온 마이 파트
당신도 내 생각과 같으세요?	**Are you thinking what I'm thinking?** 아 유 띵킹 왓 아임 띵킹 *make by majority 과반수로 결정하다

10. 자신을 확신할 수 없을 때

확실히 말씀드릴 수가 없습니다.	**I can't say for sure.** 아이 캔(트) 쎄이 풔 슈어
아직 잘 모르겠는데요.	**I'm not sure yet.** 아임 낫 슈어 옛
이 문제는 다음으로 넘기기로 합시다.	**Let's carry it over to the next time.** 렛츠 캐뤼 잇 오버 투 더 넥슷(트) 타임
이렇다 할 이유는 없어요.	**I have no special reason.** 아이 햅 노우 스페셜 뤼즌
전 어느 쪽도 아닙니다.	**I'm on nobody's side.** 아임 온 노바디즈 싸이드
말하기 곤란합니다.	**It's hard to say.** 잇츠 하드 투 쎄이
당신 좋을 대로 해요.	**Whatever you like.** 왓에버 유 라익
딱 꼬집어서 말할 수는 없어요.	**I can't pinpoint it.** 아이 캔(트) 핀포인팃
전 이 문제는 중립입니다.	**I'm neutral to this matter.** 아임 뉴트럴 투 디스 매러

11. 자신이 먼저 말을 걸 때

같이 식사라도 하러 가요.	**I just want to have meal with you.** 아이 져슷(트) 원투 햅 밀 위듀
개인적으로 대화를 나누고 싶습니다.	**I'd like to talk with you privately.** 아이(드) 라익 투 토크 위듀 프라이비틀리
경치가 참 좋군요.	**It's a beautiful place, isn't it?** 잇처 뷰뤼풀 플레이스 이즌팃
그것 참 좋군요.	**It's so very nice.** 잇츠 쏘 붸리 나이스
나한테 뭔가 하실 말씀이 있으세요?	**Do you want to talk to me about anything?** 두 유 원투 토크 투 미 어밧 애니띵
누군가 기다리고 계십니까?	**Are you waiting for someone?** 아 유 웨이링 풔 썸원
다음 목적지는 어디예요?	**Where is the next stop?** 웨어리즈 더 넥슷(트) 스탑
말씀드릴 게 좀 있습니다.	**I need to tell you something.** 아이 닛투 텔 유 썸띵
무슨 이야기를 하고 싶으세요?	**What do you have on your mind?** 왓 두 유 해본 유어 마인드

물론이죠. 무슨 일이죠?	**Sure. What's the problem?** 슈어 왓츠 더 프라블럼
어쩐지 낯이 익어요.	**You look familiar to me.** 유 룩 풔밀리어 투 미
여행을 좋아하세요?	**Do you like traveling?** 두 유 라익 트래벌링
이곳이 마음에 드세요?	**Are you enjoying your stay?** 아 유 인조잉 유어 스테이
잠시만 이야기하면 됩니다.	**I'll tell it to you fast.** 아일 텔 잇 투 유 패슷(트)
저에게 말씀하시는 겁니까?	**Are you speaking to me?** 아 유 스피킹 투 미
제가 도와드릴 게 있나요?	**Is there anything I can do for you?** 이즈 데어 애니띵 아이 캔 두 풔 유
친구가 되고 싶어요.	**I'd like to be your friend.** 아이(드) 라익 투 비 유어 프렌드
함께 춤추실래요?	**Shall we dance?** 쉘 위 댄스
혼자인가요?	**Are you on your own?** 아 유 온 유어 오운

12. 자신의 느낌을 표현할 때

그럴 기분이 아니에요.	**I don't feel like it.** 아이 돈(트) 필 라이킷
글쎄요, 나중에요.	**Well, maybe another time.** 웰 메이비 어나더 타임
고맙지만 사양하겠습니다.	**No, thank you.** 노 땡큐
아무래도 안 되겠어요.	**I'd rather not.** 아이(드) 래더 낫
다음에 이야기하죠.	**Let's talk about it later.** 렛츠 토크 어밧 잇 레이러
확실히 말씀드릴 수가 없습니다.	**I can't say for sure.** 아이 캔(트) 쎄이 풔 슈어
아직 잘 모르겠는데요.	**I'm not sure yet.** 아임 낫 슈어 옛
예감이 안 좋아요.	**I have a bad feeling about this.** 아이 해버 배드 퓔링 어밧 디스 = I have a bad hunch(about it). = I got a hunch that something bad will happen. = I don't feel good about this.

필수 단어

외향적인	extrovert 엑스트로버트
적극적인	active 액티브
낙관적인	optimistic 옵티미스틱
엄격한	strict 스트릭트
개방적인	open-minded 오펀 마인디드
충동적인	impulsive 임펄시브
섬세한	sensitive 센서티브
이기적인	selfish 셀피쉬
우울한	moody 무디
수줍어하는	shy 샤이
사려깊은	considerate 컨시더레잇
내성적인	introvert 인트러버트
소극적인	withdrawn 위드론
비관적인	pessimistic 페서미스틱
관대한	generous 제너러스
보수적인	conservative 컨써베이티브
인내심이 있는	tolerant 탈러런트
덜렁대는	carefree 케어프뤼
명랑한	cheerful 취어펄
사교적인	sociable 쏘셔블
우유부단한	wishy-washy 위시와시
거만한	arrogant 애러건트
입장	position 퍼지션
의견	opinion 어피니언
반응, 의견	feedback 퓌드백
생각, 의견	idea 아이디어
요점	point 포인트
쟁점	issue 잇슈
동의하다	agree 어그뤼
수락하다, 응하다	accept 엑셉트
동의하다	consent 컨센트
반대하다	against 어겐스트
반대, 이의	objection 어브젝션
반대하다	oppose 어포우즈
반대, 대립	opposition 어포지션
차이	difference 디풔런스
의견이 다르다	disagree 디스어그뤼
중립의	neutral 뉴트럴
~에 달려 있다	depend 디펜드

직장생활 Business

1. 구직생활

* 구직 문의할 때 *

구인광고를 보고 전화를 드립니다.	**I'm calling about your help-wanted ad.** 아임 콜링 어밧 유어 헬(프) 원티드 애드
경력이 필요합니까?	**Does the position require experience?** 더즈 더 포지션 뤼콰이어 익스피어뤼언스
그 자리는 아직도 유효합니까?	**Is the position still open?** 이즈 더 포지션 스틸 오픈
근무는 언제 시작하나요?	**When will the position start?** 웬 윌 더 포지션 스타트
종일근무입니까? 파트타임입니까?	**Is it a full time job or a parttime job?** 이짓 어 풀타임 잡 오어러 파타임잡
당신 회사에서 일하고 싶습니다.	**I want to work in your company.** 아이 원투 워크 인 유어 컴퍼니 *effect 취지, 요지

면접은 언제 봅니까?	**When will you have interviews?** 웬 윌 유 햅 인터뷰즈
서류는 언제까지 보내야 합니까?	**When do I have to send these documents by?** 웬 두 아이 햅투 센디즈 다큐먼츠 바이
어떤 종류의 일에 자리가 있는 건가요?	**What kind of openings do you have?** 왓 카인돕 오프닝즈 두 유 햅
어떻게 지원하면 됩니까?	**How do I apply for your company?** 하우 두 아이 어플라이 풔 유어 컴퍼니
이력서를 팩스로 보내주세요.	**Fax us your resume, please.** 팩스 어스 유어 리쥼 플리즈
이메일로 이력서를 접수 받습니까?	**Do you accept resume by e-mail?** 두 유 엑셉(트) 리쥼즈 바이 이메일
입사지원에 필요한 것은 무엇입니까?	**What do I need to do to apply?** 왓 두 아이 닛투 두 투 어플라이
자리가 나면 연락드리겠습니다.	**Well, call you if there are any job openings.** 웰 콜 유 이프 데어라 애니잡 오프닝스 = If anything comes up, we'll let you know right away. *profession 전문적인 직업, *occupation (보통의) 직업.

* 면접시험 볼 때 *

자기소개를 해보세요.	**Tell me about yourself, please.** 텔 미 어밧 유어셀프 플리즈
어느 부서에서 근무하기를 원하십니까?	**What section are you looking to work in?** 왓 섹션 아 유 룩킹 투 워크 인
저는 영업직에 관심이 있습니다.	**I'm interested in the position of sales.** 아임 인터뤠스티드 인 더 포지션 옵 쎄일즈
영어 실력은 어느 정도입니까?	**What's your English level?** 왓츄어 잉글리쉬 레벨
영어로 의사소통하는데 큰 문제는 없습니다.	**I have no major problem communicating in English.** 아이 햅 노우 메이져 프라블럼 커뮤니케이딩 인 잉글리쉬
경력이 있으십니까?	**Do you have any business experience?** 두 유 해배니 비즈니스 익스피어뤼언스
C사에서 5년간 근무했습니다.	**I used to work at C for 5 years.** 아이 유즈(드) 투 워크 앳 씨 풔 퐈이브 이어즈
특별한 기술이 있습니까?	**Do you have any special skills?** 두 유 해배니 스페셜 스킬즈

어떤 자격증을 가지고 있습니까?	**Do you have any licenses?** 두 유 해배니 라이쎈시즈
컴퓨터는 잘 다루시나요?	**Are you good at operating computers?** 아 유 굿 앳 아퍼레이링 컴퓨러즈
어느 정도의 급여를 원하십니까?	**What are your salary expectations?** 왓 아 유어 셀러뤼 익스펙테이션스
월급으로 2,000달러 정도로 시작했으면 합니다.	**I'd like to start at around $ 2,000 per month.** 아이(드) 라익 투 스타트 앳 어롸운드 투 따우전드 달러스 퍼 먼쓰
일년에 세 번 보너스를 받을 겁니다.	**You'll be paid a bonus thrice a year.** 유일 비 페이(드) 어 보너스 뜨라이스 어 이어
월급날은 매달 20일입니다.	**Our payday is the 20th of every month.** 아워 페이데이 이즈 더 투웨니쓰 옵 에브뤼 먼쓰
어떤 근로 혜택이 제공됩니까?	**What benefits do you offer?** 왓 베너퓟츠 두 유 오풔
업무에 관해 설명해주시겠어요?	**Could you explain about the job?** 쿠쥬 익스플레인 어밧 더 잡 *in connection with ~와 관련하여

직장생활

* 면접시험 볼 때 *

그건 어떤 종류의 일인가요?	**What kind of job is it?** 왓 카인돕 잡 이짓
근무시간은 어떻게 됩니까?	**What hours do you work?** 왓 아우어즈 두 유 워크
몇 시에 근무를 시작합니까?	**What time do you start your day?** 왓 타임 두 유 스타트 유어 데이
몇 시에 퇴근하십니까?	**What time do you punch out?** 왓 타임 두 유 펀치 아웃
점심시간은 1시간입니다.	**We can take a one-hour lunch break.** 위 캔 테이커 원 아우어 런치 브뤠이크
처음 석 달은 수습기간입니다.	**The first three months is a probation period.** 더 풔스트 뜨리 먼쓰즈 이즈 어 프로베이션 피어리아드 *for nothing 거저, 무료로, 무익하게, 헛되이
고용 계약은 2년간입니다.	**The contract of your employment is for two years.** 더 컨트랙트 오뷰어 임플로이먼티즈 풔 투 이어즈
우리는 주5일 근무합니다.	**We're working five days a week.** 위아 워킹 어 파이브 데이즈 어 윅 *very 매, 마다

토요일은 격주로 근무합니다.	**We work every other Saturday.** 위 워크 에브뤼 아더 쌔러데이
휴가는 어떻게 됩니까?	**What about vacations?** 왓 어밧 붸케이션스
왜 우리 회사에서 일하기를 원하십니까?	**Why do you want to work for us?** 와이 두 유 원투 워크 풔 어스
이 회사는 성장가능성이 많다고 생각합니다.	**I think your company has a large potential for growth.** 아이 띵크 유어 컴퍼니 해즈 어 라쥐 포텐셜 풔 그로우쓰
결과는 언제 알 수 있을까요?	**When will I know your decision?** 웬 윌 아이 노우 유어 디씨즌
언제 일을 시작하실 수 있나요?	**When can you start working?** 웬 캔 유 스타트 워킹
최종학력이 어떻게 됩니까?	**What's your educational back-ground?** 왓츄어 에쥬케이셔널 백그라운드
학교 성적은 어떠했습니까?	**How well did you do in school?** 하우 웰 디쥬 두 인 스쿨
급여는 어느 정도 생각하고 있나요?	**How much do you want?** 하우 머취 두 유 원(트) *compensation 보수, 급여, 보상, 보충

2. 직장에 대해

* 직업 소개할 때 *	
처음 뵙겠습니다. 브라운씨.	**How do you do, Mr. Brown.** 하우 두 유 두 미스터 브라운
어떤 업종에 종사하십니까?	**What kind of job do you have?** 왓 카인돕 잡 두 유 햅
직업이 마음에 드십니까?	**Do you like your job?** 두 유 라익 유어 잡
저는 제 일에 자부심을 가지고 있습니다.	**I take pride in my work.** 아이 테익 프라이딘 마이 워크
직업이 무엇입니까?	**What do you do for a living?** 왓 두 유 두 풔러 리빙
사업가입니다.	**I'm a businessman.** 아임 어 비지니스맨
컴퓨터 프로그래머입니다.	**I'm a computer programmer.** 아임 어 컴퓨러 프로그래머
저는 치과의사입니다.	**I'm a dentist.** 아임 어 덴티스트
저는 지금 쉬고 있습니다.	**I'm unemployed at the moment.** 아임 언임플로이드 앳 더 모먼트

저는 택시 기사입니다.	**I'm a taxi driver.** 아임 어 택시 드라이버
교사입니다.	**I'm a teacher.** 아임 어 티쳐
기술자입니다.	**I'm an engineer.** 아임 언 엔지니어
회사원입니다.	**I'm an office worker.** 아임 언 어퓌스 워커
이 일은 아르바이트삼아하는 것입니다.	**This is a part-time job for me.** 디씨저 파타임 잡 풔 미
저는 직업을 바꿀까 생각 중입니다.	**I'm thinking of changing my job.** 아임 띵킹 옵 체인징 마이 잡

* 회사 소개할 때 *

어느 회사에 근무하십니까?	**What company are you with?** 왓 컴퍼니 아 유 윗
무역 회사에 다닙니다.	**I work for a trading company.** 아이 워크 풔러 트뤠이딩 컴퍼니
회사는 어디에 있습니까?	**Where is your company located?** 웨어리즈 유어 컴퍼니 로케이티드

✻ 회사 소개할 때 ✻

언제 회사에 입사했습니까?	**When did you join your company?** 웬 디쥬 조인 유어 컴퍼니
어느 부서에서 근무하세요?	**What department do you work in?** 왓 디파트먼(트) 두 유 워킨
인사부 담당입니다.	**I'm in charge of the personnel department.** 아임 인 촤지 옵 더 퍼스널 디파트먼(트)
이건 직통 번호입니다.	**This is my direct number.** 디씨즈 마이 디렉트 넘버
이 전화번호로 저에게 연락이 가능합니다.	**You can reach me at this number.** 유 캔 리취 미 앳 디스 넘버
이건 제 명함입니다.	**Here is my business card.** 히어리즈 마이 비지니스 카드
직위가 어떻게 되십니까?	**What position do you hold?** 왓 포지션 두 유 홀드
저는 영업부에 있습니다.	**I work at the sales department.** 아이 워크 앳 더 쎄일즈 디파트먼(트)
저는 총무부에서 일해요.	**I work in the general affairs department.** 아이 워크 인 더 제너럴 어페어즈 디파트먼(트)

* 근무 시간에 대해 *

거기서 근무하신 지는 얼마나 됐습니까?	**How long have you worked there?** 하우 롱 해뷰 워(크)드 데어
거기서 근무하는 것은 어떻습니까?	**What's it like working there?** 왓츠 잇 라익 월킹 데어
그 일에는 시간외 근무가 많이 필요한가요?	**Does the job require much over-time work?** 더즈 더 잡 뤼콰이어 머취 오버타임 워크
당신 회사에서는 점심 시간이 몇 시죠?	**What time is lunch at your com-pany?** 왓 타임 이즈 런치 앳 유어 컴퍼니
일 때문에 꼼짝 못하겠어요.	**I'm up to my ears in work.** 아임 업 투 마이 이어즈 인 워크
업무에 시달리고 계시는군요.	**You seem to be under a lot of pressure.** 유 심 투 비 언더 얼랏옵 프레셔
저는 오늘밤 야근이에요.	**I'm on duty tonight.** 아임 온 듀티 투나잇
저희는 격주로 토요일에는 쉽니다.	**We've every other Saturday off.** 위(브) 에브뤼 아더 쌔러데이 오프 *every other day 격일로
저희는 9시에서 6시까지 일합니다.	**We work from nine to six.** 위 워크 프럼 나인 투 씩스

직장생활

＊ 근무 시간에 대해 ＊

저희 회사는 주 5일제 근무입니다.

Our company has a five-day work week.
아워 컴퍼니 해저 파이브데이 워크 윅

저는 종종 초과 근무를 합니다.

I often put in overtime.
아이 어픈 풋 인 오버타임

*shift 교대제 근무 시간, 교체

＊ 급여 및 승진에 대해 ＊

월급으로 받습니다.

I'm paid every month.
아임 페이(드) 에브뤼 먼쓰

일하는 시간에 비하면 매우 낮아요.

It's very low for my work hours.
잇츠 붸리 로우 풔 마이 워크 아우어즈

제 일은 보수가 좋습니다.

My job pays well.
마이 잡 페이스 웰

우리 회사에서는 승진하기가 어려워요.

It's hard to move up in our company.
잇츠 하드 투 무법 인 아워 컴퍼니

승진은 성적에 달렸어요.

Promotion goes by merit.
프러모우션 고우즈 바이 메릿

저 영업부장으로 승진했어요.

I was promoted to sales manager.
아이 워즈 프러모티드 투 쎄일즈 매니져

*board 이사회, 위원회, 회의

*** 출퇴근 및 휴가에 대해 ***

저는 7시에 출근합니다.	**I have to punch in by seven o'clock.** 아이 햅투 펀치 인 바이 세븐 어클락
사무실 가까이에 지하철역이 없습니다.	**There's no subway station near my office.** 데얼즈 노우 섭웨이 스테이션 니어 마이 어퓌스
보통 지하철을 타고 갑니다만, 가끔 버스도 탑니다.	**Usually by subway, but sometimes by bus.** 유절리 바이 섭웨이 벗 썸타임즈 바이 버스
집이 직장과 가깝습니까?	**Do you live close to your work?** 두 유 리브 클로즈 투 유어 워크
저는 내일부터 휴가예요.	**My vacation begins tomorrow.** 마이 붸케이션 비긴스 터머로우
휴가 계획을 세우셨어요?	**Have you planned your vacation yet?** 해뷰 플랜쥬어 붸케이션 옛
휴가 언제 떠나세요?	**When are you leaving for your vacation?** 웬 아 유 리빙 풔 유어 붸케이션
휴가기간은 얼마나 됩니까?	**How long does your vacation last?** 하우 롱 더쥬어 붸케이션 래슷(트)
휴가는 며칠이나 됩니까?	**How many vacation days do you have?** 하우 매니 붸케이션 데이즈 두 유 햅

✻ 동료에게 도움을 청할 때 ✻

기한이 언제입니까?	**When is the deadline?** 웬 이즈 더 데드라인
오늘밤에 잔업을 할 수 있어요?	**Could you work overtime this evening?** 쿠쥬 워크 오버타임 디스 이브닝
우체국에 좀 다녀와 줄 수 있어요?	**Could you go to the postoffice for me?** 쿠쥬 고 투 더 포스트어퓌스 풔 미
이 보고서를 타이핑해 주시겠어요?	**Can you type up this report?** 캔 유 타입 업 디스 뤼폿
이 서류를 팩스로 보내 줄 수 있어요?	**Could you send this copy by fax?** 쿠쥬 쎈디스 카피 바이 팩스
이 일 좀 도와줄래요?	**Could you help me with this job?** 쿠쥬 헬(프) 미 윗 디스 잡
이것을 복사해주시겠어요?	**Could you make a copy of it?** 쿠쥬 메이커 카피 오빗
제 업무를 대신 맡아 주시겠어요?	**Could you fill in for me?** 쿠쥬 퓔 인 풔 미
지금 바쁘세요?	**Are you busy now?** 아 유 비지 나우

3. 업무 처리

＊ 업무 능력에 대해 ＊

누가 새 업무에 적합하다고 생각하세요?	**Who do you think is suitable for the new project?** 후 두 유 띵키즈 수터블 풔 더 뉴 프로젝트 *secretariat 비서실, 비서직
교육은 어떻게 진행됩니까?	**How are the lessons conducted?** 하우 아 더 레슨스 컨덕티드
그 분야에서는 그가 최고예요.	**He's a leader in his field.** 히즈 어 리더 인 히즈 필드
그 일은 계획에 따라 진행되고 있습니다.	**The work is proceeding according to the plan.** 더 워크 이즈 프로씨딩 어코딩 투 더 플랜
그는 경쟁에서 뒤쳐져 있습니다.	**He's in the back of the pack.** 히즈 인 더 백 옵 더 팩
그는 그 일에 적격입니다.	**He's cut out for the job.** 히즈 컷 아웃 풔 더 잡
그는 매사에 매우 신중합니다.	**He's very deliberate in everything.** 히즈 붸리 딜리버뤠잇 인 에브뤼띵
그는 비록 나이 들었지만, 아직도 그 일을 할 능력이 있습니다.	**Though he's old, he's still equal to the task.** 도우 히즈 올드 히즈 스틸 이퀄 투 더 테스크

* 업무 능력에 대해 *

그는 업무에 필요한 모든 자질을 다 갖추고 있습니다.	**He has every quality for the job.** 히 해즈 에브뤼 퀄리티 풔 더 잡
그는 이런 일에는 아주 능숙합니다.	**He's got the best hands in the business.** 히즈 갓 더 베슷 핸즈 인 더 비지니스
그는 책무를 행하는 데 충실합니다.	**He's faithful in the performance of his duties.** 히즈 페이스풀 인 더 퍼풔먼스 옵 히즈 듀티즈
당신은 능력이 대단하시군요.	**You must be a man of ability.** 유 머슷(트) 비 어 맨 옵 어빌러티
당장 그것을 처리해 주셨으면 합니다.	**We want you to deal with it immediately.** 위 원츄 투 딜 위딧 이미디엇틀리
요구에 부응하도록 최선을 다하겠습니다.	**We'll do our best to meet your demands.** 위일 두 아워 베슷 투 미츄어 디멘즈
이 일을 맡기기에는 당신이 적격입니다.	**You are the right person for this job.** 유 아 더 롸잇 펄슨 풔 디스 잡
그는 말주변이 좋습니다.	**He's good with words.** 히즈 굿 윗 워즈 = He's a smooth talker.

✻ 업무 능력 평가할 때 ✻

그 실험결과에 큰 기대를 걸고 있어요.	**I'm bent on the outcome of the experiment.** 아임 벤트 온 디 아웃컴 옵 디 익스페뤼먼(트)
그가 정직하다는 것은 모두가 알고 있습니다.	**Everybody knows that he's honest.** 에브뤼바디 노우즈 댓 히즈 어니스트
그녀는 차분하고 꼼꼼합니다.	**She's calm, collected and meticulous.** 쉬즈 카암 컬렉티드 앤 메티큘러스
그는 일을 적당히 할 사람이 아닙니다.	**He's not the kind of guy to do something halfway.** 히즈 낫 더 카인돕 가이 투 두 썸띵 해프웨이
신상품 판매는 어떤가요?	**How are the sales of the new product?** 하우 아 더 쎄일즈 옵 더 뉴 프라덕트
예상했던 것보다 훨씬 더 잘 되네요.	**It's going a lot better than I expected.** 잇츠 고잉 얼랏 베러 댄 아이 익스펙티드
이제 곧 우리 신제품이 시장에 나올 것입니다.	**Our new product will soon be on the market.** 아워 뉴 프라덕트 윌 쑨 비 온 더 마킷
일은 잘 되어 가나요?	**How are things going?** 하우 아 띵즈 고잉

* 업무 능력 평가할 때 *

직원들 중에서 그녀가 가장 부지런합니다.	**She's the most diligent worker among the staff.** 쉬즈 더 모슷 딜러전트 워커 어몽 더 스탭
첫 번째 시도치고는 나쁘지 않습니다.	**Not bad for your first attempt.** 낫 배드 풔 유어 풔스트 어템트
판매 상황에 대해 좀더 물어봐도 될까요?	**Could I ask a bit more about sales figures?** 쿠다이 애스커 빗 모어 어밧 쎄일즈 퓌겨즈
자, 일을 시작합시다.	**Let's get started.** 렛츠 겟 스타티드
무엇부터 해야 합니까?	**Where should I begin?** 웨어 슈다이 비긴
당신이 할 일이 있어요.	**You have work to do.** 유 햅 워크 투두
반 정도 진행되었습니다.	**It's about halfway done.** 잇츠 어밧 해프웨이 던 = We're halfway there. = We've done about half of it. = It's about halfway done.
거의 끝나갑니다.	**I'm almost done.** 아임 올모슷 던 = It's nearly finished.

4. 거래 관계

＊ 거래처 방문할 때 ＊

수출부의 피터슨 씨를 만나 뵙고 싶습니다.	**I'd like to see Mr. Peterson of the export department.** 아이(드) 라익 투 씨 미스터 피터슨 옵 디 익스폿 디파트먼(트)
방문하실 거라는 연락을 받았습니다.	**I've been informed of your visit.** 아이(브) 빈 인폼드 오뷰어 뷔짓
그 분이 바쁘시면 내일 다시 오겠습니다.	**If he's busy, I'll come again tomorrow.** 이프 히즈 비지 아일 컴 어겐 터머로우
저희 회사에 와 주셔서 감사합니다.	**Thank you for coming to our company.** 땡큐 풔 커밍 투 아워 컴퍼니
잠시만 기다려주시겠습니까?	**Would you mind waiting for a few minutes?** 우쥬 마인드 웨이링 풔러 퓨 미닛츠
S사의 미스터 리입니다.	**I'm Mr. Lee from the S Company.** 아임 미스터리 프럼 더 에스 컴퍼니
기획팀장은 누구십니까?	**Who's in charge of the planning department?** 후즈 인 촤지 옵 더 플래닝 디파트먼(트)

* 상담과 계약할 때 *

당신과 계약을 체결하게 되어 매우 기쁩니다.	**We're very happy to make a contract with you.** 위아 붸리 해피 투 메이커 컨트랙트 위듀
계약기간은 얼마나 됩니까?	**What's the term of the contract?** 왓츠 더 텀 옵 더 컨트랙트
계약의 세부사항에 대해 논의해 봅시다.	**Let's discuss the details of the contract.** 렛츠 디스커스 더 디테일즈 옵 더 컨트랙트
그 계약의 갱신에 대해 어떻게 생각하세요?	**What do you think about the renewal of the contract?** 왓 두 유 띵커밧 더 뤼뉴얼 옵 더 컨트랙트
우리는 대체로 의견 일치를 보았습니다.	**We're in agreement on the whole.** 위아 인 어그뤼먼트 온 더 호울
이 계약서의 초안에 동의할 수 없습니다.	**We can't agree to this draft of the contract.** 위 캔(트) 어그뤼 투 디스 드래프트 옵 더 칸트랙트
초안에 두 항을 더 추가시키는 것이 어떻습니까?	**How about adding two paragraphs to the draft?** 하어밧 애딩 투 패뤄그래프스 투 더 드래프트
이 조항에 몇 가지 덧붙이고 싶습니다.	**We'd like to add a few things to this article.** 위(드) 라익 투 애드 어 퓨 띵스 투 디스 아티클 *handout 인쇄물, 발표 문서

이번 협상이 성공적으로 끝나게 되어 기쁩니다.	**I'm very glad that our talks turned out to be successful.** 아임 붸리 글랫 댓 아워 톡스 턴다웃 투 비 썩세스풀 *draw up (문서를) 작성하다

*** 교섭 관계를 유지할 때 ***

가격에 대한 당신의 의견을 말씀해 주시겠습니까?	**Could you tell me your views on the price?** 쿠쥬 텔미 유어 뷰즈 온 더 프롸이스
선적 예정표를 세워 봅시다.	**Let's draw up the shipment schedule.** 렛츠 드뤄 업 더 쉽먼트 스케줄
우리의 주된 관심사는 가격 문제입니다.	**Our main concern is the price.** 아워 메인 컨썬 이즈 더 프롸이스
우리의 가격은 다른 곳보다 쌉니다.	**Our prices can't be beat.** 아워 프롸시즈 캔(트) 비 비트
최저가를 제안해 주십시오.	**Please offer your best price.** 플리즈 오풔 유어 베슷 프롸이스
그게 우리가 드릴 수 있는 최저가입니다.	**That's as far as we can go.** 댓츠 애즈 퐈 애즈 위 캔 고
가격에 대해 얘기해 봅시다.	**We'd like to discuss the price.** 위(드) 라익 투 디스커스 더 프롸이스
우리는 견적서를 받고 싶습니다.	**We'd like to have an estimate.** 위(드) 라익 투 해번 이스터메이트

직장생활

* 의견을 절충할 때 *

그 점에 관해 생각 좀 하게 하루 이틀 시간을 주시겠어요?	**May I have a day or two to think it over?** 메아이 해버 데이 오어 투 투 띵킷 오버
그렇다면 좋습니다. 절충을 합시다.	**All right, then. Let's compromise.** 올 롸잇 덴 렛츠 캄프러마이즈
타협해 봅시다.	**I'll meet you halfway.** 아일 미츄 해프웨이
성급하게 타협하고 싶지 않습니다.	**We don't want a hasty compromise.** 위 돈(트) 원(트) 어 헤이스티 캄프러마이즈
우리가 할 수 있는 게 뭔지 상의해 보겠습니다.	**We'll discuss what we can do.** 윌 디스커스 왓 위 캔 두
이 일은 다시 생각할 시간이 필요합니다.	**I need time to think this over.** 아이 닛 타임 투 띵크 디스 오버
조금씩 양보합시다.	**Let's meet you halfway.** 렛츠 미츄 해프웨이
지금 결정 못하겠습니다.	**I can't decide it right now.** 아이 캔(트) 디사이딧 롸잇 나우
털어놓고 얘기합시다.	**Let's have a heart to heart talk.** 렛츠 해버 하(트) 투 하(트) 톡

화해합시다.	**Let's bury the hatchet.** 렛츠 베리 더 해치트

＊ 문제를 해결할 때 ＊

그 사고는 제 불찰입니다.	**I have only myself to blame for the accident.** 아이 햅 온리 마이셀프 투 블레임 풔 디 액씨던트
선적이 지연되어 사과드립니다.	**I have to apologize to you for our delay in shipment.** 아이 햅투 어팔러자이즈 투 유 풔 아워 딜레이 인 쉽먼트
확인해 보고 연락드리겠습니다.	**I'll check into it and call you back.** 아일 첵(크) 인투 잇 앤 콜 유 백
저희 실수였습니다.	**It was our mistake.** 잇 워즈 아워 미스테익
그 문제는 처리됐습니다.	**The problem has been taken care of.** 더 프라블럼 해즈 빈 테이큰 케어 옵
즉시 처리하겠습니다.	**We'll do that immediately.** 윌 두 댓 이미디엇틀리
대체품을 즉시 보내드리겠습니다.	**We'll send you a replacement immediately.** 윌 쎈쥬 어 뤼플레이스먼트 이미디엇틀리

✻ 문제를 해결할 때 ✻

우리가 그 문제를 처리하겠습니다.	**We'll take care of the problem.** 윌 테익 케어 옵 더 프라블럼
불편을 끼쳐드려서 죄송합니다.	**We're very sorry for the inconvenience.** 위아 붸리 쏘뤼 풔 디 인컨뷔년스
이제 모든 것을 해결했습니다.	**We've got everything straightened out now.** 위(브) 갓 에브뤼띵 스트레이튼(드) 아웃 나우
모든 안건이 처리 되었습니다.	**Everything has been settled then.** 에브뤼띵 해즈 빈 세틀드 댄 = We've covered a lot of things today. = We covered a lot of grounds today. = I think we're all done.
언제 뵐 수 있을까요?	**When can I see you?** 웬 캔 아이 씨 유 = When are you free?
말씀드릴 게 있습니다.	**I'd like to have a word with you.** 아이(드) 라익 투 해버 워드 위듀
급한 일부터 처리하세요.	**Take care of the urgencies first.** 테익 케어 옵 디 어전시즈 풔스트 = Prioritize your work. Do what's urgencies first.

필수 단어

비서실	Secretariat 쎄크뤄테어뤄엇
수출부	Export Dept. 익스폿 디파트먼(트)
인사부	Human Resources Dept. 휴먼뤼서시즈디파트먼(트)
홍보실	Public Relations Dept. 퍼블릭릴레이션스디파트먼(트)
회계감사실	Audition Dept. 어디션 디파트먼(트)
해외 업무부	Overseas Planning Div. 오버씨즈 플래닝 디뷔전
경리부	General Accounting Div. 제너럴 어카운팅 디뷔전
재무부	Finance Div. 퐈이낸스 디뷔전
자금부	Finance Processing Div. 퐈이낸스 프라세싱 디뷔전
감사부	Inspection Div. 인스펙션 디뷔전
국내영업부	Domestic Sales Div. 도메스틱 쎄일즈 디뷔전
해외영업부	Overseas Sales Div. 오버씨즈 쎄일즈 디뷔전
구매부	Purchasing Div. 퍼체이싱 디뷔전
설계부	Designing Div. 디자이닝 디뷔전
회장	chairman 체어먼
부회장	vice-chairman 봐이스 체어먼
사장	president 프뤠지던트
부사장	vice-president 봐이스 프레지던트
대표이사	representative director 뤠프리젠터티브 디렉터
상무이사	managing director 매니징 디렉터
전무이사	executive director 익스큐티브 디렉터
인사담당이사	personnel director 퍼스널 디렉터
인사부장	personal manager 퍼서널 매니저
마케팅부장	marketing manager 마키팅 메니저
생산부장	manufacturing manager 매뉴어펙춰륑 매니저
경리부장	finance manager 퐈이낸스 매니저
수출부장	export manager 익스폿 매니저
부장대리	acting manager 액팅 매니저
차장	assistant manager 어시스턴트 매니저
과장	section chief 섹션 치프
회계	treasurer 트뤠저뤄
비서	secretary 쎄크뤄테뤼
봉급, 월급	salary 셀러뤼
임금인상	pay raise 페이 뤠이즈
인사이동	reshuffle 뤼셔플
승진, 진급	promotion 프러모우션
강등	demotion 디모션
사임	resignation 뤠지그네이션
해고	dismissal 디스미설
퇴직	retirement 뤼타이어먼트

전화 Telephone

1. 전화 통화할 때

좀더 크게 말씀해 주세요.	**Would you speak more loudly?** 우쥬 스픽 모어 라우들리
시청이죠?	**I'm calling City Hall.** 아임 콜링 씨리 홀
일하는데 방해해서 미안해요.	**Sorry to bother you when you're at work.** 쏘뤼 투 바더 유 웬 유아 앳 워크
이렇게 일찍 전화해서 미안해요.	**Sorry for calling you this early.** 쏘뤼 풔 콜링 유 디스 얼리
마침내 통화할 수 있어서 기쁩니다.	**I'm glad I finally got a hold of you.** 아임 글랫 아이 퐈이널리 가러 홀돕유
지금 막 당신에게 전화하려던 중이었어요.	**I was just thinking of calling you.** 아이 워즈 저슷(트) 띵킹 옵 콜링 유
전화해줘서 고마워요.	**Thank you for calling.** 땡큐 풔 콜링

하루 종일 전화했었습니다.	**I've been calling you all day.** 아이(브) 빈 콜링 유 올 데이
나중에 편한 시간에 제가 다시 전화 드리면 어떨까요?	**May I call back at a better time?** 메아이 콜 백 앳 어 베러 타임
밤늦게 전화해서 미안해요.	**Sorry for calling you this late.** 쏘뤼 풔 콜링 유 디스 레잇
30분 후에 다시 전화해 주시겠어요?	**Would you call again thirty minutes later?** 우쥬 콜 어겐 떠리 미닛츠 레이러
여보세요, ~ 씨(부인, 양)입니까?	**Hello! Is this Mr.(Mrs., Miss) ~?** 핼로우 디스 이즈 미스터(미씨즈 미스) ~
미스터 김 계세요.	**Is Mr. Kim in?** 이즈 미스터 킴 인
미스터 리와 통화할 수 있을까요?	**How can I reach Mr. Lee?** 하우 캔 아이 리취 미스터 리
조금 천천히 이야기해 주십시오.	**Please speak more slowly.** 플리즈 스픽 모어 슬로우리
통화하기 괜찮아요?	**May I talk to you now?** 메아이 톡 투 유 나우
그쪽 전화 번호를 말씀하십시오.	**May I have your phone number?** 메아이 해뷰어 폰 넘버

2. 전화를 걸때

거기 경찰서 아닙니까?	**Isn't this the police station?** 이즌(트) 디스 더 폴리스 스테이션
거기가 김 박사님 사무실입니까?	**Is this Dr. Kim's office?** 이즈 디스 닥터 김스 어퓌스
경리 과장님과 통화하고 싶습니다.	**I'd like to speak to your accounting manager.** 아이(드) 라익 투 스픽 투 유어 어카운팅 매니저
마케팅 담당하시는 분을 좀 바꿔 주시겠습니까?	**May I speak to someone in charge of marketing?** 메아이 스픽 투 썸원 인 촤지 옵 마키팅
베이커 씨 부탁합니다.	**Mr. Baker, please.** 미스터 베이커 플리즈
브라운 씨와 지금 통화할 수 있을까요?	**Is Mr. Brown available now?** 이즈 미스터 브라운 어붸일러블 나우
빌 윌리엄슨 씨이십니까?	**Is this Mr. Bill Williamson?** 이즈 디스 미스터 빌 윌리엄슨
서울에서 온 미스터 김입니다.	**This is Mr. Kim from Seoul.** 디씨즈 미스터 김 프럼 서울

수잔 있나요?	**Is Susan there?** 이즈 수잔 데어
수출부로 전화를 연결해 주시겠습니까?	**May I have the Export Department?** 메아이 햅 디 익스폿 디파트먼(트)
여보세요! 저는 A사의 미스터 박입니다.	**Hello! This is Mr. Park of the A company.** 헬로우 디씨즈 미스터 박 옵 디 에이 컴퍼니
저는 김입니다.	**This is Kim speaking.** 디씨즈 김 스피킹 = Speaking. = This is he.
여보세요. 톰 있나요?	**Hello. Is Tom there?** 헬로 이즈 톰 데어
이름이 어떻게 되십니까?	**May I have your name, please.** 메아이 해뷰어 네임 플리즈

A : Hello. May I speak to Tom?
헬로 메아이 스픽 투 톰
여보세요, 톰 있습니까?

B : Just a minute, please.
저슷(트) 어 미닛츠 플리즈
예, 잠시만 기다리세요.

전화

3. 전화를 받을 때

베이커 씨, 전화 왔습니다.	**Mr. Baker, phone for you.** 미스터 베이커 폰 풔 유
접니다.	**Speaking.** 스피킹
무슨 일로 전화하셨습니까?	**May I ask what this is regarding?** 메아이 애스크 왓 디씨즈 뤼가딩
네, 전화 주셔서 감사합니다.	**O.K. Thank you for cailing** 오케이 땡큐 풔 콜링
안녕하세요. 인터내셔널 호텔입니다.	**Good morning. International Hotel.** 굿 모닝 인터내셔널 호텔
누구십니까?	**May I ask who's calling?** 메아이 애스크 후즈 콜링
성함을 여쭤봐도 될까요?	**May I have your name, Please?** 메아이 해뷰어 네임 플리즈
누구에게 전화하셨습니까?	**Who would you like to speak to?** 후 우쥬 라익 투 스픽 투
연결해 드리겠습니다.	**I'll put you through, sir.** 아일 풋 유 쓰루 써

전화를 돌려드릴게요.	**I'll transfer your call.** 아일 트렌스퍼 유어 콜
내 방에서 받을게요.	**I'll take it from my room.** 아일 테이킷 프럼 마이 룸
전화를 받으십시오.	**Please answer the phone.** 플리즈 앤서 더 폰
전화 왔습니다.	**There's a call for you.** 데얼져 콜 풔 유
담당자에게 연결해 드리겠습니다.	**I'll connect you to the person in charge.** 아일 커넥(트) 유 투 더 펄슨 인 촤지
미스터 김한테 전화를 돌려드리겠습니다.	**I'll put you through to Mr. Kim.** 아일 풋 유 쓰루 투 미스터 킴
전화를 담당 부서로 연결해 드리겠습니다.	**I'll connect you with the department concerned.** 아일 커넥(트) 유 윗 더 디파트먼(트) 컨썬(드)
2번 전화입니다.	**Line two, please.** 라인 투 플리즈
322-1234로 거시면 그와 직접 통화할 수 있습니다.	**You can call him directly at 322-1234.** 유 캔 콜 힘 디렉틀리 앳 뜨리투투 원투뜨리풔

4. 전화를 바꿔줄 때

수잔과 통화할 수 있을까요?	**May I ask to Susan, please?** 메아이 애스크 투 수잔 플리즈
누구 바꿔 드릴까요?	**Who do you wish to speak to?** 후 두 유 위시 투 스픽 투
잠깐만 기다려 주세요. 톰, 전화 왔어.	**Hold on, please. Tom, a call for you.** 홀드 온 플리즈 탐 어 콜 풔 유
미스터 이, 미스터 김 전화예요.	**Mr. Lee, Mr. Kim is on the line.** 미스터 리 미스터 킴 이즈 온 더 라인
기다려 주셔서 감사합니다.	**Thank you for waiting.** 땡큐 풔 웨이링
누구한테서 왔어요?	**Who's on the line?** 후즈 온 더 라인
누구라고 전해드릴까요?	**Who shall I say is calling, please?** 후 쉘 아이 쎄이즈 콜링 플리즈
잠시만 기다리세요.	**Just a moment, please.** 저슷(트) 어 모먼트 플리즈 = Please hold. = hold on.

5. 부재중일 때

사업차 출장 가셨습니다.	**He's out of town on business.** 히즈 아웃 옵 타운 온 비지니스
지금 부재중이신데요.	**He's not in at the moment.** 히즈 낫 인 앳 더 모먼트
퇴근하셨습니다.	**He's gone for the day.** 히즈 곤 풔 더 데이
지금 회의중이십니다.	**He's in a meeting right now.** 히즈 인 어 미링 롸잇 나우
점심식사 하러 나가셨습니다.	**She's out for lunch.** 쉬즈 아웃 풔 런치
그에게 전화 드리라고 할까요?	**Do you want him to call you back?** 두 유 원(트) 힘 투 콜 유 백
그는 오늘 휴가입니다.	**He's off today.** 히즈 오프 투데이
언제쯤 돌아오실까요?	**When is he coming back?** 웬 이즈 히 커밍 백
그는 곧 돌아올 겁니다.	**He should be back soon.** 히 슈드 비 백 쑨

그는 오늘 쉽니다.	**He's not working today.** 히즈 낫 월킹 투데이
혹시 그녀와 통화할 수 있는 곳을 아십니까?	**Do you happen to know where I can reach her?** 두 유 해펀 투 노우 웨어 아이 캔 리취 허
돌아오면 제게 전화하라고 전해주십시오.	**Please have her call me when she gets back.** 플리즈 햅 허 콜 미 웬 쉬 겟츠 백
미안합니다, 외출중입니다.	**I'm sorry, he(she) is out now.** 아임 쏘뤼 히(쉬) 이즈 아웃 나우
잠깐 나가셨습니다.	**He's just stepped out for a moment.** 히 저슷(트) 스텝(트) 아웃 풔러 모먼트
방금 나가셨습니다.	**He's just stepped out.** 히 저슷(트) 스텝(트) 아웃 =He's just went out.
아직 안 나오셨습니다.	**He's not in yet.** 히즈 낫 인 옛

A : May I speak to Tom, please?
메아이 스픽 투 톰 플리즈 톰 좀 바꿔주실래요?

B : He is not in right now.
히 이즈 낫 인 롸잇 나우 지금 안 계십니다.

6. 통화중일 때

그는 통화중입니다.	**He's on the phone.** 히즈 온 더 폰
좀 급한데요. 기다려도 될까요?	**It's kind of urgent. May I hold?** 잇츠 카인돕 어전트 메아이 홀드
메시지를 전해드릴까요?	**Can I take a message?** 캔 아이 테이커 메시지
나중에 다시 전화해 주시겠어요?	**Could you call him again later?** 쿠쥬 콜 힘 어겐 레이러
전화 드리라고 할까요?	**Should I have him call you back?** 슈다이 햅 힘 콜 유 백
그의 통화가 끝나려면 얼마나 기다려야 합니까?	**How long will he be on the phone?** 하우 롱 윌 히 비 온 더 폰
다른 전화를 받고 있는 중입니다만 곧 끝날 것입니다.	**She's on the phone, but she'll be through in a minute.** 쉬즈 온 더 폰 벗 쉬윌 비 쓰루 이너 미닛
기다리시겠어요?	**Would you like to hold?** 우쥬 라익 투 홀드 = Will you hold? = Would you care to hold? = Could you hold for a moment?

5분 후에 다시 전화해 주시겠어요?	**Could you call back again in five minutes?** 쿠쥬 콜 백 어겐 인 퐈이브 미닛츠
지금 다른 전화를 받고 있습니다.	**I'm on the phone with someone else.** 아임 온 더 폰 윗 썸원 엘스
통화가 길어질 것 같습니다.	**It looks like it's going to be a little while.** 잇 룩스 라익 잇츠 고잉 투 비 어 리들 와일 = I think the talk will take longer than excepted.
곧 통화를 끝냅니다.	**I'll be done in a minute.** 아일 비 던 이너 미닛 = I'll be off the phone shortly.
내가 다시 전화할게요.	**I'll call you back.** 아일 콜 유 백 =I'll talk to you later.
지금 전화 받기가 곤란합니다.	**I can't talk right now.** 아이 캔(트) 토크 롸잇 나우

mini 회화

A : Are you doing anything this evening?
아 유 두잉 애니띵 디스 이브닝 오늘 저녁 할 일 있어?

B : I can't talk right now.
아이 캔(트) 토크 롸잇 나우 나 지금 전화받기가 곤란해.

7. 잘못 걸었을 때

322-1234 아닌가요?	**Is that 322-1234?** 이즈 댓 뜨리투투 원투뜨리풔
거긴 몇 번이세요?	**What number are you calling from, sir?** 왓 넘버 아 유 콜링 프럼 써
귀찮게 해드려 죄송합니다.	**I'm sorry to have bothered you.** 아임 쏘뤼 투 햅 바더드 유
그 번호는 결번입니다.	**The number's not in service** 더 넘버스 낫 인 써뷔스
그녀의 전화번호는 약 한 달 전에 바뀌었어요.	**Her number was changed about one month ago.** 허 넘버 워즈 체인지드 어밧 원 먼쓰 어고
몇 번을 돌리셨나요?	**What number did you dial?** 왓 넘버 디쥬 다이얼
미안합니다만, 여긴 김이라는 사람이 없는데요.	**I'm sorry, we don't have a Kim here.** 아임 쏘뤼 위 돈(트) 해버 김 히어
여보세요. 누구를 찾으세요?	**Hello. Who are you calling?** 헬로우 후 아 유 콜링

전화 잘못 거셨습니다.	**You've the wrong number.** 유(브) 더 롱 넘버
전화번호는 맞는데 그런 사람은 없습니다.	**The telephone number is correct, but there is no such person here.** 더 텔러폰 넘버 이즈 커렉트 벗 데어리즈 노우 써취 펄슨 히어
전화번호가 지난주에 바뀌었습니다.	**Our telephone exchange was changed last week.** 아워 텔러폰 익스체인지 워즈 체인지드 래슷(트) 윅
제가 전화를 잘못 걸었습니다.	**I must have the wrong number.** 아이 머슷(트) 햅 더 롱 넘버
죄송합니다. 그 번호는 실려 있지 않습니다.	**I'm sorry the number is unlisted.** 아임 쏘뤼 더 넘버 이즈 언리스티드
지금 거신 번호는 결번입니다.	**The number you have dialed has been disconnected.** 더 넘버 유 햅 다이얼드 해즈 빈 디스커넥티드

A : Can I talk to Sang Hyun, please?
캔 아이 톡투 상현, 플리즈
상현이 좀 바꿔주실래요?

B : I'm sorry. I think you have the wrong number.
아임 쏘뤼 아이 띵크 유 햅 더 롱 넘버
미안하지만 전화 잘못 거신 것 같습니다.

8. 연결 상태가 나쁠 때

신호가 안 떨어집니다.	**There's no dial tone.** 데얼즈 노우 다이얼 톤
전화가 혼선입니다.	**The lines are crossed.** 더 라인즈 아 크로스드
전화가 계속 끊어지는군요.	**The line keeps going dead.** 더 라인 킵스 고잉 데드
전화 감이 멉니다.	**You sound far away.** 유 싸운드 퐈 어웨이
좀 더 크게 말씀해 주시겠어요?	**Could you speak a little louder, please?** 쿠쥬 스픽 어 리들 라우더 플리즈
이 전화는 고장입니다.	**This telephone is out of order.** 디스 텔러폰 이즈 아웃 옵 오더
계속해서 통화중입니다.	**I keep getting a busy signal.** 아이 킵 게링 어 비지 시그널
연결 상태가 아주 나쁘군요.	**Our connection is very bad.** 아워 커넥션 이즈 붸리 배드 = The connection is bad. = We have a bad connection.

확인한 후에 다시 전화 드리겠습니다.	**I will have to check on it and get hold of you again.** 아이 윌 햅투 첵(크) 온 잇 앤 겟 홀돕 유 어겐
끊었다가 다시 걸겠습니다.	**I'll hang up and call you back.** 아일 행 업 앤 콜 유 백
우리 전화에 잡음이 많습니다.	**My phone has lots of static.** 마이 폰 해즈 랏촙 스태틱
연결이 잘 안 된 것 같아요.	**I think we have a bad connection.** 아이 띵크 위 해버 배드 커넥션
전화감이 정말 안 좋군요.	**I can't hear real well.** 아이 캔(트) 히어 릴 웰
수화기를 더 가까이 대세요.	**Put the receiver closer to your mouth.** 풋 더 뤼시버 클로저 투 유어 마우스
당신 말이 잘 안 들립니다.	**Your voice is not clear.** 유어 보이스 이즈 낫 클리어
잡음이 너무 심합니다.	**I'm getting too much static.** 아임 게링 투 머취 스태틱
다시 연결해 주세요.	**Could you please reconnect me?** 쿠쥬 플리즈 리커넥(트) 미
전화가 먹통입니다.	**The line's dead.** 더 라인스 데드

9. 전화를 끊을 때

나중에 다시 전화하겠습니다.	**I'll call back later.** 아일 콜 백 레이러
미안하지만 지금 너무 바쁩니다.	**I'm sorry, but I'm tied up right now.** 아임 쏘뤼 벗 아임 타이덥 롸잇 나우
확인한 후에 다시 전화 드리겠습니다.	**I will have to check on it and get hold of you again.** 아이 윌 햅투 첵(크) 온 잇 앤 겟 홀돕 유 어겐
알겠습니다. 뒤에 다시 걸겠습니다.	**I see. I'll call back later.** 아이 씨 아일 콜 백 레이러
이만 전화 끊겠습니다.	**I'm hanging up now.** 아임 행잉 업 나우
간단히 끝내도록 하겠습니다.	**I'll try to cut it short.** 아일 트롸이 투 컷 잇 숏(트)
10분 후에 다시 전화하겠습니다.	**I'll call again in ten minutes.** 아일 콜 어겐 인 텐 미닛츠
언제든지 전화 주세요.	**Call me anytime.** 콜 미 애니타임
계속 연락합시다.	**Let's keep in touch.** 렛츠 키핀 터치

10. 메시지를 전할 때

삐 소리가 난 후에 이름을 남겨 주세요.	**Please leave your name after the beep.** 플리즈 리브 유어 네임 앱터 더 빕
그에게 메시지를 전해 드릴까요?	**May I take a message for him?** 메아이 테이커 메시지 풔 힘
메시지를 전해드리겠습니다.	**I'll give him your message.** 아일 깁 힘 유어 메시지
메시지를 남겨도 될까요?	**May I leave a message?** 메아이 리브 어 메시지
메시지를 남기시겠습니까?	**Would you like to leave a message?** 우쥬 라익 투 리브 어 메시지
혹시 모르니까 제 번호를 남길게요.	**I'll leave my number just in case.** 아일 리브 마이 넘버 저스틴 케이스
여기 전화번호요.	**Here's the number.** 히어즈 더 넘버
톰이 당신 전화번호를 알고 있나요?	**Does Tom know your number?** 더즈 톰 노우 유어 넘버
댁의 전화번호를 가르쳐 주십시오.	**May I have your number please?** 메아이 해뷰어 넘버 플리즈 *pay phone 공중 전화

11. 용건을 전해줄 때

전화 왔었다고 전해드릴게요.	**I'll tell him you called.** 아일 텔 힘 유 콜드
다시 전화하신다고 전해드리겠습니다.	**I'll tell him you'll return the call.** 아일 텔 힘 유일 뤼턴 더 콜 = I'll try back later. = I'll call him back.
저한테 전화해 달라고 전해주세요.	**Please tell him to call me back.** 플리즈 텔 힘 투 콜 미 백
급한 용무입니다.	**She said it's urgent.** 쉬 쎄드 잇츠 어전트
그녀가 전화해달랍니다.	**She wants you to call her back.** 쉬 원츠 유 투 콜 허 백
그녀가 다시 전화한답니다.	**She said she'll call again.** 쉬 쎄드 쉬윌 콜 어겐
무슨 용건으로 전화했던가요?	**What did she call about?** 왓 디드 쉬 콜 어밧
알겠습니다. 말씀 좀 전해 주시겠습니까?	**I see. May I leave a message please?** 아이 씨 메아이 리브 어 메시지 플리즈 *go for a day 외출하다, 퇴근하다

12. 교환 전화로 걸 때

교환은 몇 번에 걸면 됩니까?	**What number should I dial to get the operation?** 왓 넘버 슈다이 다이얼 투 겟 디 아퍼레이션
한국인 교환 부탁합니다.	**Korean operator, Please.** 코뤼언 아퍼레이러 플리즈
장거리 전화를 부탁합니다.	**Long distance, please.** 롱 디스턴쓰 플리즈
이 전화로 국제 전화를 할 수 있습니까?	**Can I make an international call from this phone.** 캔 아이 메이컨 인터내셔널 콜 프럼 디스 폰
다시 연결해 주세요.	**Could you please reconnect me?** 쿠쥬 플리즈 리커넥(트) 미
베이커 씨의 방 좀 연결해주시겠어요?	**Would you ring Mr. Baker's room?** 우쥬 링 미스터 베이커스 룸
전화 번호는 444-4321입니다.	**The number is 444-4321.** 더 넘버 이즈 풔풔풔 풔뜨리투원
긴급입니다.	**This is an emergency.** 디스 이즈 언 이머전씨

지명 통화로 해주십시오.	**Make it a person-to-person call, please.** 메이킷 어 펄슨 투 펄슨 콜 플리즈
시외 전화를 부탁합니다.	**I'd like to make a long-distance call.** 아이(드) 라익 투 메이커 롱 디스턴쓰 콜
전화 끝났습니까?	**Are you through?** 아 유 쓰루
끊지 말고 기다려 주십시오.	**Hold on a minute, please.** 홀돈 어 미닛 플리즈
통화중입니다.	**The line is busy.** 더 라인 이즈 비지
구내번호 32번 좀 연결시켜 주시겠습니까?	**Could you please connect me to extension 32?** 쿠쥬 플리즈 커넥(트) 미 투 익스텐션 떠리투
일단 끊고 기다려 주십시오.	**Hang up, please.** 행 업 플리즈
외부로 전화를걸려면 번호를 눌러야 하나요?	**Do I need to dial out to make calls.** 두 아이 닛투 다이얼 아웃 투 메익 콜즈
통화중이라 연결할 수가 없습니다.	**The line is busy, so I can't put you through.** 더 라인 이즈 비지 쏘 아이 캔(트) 풋 유 쓰루

13. 남의 전화를 사용할 때

이 전화 사용법을 가르쳐 주십시오.	**Will you tell me how to make a phone call?** 윌 유 텔 미 하우 투 메이커 폰 콜
요금은 수신인 부담으로 해주십시오.	**Make this a collect call.** 메익 디스 어 컬렉트 콜
전화를 사용해도 될까요?	**May I use your phone?** 메아이 유쥬어 폰
요금은 내가 지불하겠습니다.	**I'll pay by myself.** 아일 페이 바이 마이셀프
걸린 시간과 요금을 가르쳐 주십시오.	**Could you tell me, the time and charge?** 쿠쥬 텔 미 더 타임 앤 촤지
휴대폰을 진동으로 해주세요.	**Mobile phones may be switched to vibration mode.** 모우바일 폰즈 메이비 스위치드 투 봐이브레이션 모드
배터리가 다 되어 갑니다.	**My phone's running low on batteries.** 마이 폰즈 러닝 로우 온 배러리스
전화 끝났습니까?	**Are you through?** 아 유 쓰루

14. 국제 전화를 걸 때

컬렉트콜로 부탁합니다.	**By collect call, please.** 바이 컬렉트 콜 플리즈
어느 정도 시간이면 한국에 걸립니까?	**How long does it take to call Korea?** 하우 롱 더짓 테익 투 콜 코뤼아
한국 서울로 국제전화를 하고 싶습니다.	**I'd like to make an international call toSeoul Korea.** 아이(드) 라익 투 메이컨 인터내셔널 콜 투 서울 코뤼아
뉴욕의 지역번호는 몇 번입니까?	**What's the area code for New York?** 왓츠 디 에어뤼어 코드 풔 뉴욕
한국에 전화하고 싶은데요.	**I'd like to call Korea.** 아이(드) 라익 투 콜 코뤼아
수신자 부담 통화를 하고 싶습니다.	**I'd like to place a collect call.** 아이(드) 라익 투 플레이스 어 컬렉트 콜
번호통화를 부탁합니다.	**Make it a station-to-Station call, please.** 메이킷 어 스테이션 투 스테이션 콜 플리즈
직접 국제전화를 걸 수 있습니까?	**Can I dial directly?** 캔 아이 다이얼 디렉틀리

이 전화로 한국에 걸 수 있습니까?	**Can I call Korea with this telephone?** 캔 아이 콜 코뤼아 윗 디스 텔러폰
신용카드로 전화를 걸고 싶습니다.	**I'd like to make a credit card call.** 아이(드) 라익 투 메이커 크뤠딧 카드 콜
상현님이 수신자 부담으로 전화하셨습니다. 받으시겠습니까?	**You have a collect call from Sang Hyun. Will you accept?** 유 해버 컬렉트 콜 프럼 상현 윌 유 액셉(트)
한국의 인천으로 수신자 부담 전화를 걸고 싶은데요.	**I'd like to make a collect call to Incheon, Korea.** 아이(드) 라익 투 메이커 컬렉트 콜 투 인천 코뤼아
외부로 전화 걸려면 번호를 눌러야 합니까?	**Do I need to press an extra number for an outside call?** 두 아이 닛투 프뤠스 언 엑스트뤄 넘버 풔 언 아웃싸이드 콜 = Do I need to dial out to make calls?

mini 회화

A : I'd like to make an international call to Korea, please.
아이(드) 라익 투 메이컨 인터내셔널 콜 투 코뤼아 플리즈
한국으로 국제전화를 걸고 싶은데요.

B : Which city, sir?
위치 씨리 써
한국 어디로 거시죠?

• 필수 단어 •

전화	telephone 텔러폰
시내통화	local call 로컬 콜
국제전화	international call 인터내셔널 콜
긴급전화	emergency call 이머전씨 콜
장거리통화	long distance call 롱 디스턴쓰 콜
구내전화	extension 익스텐션
교환원	operator 아퍼레이러
전화번호	phone number 폰 넘버
전화박스	phone booth 폰 부쓰
번호안내	information 인풔메이션
지역번호	area code 에어뤼어 코우드
국가번호	country code 컨트리 코우드
수신자부담전화	collect call 컬렉트 콜
공중전화	pay phone 페이 폰
이동전화	mobile phone 모우바일 폰
내선번호	extension number 익스텐션 넘버
자동응답기	answering machine 앤서링 머쉰
음성사서함	voice mail 보이스 메일
전화번호부	telephone directory 텔러폰 디렉터리
무료전화번호	toll-free number 톨 프뤼 넘버
장거리 전화하다	make a long distance call 메이커 롱 디스턴쓰 콜
회답 전화하다	return one's call 뤼턴 원스 콜
다시 연락하다	get back to 겟 백 투
수신인 요금지불의	collect 컬렉트
무료전화	courtesy telephone 커티시 텔러폰
전화를 끊지 않다	hang on 행 온
휴가	leave 리브
출산휴가 중	on maternity leave 온 마터나티 리브
병가 중	on sick leave 온 씩 리브
전화를 끊지 않고 두다	hold on 홀드 온
당황하게 하다(전화중)	bother 보더
해외로	overseas 오버씨스
전화를 걸다	place a call 플레이스 어 콜
신호음	Dial tone 다이얼 톤
스위치를 돌리다	switch 스위치
(전화를) 연결하다	put through 풋 쓰루
(전화를)끊다	hang up 행 업
번호 통화	Station call 스테이션 콜
지명 통화	Personal cal 퍼서널 콜

여가와 취미
Leisure Hobby

1. 여가 생활

* 여가시간 활용 *

여가 시간에 대개 무엇을 하십니까?	**What do you usually do in your spare time?** 왓 두 유 유절리 두 인 유어 스페어 타임
여가 시간을 어떻게 보내십니까?	**How do you spend your free time.** 하우 두 유 스펜드 유어 프뤼 타임
주말 어떻게 보냈어요?	**How was your weekend?** 하우 워즈 유어 위켄(드)
휴일에 무얼 하실 겁니까?	**What are you going to do for the holiday?** 왓 아 유 고잉 투 두 풔 더 할러데이
쉬는 시간에는 무엇을 합니까?	**What do you do in your spare time?** 왓 두 유 두 인 유어 스페어 타임
기분 전환으로 무얼하십니까?	**What do you do for relaxation?** 왓 두 유 두 풔 뤼렉쉐이션

시간이 나면 운동하는 것을 좋아합니다.	**When I have free time, I like to play sports.** 웬 아이 햅 프뤼 타임 아이 라익 투 플레이 스포츠
좋아하는 스포츠가 있습니까?	**What's your favorite sport?** 왓츄어 페이보릿 스포츠
기분전환으로 무얼 하십니까?	**What do you do for relaxation?** 왓 두 유 두 풔 뤼렉쉐이션
언젠가 세계일주를 하고 싶어요.	**I want to go around the world someday.** 아이 원투 고 어롸운더 월드 썸데이
주말에는 주로 등산을 합니다.	**I usually climb a mountain on weekends.** 아이 유절리 클라임 어 마운틴 온 위켄즈

＊ TV 보기 ＊

어젯밤 TV 경기 보셨어요?	**Did you see the game on TV last night?** 디쥬 씨 더 게임 온 티뷔 래슷 나잇
내가 가장 좋아하는 여가 활동은 집에서 TV를 보는 겁니다.	**My favorite pastime is to watch TV at home.** 마이 페이보릿 패스타임 이즈 투 왓치 티비 앳 홈
어떤 TV 프로그램을 좋아하세요?	**What kind of TV programs do you like?** 왓 카인돕 티비 프로그램즈 두 유 라익

* TV 보기 *

나는 TV 게임 쇼를 좋아합니다.	**I like TV game shows.** 아이 라익 티비 게임 쇼우즈
오늘 밤 그 경기가 텔레비전에 방영됩니까?	**Is the game on TV tonight?** 이즈 더 게임 온 티비 투나잇
오늘밤 TV에서 뭐 재미난 거 해요?	**Is there anything good on TV tonight?** 이즈 데어 애니띵 굿 온 티비 투나잇
어젯밤에 TV 채널 몇 번 봤어요?	**What channel did you watch on TV last night?** 왓 채널 디쥬 왓치 온 티비 래슷 나잇
나는 저녁 식사 후에 TV를 봐요.	**I watch television after dinner.** 아이 왓치 텔러비전 앱터 디너
한가할 때 나는 TV를 봅니다.	**At my leisure, I watch TV.** 앳 마이 레줘 아이 왓치 티비
주말에는 텔레비전을 보면서 시간을 보냅니다.	**I pass the time watching TV on weekends** 아이 패쓰 더 타임 와칭 티비 온 위켄즈
그냥 하루종일 TV를 봅니다.	**I just watch TV all day.** 아이 저슷(트) 왓치 티비 올 데이
어떤 것에 흥미를 느낍니까?	**What are you interested in?** 왓 아 유 인터뤠스티드 인

＊ 스포츠(골프) ＊

골프를 좋아하신다고 하던데요.	**I hear you like golf.** 아이 히어 유 라익 갈(프)
나는 골프를 쳐보지 않았습니다.	**I've never played golf.** 아이(브) 네버 플레이드 갈(프)
골프를 십 년 넘게 치고 있습니다.	**I've been playing golf for over ten years.** 아이(브) 빈 플레잉 갈(프) 풔 오버 텐 이어즈
골프 치는 것을 좋아하세요?	**Do you like playing golf?** 두 유 라익 플레잉 갈(프)
핸디가 얼마입니까?	**What's your handi(cap)?** 왓츄어 핸디(캡)
골프는 별로 좋아하지 않습니다.	**I'm not much of a golf fan.** 아임 낫 머취 옵 어 갈(프) 팬
어느 것이 초보자에게 쉬운가요?	**Which is a good game for a beginner?** 위치 이즈 어 굿 게임 풔러 비기너
골프를 한번 치고 싶습니다.	**I'd like to play a round of golf.** 아이(드) 라익 투 플레이 어롸운드 옵 갈(프) *driving range : 골프 연습장
보통 주말엔 골프장에 갑니다.	**Usually I go to the golf course on weekends.** 유절리 아이 고 투 더 갈(프) 코스 온 위켄즈

여가 · 취미

* 스포츠(수영) *

얼마나 멀리 헤엄칠 수 있습니까?	**How far can you swim?** 하우 퐈 캔 유 스윔
저는 물에서 맥주병입니다.	**I am a beer bottle in the water.** 아이 엠 어 비어 바틀 인 더 워터
수영을 잘 하십니까?	**Can you swim well?** 캔 유 스윔 웰
저는 수영을 아주 잘 합니다.	**I swim like a fish.** 아이 스윔 라익커 피쉬 *poor hand 솜씨가 없는, 서투른

* 스포츠(스키) *

서프보드를 빌리고 싶은데요.	**I'd like to rent a surfboard.** 아이(드) 라익 투 렌터 써프보드
스키를 좋아하세요?	**Do you enjoy skiing?** 두 유 인조이 스킹
스키 용품은 어디서 빌릴 수 있습니까?	**Where can I rent ski equipment?** 웨어 캔 아이 렌트 스키 이킵먼트
스키를 타고 싶은데요.	**I'd like to ski.** 아이(드) 라익 투 스키
초보자용 슬로프는 어디입니까?	**Where's the slope for beginners?** 웨어즈 더 슬롭 풔 비기너스 *work out (=train) (운동을) 연습하다

스키에는 관심이 없습니다.	**I have no interest in skiing.** 아이 햅 노 인터뤠스트 인 스킹
스키를 타 본 적이 없습니다.	**I never went skiing.** 아이 네버 웬트 스킹
나는 겨울 스포츠를 좋아합니다.	**I love winter sports.** 아이 러브 윈터 스포츠

＊ 스포츠(야구) ＊

그 선수 타율이 어떻습니까?	**What is the player's batting average?** 왓 이즈 더 플레이어즈 배팅 애버리쥐
지금 만루입니다.	**The bases are loaded(full).** 더 베이시즈 아 로디드(풀)
저는 경기 관람을 좋아합니다.	**I like to watch people play it.** 아이 라익 투 왓치 피플 플레이 잇
오늘 야구경기가 있습니까?	**Is there a baseball game today?** 이즈 데어러 베이스볼 게임 투데이
야구경기를 보러가고 싶습니다.	**I'd like to go to see a baseball game.** 아이(드) 라익 투 고 투 씨 어 베이스볼 게임

*take up 시작하다
*southpaw 왼손잡이, 왼손잡이 투수

* 스포츠(야구) *	
야구관람 즐기십니까?	**Do you enjoy watching the baseball game?** 두 유 인조이 와칭 더 베이스볼 게임
지금까지 4개의 안타만 을 허용했습니다.	**He has only allowed four hits so far.** 히 해즈 온리 얼라우드 풔 힛츠 쏘 퐈
저는 3루 쪽에 앉고 싶습니다.	**I'd like to sit on the third base side.** 아이(드) 라익 투 씻 온 더 써드 베이스 싸이드
내야 관중석으로 두 장 주세요.	**Two tickets in the infield stand please.** 투 티킷츠 인 디 인필드 스탠드 플리즈
지난밤 야구경기에서 누가 이겼습니까?	**Who won the baseball game last night?** 후 원 더 베이스볼 게임 래슷(트) 나잇

* 스포츠(축구) *	
저는 축구라면 정신 못 차립니다.	**I'm mad about soccer.** 아임 매드 어밧 사커
그 시합 볼 만하던가요?	**Was the game worth watching?** 워즈 더 게임 워쓰 와칭
그 경기는 무승부로 끝났어요.	**The game ended in a tie.** 더 게임 엔디드 이너 타이

그 축구경기 보셨어요?	**Did you watch the soccer game?** 디쥬 왓치 더 사커 게임
그는 운동신경이 발달되었습니다.	**He's got good motor skills.** 히즈 갓 굿 모터 스킬스

＊ 스포츠(테니스) ＊

테니스 칠 줄 아세요?	**Can you play tennis?** 캔 유 플레이 테니스
시간이 나면 운동하는 것을 좋아합니다.	**When I have free time, I like to play sports.** 웬 아이 햅 프뤼 타임 아이 라익 투 플레이 스포츠
요즘 테니스에 푹 빠졌어요.	**I'm really into playing tennis.** 아임 뤌리 인투 플레잉 테니스
코트를 빌리는 데 얼마입니까?	**How much is it to rent the court?** 하우 머취 이짓 투 렌트 더 코트

＊ 스포츠(해양) ＊

서핑을 하고 싶은데요.	**I'd like to go surfing.** 아이(드) 라익 투 고 써핑
좋은 다이빙 스쿨을 알고 있습니까?	**Do you know any good diving schools?** 두 유 노우 애니 굿 다이빙 스쿨스
짐 보관소는 어디에 있습니까?	**Where's the checkroom?** 웨어즈 더 첵룸

* 뮤지컬 관람 *

L석으로 두 장 주세요.	**I'd like two tickets for the L-section.** 아이(드) 라익 투 티킷츠 풔 더 엘섹션
쌍안경을 빌리고 싶습니다.	**I'd like to borrow opera glasses.** 아이(드) 라익 투 버뤄우 아퍼뤄 글래시즈
뮤지컬을 보고 싶은데요.	**We'd like to see a musical.** 위(드) 라익 투 씨 어 뮤지컬
공연 안내 책자가 있습니까?	**Do you have a guide book of events?** 두 유 해버 가이드 북 옵 이벤츠
오늘 저녁 공연은 무엇입니까?	**What is showing this evening?** 왓 이즈 쇼잉 디스 이브닝
지금 어떤 뮤지컬을 공연하고 있습니까?	**What musical is on now?** 왓 뮤지컬 이즈 온 나우
몇 시에 시작합니까?	**What time does it begin?** 왓 타임 더짓 비긴
오페라는 어디서 관람할 수 있습니까?	**Where can I see an opera?** 웨어 캔 아이 씨 언 아퍼뤄
10분 남았어요.	**We have ten minutes left.** 위 햅 텐 미닛츠 렙트

*be crazy about ~에 대해 열광한, 열중하다

*** 콘서트 관람 ***

티켓이 매진되었습니다.	**The tickets are sold out.** 더 티킷츠 아 솔다웃
중간에 휴식시간이 있습니까?	**Is there an intermission?** 이즈 데어런 인터미션
티켓은 얼마입니까?	**How much is the ticket?** 하우 머취즈 더 티킷
오늘밤 콘서트홀에서 무엇을 하나요?	**What's at the concert hall tonight?** 왓츠 앳 더 칸써트 홀 투나잇
락앤롤을 매우 좋아합니다.	**I'm crazy about rock and roll.** 아임 크레이지 어밧 락 앤 롤
이 자리에 누가 있습니까?	**Is this seat taken?** 이즈 디스 씻 테이큰
내일 밤 표를 두 장 주세요.	**Two for tomorrow night, please.** 투 풔 터머로우 나잇 플리즈
이번 주 클래식 콘서트는 없습니까?	**Are there any classic concerts this week?** 아 데어 애니 클래식 칸써츠 디스 윅
댁의 좌석이신가요?	**Are you in your seat?** 아 유 인 유어 씻 *have an ear for music 음악에 대하여 알다

여가 · 취미

＊ 콘서트 관람 ＊

9시 표는 있습니까?	**How about the nine o'clock show?** 하어밧 더 나인 어클락 쇼우
지정석이 아닙니다.	**There is no arranged seating.** 데어리즈 노우 어렌지드 씨팅

＊ 미술관 관람 ＊

미술관에 자주 갑니다.	**I often go to art galleries.** 아이 어픈 고 투 아트 갤러리즈
여기는 몇 시에 닫습니까?	**What is the closing time?** 왓 이즈 더 클로징 타임
입장료는 얼마입니까?	**How much is the admission?** 하우 머취즈 디 어드미션
이 그림 한번 보세요.	**Just look at this picture.** 저슷(트) 룩앳 디스 픽쳐
저는 미술품 수집을 좋아합니다.	**I like collecting art.** 아이 라익 컬렉팅 아트
저는 좋은 그림을 많이 가지고 있습니다.	**I have a fairly large collection of good paintings.** 아이 해버 페어리 라쥐 컬렉션 옵 굿 페인팅스
저는미술품 감상을 좋아합니다.	**I enjoy looking at art collections.** 아이 인조이 룩킹 앳 아트 컬렉션스

추천할 만한 것 좀 있습니까?	**What do you recommend?** 왓 두 유 뤠커멘드
정말 아름다운 작품인데요.	**What a beautiful piece of work!** 왓 어 뷰뤼풀 피솝 워크
이 그림 한번 보세요.	**Just look at this picture.** 저슷(트) 룩 앳 디스 픽쳐
좋아하는 화가는 누군가요?	**Who's your favorite artist?** 후쥬어 페이보릿 아티스트
그건 누구 작품이죠?	**Who is it by?** 후 이짓 바이
저는 미술품 수집을 좋아합니다.	**I like collecting art.** 아이 라익 컬렉팅 아트
그 수집품을 좀 보여 주시겠어요?	**Would you please show me the collection?** 우쥬 플리즈 쇼우 미 더 컬렉션
무슨 전시회인데요?	**What kind of an exhibition is it?** 왓 카인돕 언 이그지비션 이짓
이건 진품입니까?	**Is this the original?** 이즈 디스 디 오리지널

*look out 골라내다, 찾다

* 디스코클럽 이용 *

같이 춤을 추시겠습니까?	**Would you dance with me?** 우쥬 댄스 윗 미
디스코텍에 데리고 가 주세요.	**Take me to the disco, please.** 테익 미 투 더 디스코 플리즈
봉사료는 얼마입니까?	**What's the cover charge?** 왓츠 더 커버 촤지
인기가 있는 디스코텍은 어디입니까?	**Where is the popular disco?** 웨어리즈 더 파퓰러 디스코
라이브 연주도 있습니까?	**Do you have live performances?** 두 유 햅 라이브 퍼풔먼시즈
근처에 디스코텍이 있습니까?	**Are there any discos around here?** 아 데어 애니 디스코즈 어롸운드 히어
음료수 값은 별도입니까?	**Do you charge for drinks?** 두유 촤지 풔 드륑(크)스

* 오락실 이용 *

젊은 사람이 많습니까?	**Are there many young people?** 아 데어 매니 영 피플
칩을 현금으로 바꿔 주세요.	**Cash my chips, please.** 캐쉬 마이 칩스 플리즈

칩은 어디서 삽니까?	**How do I get chips?** 하우 두 아이 겟 칩스
갬블을 하고 싶습니다.	**I'd like to play gambling.** 아이(드) 라익 투 플레이 갬벌링
이 호텔에 카지노가 있습니까?	**Is there a casino in this hotel?** 이즈 데어러 커지노 인 디스 호텔
쉬운 게임은 있습니까?	**Is there any easy game?** 이즈 데어 애니 이지 게임
칩 200달러 부탁합니다.	**May I have 200 dollars in chips, please?** 메아이 햅 투 헌드레드 달러스 인 칩스 플리즈
미성년자는 출입금지입니다.	**Minors are not allowed in there.** 마이너스 아 낫 얼라우드 인 데어
여기서는 어떤 갬블을 할 수 있습니까?	**What kind of gambling can we play here?** 왓 카인돕 갬벌링 캔 위 플레이 히어
요금은 한 시간에 얼마입니까?	**What's the charge for an hour?** 왓츠 더 촤지 풔 언 아우어
어디서 룰렛을 할 수 있습니까?	**Where can I play Roulette?** 웨어 캔 아이 플레이 룰렛

2. 취미생활

* 취미생활 활용 *	
취미가 뭡니까?	**What is your hobby?** 왓 이쥬어 하비
난 암벽 등반을 좋아합니다.	**I like rock climbing.** 아이 라익 락 클라이밍
우표 수집을 좋아합니다.	**I go in for stamp collecting.** 아이 고 인 풔 스탬프 컬렉팅
무엇에 흥미가 있으세요?	**What are you interested in?** 왓 아유 인터뤠스티드 인
조각그림 맞추기는 재미있고 흥미롭습니다.	**The jigsaw puzzles are very interesting and exciting.** 더 직쏘 퍼즐즈 아 붸리 인터뤠스팅 앤 익사이딩
추천할 만한 것 좀 있습니까?	**What do you recommend?** 왓 두 유 뤠커멘드
말을 타 보고 싶은데요.	**I'd like to try horseback riding.** 아이(드) 라익 투 트롸이 홀스백 롸이딩
동호회에 속해 있습니까?	**Do you belong to a club?** 두 유 빌롱 투 어 클럽 *taste 기호, 취미, 심미안

사진은 그냥 제 취미일 뿐이에요.	**Photography is just a hobby of mine.** 포로그러퓌 이즈 저슷(트) 어 하비 옵 마인
저는 조각그림 맞추기를 즐깁니다.	**I love jigsaw puzzles.** 아이 러브 직쏘 퍼즐즈
전 체커하는 것을 좋아합니다.	**I like playing checkers.** 아이 라익 플레잉 체커즈 *be crazy about ~에 대해 열중하다

＊ 영화 감상 ＊

어떤 영화를 좋아하세요?	**What kind of movies do you like?** 왓 카인돕 무비즈 두 유 라익
영화를 얼마나 자주 보십니까?	**How often do you go to the movies?** 하우 어픈 두 유 고 투 더 무비즈
저는 영화광입니다.	**I'm a film buff.** 아임 어 퓔름 버프
그 영화의 주연은 누구입니까?	**Who is starring in the movies?** 후 이즈 스타링 인 더 무비스
나는 액션 영화를 좋아합니다.	**I like action movies.** 아이 라익 액션 무비스
그의 연기는 최고입니다.	**His acting is superb.** 히스 액팅 이즈 수펍

*** 영화 감상 ***

내가 좋아하는 장르는 코미디입니다.	**My favorite movie genre is comedy.** 마이 페이보릿 무비 잔뤄 이즈 카머디
스릴 있는 영화를 좋아 합니다.	**I like thrilling movies.** 아이 라익 뜨릴링 무비스
프랑스 영화를 좋아합니까?	**How do you like French films?** 하우 두 유 라익 프렌치 퓔름즈
전 오랫동안 인기 있는 옛 영화를 좋아해요.	**I like old movies which stay popular for many years.** 아이 라익 올드 무비스 위치 스테이 파퓰러 풔 매니 이어즈
제일 좋아하는 배우는 누굽니까?	**What's your favorite movie star?** 왓츄어 페이보릿 무비 스타
최근에 영화 본 적 있어요?	**Have you seen any movies lately?** 해뷰 씬 애니 무비스 레잇틀리
지금 표를 살 수 있을까요?	**Can we buy tickets now?** 캔 위 바이 티킷츠 나우
어떤 좌석으로 드릴까요?	**Which seat do you want?** 위치 씻 두 유 원(트)
제 자리에 앉아 있으신 것 같습니다.	**I think you're in my seat.** 아이 띵크 유아 인 마이 씻

* 음악 감상 *

취미는 음악감상입니다.	**My hobby is listening to music.** 마이 하비즈 리스닝 투 뮤직
어떤 음악을 좋아하세요?	**What kind of music do you like?** 왓 카인돕 뮤직 두 유 라익
저는 음악 듣는 걸 좋아합니다.	**I like listening to music** 아이 라익 리스닝 투 뮤직
저는 음치입니다.	**I'm tone-deaf.** 아임 톤대프
가장 좋아하는 노래는 무엇입니까?	**What's your favorite song?** 왓츄어 페이보릿 쏭
팝송을 좋아합니다.	**I like popular songs.** 아이 라익 파퓰러 쏭즈
좋아하는 가수가 누구예요?	**Who is your favorite singer?** 후이쥬어 페이보릿 씽어
저는 사내 합창단에서 노래를 합니다.	**I sing in a company choir.** 아이 씽 이너 컴퍼니 콰이어
노래 한 곡 불러 주시겠어요?	**Could you sing a song?** 쿠쥬 씽 어 쏭

* 음악 감상 *	
악기를 연주할 줄 압니까?	**Do you play any musical instruments?** 두 유 플레이 애니 뮤지컬 인스트러먼츠
피아노를 치십니까?	**Do you play the piano?** 두 유 플레이 더 피애노우
피아노가 연주하기에 가장 좋은 악기 같아요.	**I think piano is the best instrument to play.** 아이 띵크 피애노우 이즈 더 베슷 인스트러먼트 플레이 *be fond of ~을 좋아하다

* 독서 감상 *	
저는 책 읽는 것을 즐겨요.	**I enjoy reading books.** 아이 인조이 뤼딩 북스
한 달에 책을 몇 권정도 읽습니까?	**How many books do you read a month?** 하우 매니 북스 두 유 뤼드 어 먼쓰
저는 손에 잡히는 대로 다 읽습니다.	**I read everything I can get my hands on.** 아이 뤼드 에브뤼띵 아이 캔 겟 마이 핸즈 온
어떤 책을 즐겨 읽으십니까?	**What kind of books do you like to read?** 왓 카이돕 북스 두 유 라익 투 뤼드

저는 역사소설을 좋아해요.	**I like historical novels.** 아이 라익 히스토뤼컬 나벌즈
주로 애정소설을 읽습니다.	**I usually read romance novels.** 아이 유절리 뤼드 로맨스 나벌즈
그 책은 처음부터 끝까지 다 읽었어요.	**I read the book from cover to cover.** 아이 뤼드 더 북 프럼 커버 투 커버
요즘 베스트셀러는 무엇입니까?	**What's the current bestseller?** 왓츠 더 커런트 베스트셀러
이 책은 지루합니다.	**This book bores me.** 디스 북 보얼즈 미

* 낚시 *

낚시도구와 미끼도 필요합니다.	**We need rental fishing tackle and bait.** 위 닛 렌틀 퓌슁 태컬 앤 베잇
저는 초보자입니다.	**I'm a beginner.** 아임 어 비기너
주로 무엇이 잡힙니까?	**What's the main catch?** 왓츠 더 메인 캐치
얼마나 자주 낚시를 가십니까?	**How often do you go fishing?** 하우 어픈 두 유 고 퓌슁

* 낚시 *

낚시를 즐겨 합니다.	**I enjoy fishing.** 아이 인조이 퓌슁

* 여행 *

여행을 좋아합니다.	**I love traveling.** 아이 러브 트래벌링
우울할 때면 여행을 가고 싶습니다.	**When I'm depressed, I want to take a trip.** 웬 아임 디프레스드 아이 원투 테이커 트립
당신은 오랫동안 여행을 해 본 적이 있나요?	**Have you ever been on a long journey?** 해뷰 에버 빈 온 어 롱 져니
어디 여행이라도 갈까 해요.	**I figure I'll take a trip somewhere.** 아이 퓌겨 아일 테이커 트립 썸웨어
주말마다 교외로 나갑니다.	**On the weekends, I like to get out of town.** 온 더 위켄즈 아이 라익 투 겟 아웃 옵 타운 = I get out of town every weekend.
여행 간 곳 중 제일 좋은 곳은?	**What was your best traveling experience?** 왓 워즈 유어 베슷 트래벌링 익스피어뤄언스 = What was your favorite trip?

●필수 단어●

내선번호	extension number 익스텐션 넘버
공중전화	public phone 퍼블릭 폰
자동응답기	answering machine 앤서링 머쉰
음성사서함	voice mail 보이스 메일
전화번호부	telephone directory 텔러폰 디렉터리
무료전화번호	toll-free number 토프뤼 넘버
시내전화	local call 로컬 콜
장거리 전화하다	make a long distance call 메이커 롱 디스턴쓰 콜
회답 전화하다	return one's call 뤼턴 원스 콜
다시 연락하다	get back to 겟백 투
전화박스	phone booth 폰 부쓰
수신인 요금지불의	collect 컬렉트
전화 교환원	operator 아퍼레이러
무료전화	courtesy telephone 커티시 텔러폰
전화를 끊지 않다	hang on 행 온
운동 경기	athletics 애뜨렉티스
내기	bet 벳
체육관, 헬쓰클럽	gymnasium 김네지엄
스포츠, 취미 등의 오락	pastime 패스타임
매표소, 창구	box office 박스 어퓌스
(TV 등의) 멜로 드라마	soap opera 숍 아퍼뤄
(연극 상연의) 막간	intermission 인터미션
입장, 입장료	admission 어드미션
우천 순연권	rain check 레인 첵(크)
감동적인	touching 터칭
축가, 송가	anthem 앤썸
국가	a national anthem 어 내셔널 앤썸
노를 젓다	paddle 패들
(영화 등의)낮 공연물	matinee 매터네이
장인의 솜씨	craftsmanship 크래프츠맨쉽
공예	craft 크래프(트)
전시회, 전람회	exhibition 이그지비션
연극 구경을 자주 가는 사람	theatergoer 씨어러고워

서비스시설 Service Place

1. 미용실에서

* 예약할 때 *	
예약을 언제로 할까요?	**When would you like your appointment for?** 웬 우쥬 라익 유어 어포인먼(트) 풔
예약 없이 와도 할 수 있습니까?	**Do you take drop-ins?** 두 유 테익 드랍 인스
안녕하세요. 예약을 하셨습니까?	**Good morning, do you have an appointment?** 굿 모닝 두 유 해번 어포인먼(트)
찾는 미용사가 있으신가요?	**Would you like to see?** 우쥬 라익 투 씨
좀 이른 시간이면 좋겠습니다.	**Earlier in the day would be fine for me.** 얼리어 인 더 데이 우드 비 퐈인 풔 미
누구를 추천해주시면 좋겠습니다.	**Anyone you recommend would be fine.** 애니원 유 뤠커멘드 우드 비 퐈인 *service 근무

염색하는 건 어때요?	**What do you think of your hair dye?** 왓 두유 띵크 오뷰어 헤어 다이
머리를 염색을 하고 싶습니다.	**I'd like to dye my hair, please.** 아이(드) 라익 투 다이 마이 헤어 플리즈
내 머리를 옅은 갈색으로 염색해 주실 수 있어요?	**Can you dye my hair brunette?** 캔 유 다이 마이 헤어 브루넷

＊ 커트할 때 ＊

머리를 자르고 싶습니다.	**I'd like a haircut.** 아이(드) 라익커 헤어컷
컷하는 데 얼마입니까?	**How much do you charge for a haircut?** 하우 머취 두 유 촤지 풔러 헤어컷
헤어스타일 책이 있습니까?	**Do you have a hair style book?** 두 유 해버 헤어 스타일 북
이 사진처럼 컷해주실 수 있어요?	**Can you cut my hair like this picture?** 캔 유 컷 마이 헤어 라익 디스 픽쳐
요즘 유행하는 머리 모양으로 하고 싶습니다.	**I want the haircut in fashion.** 아이 원(트) 더 헤어컷 인 패션

* 커트할 때 *

같은 모양으로 해주세요.	**Make it the same style, please.** 메이킷 더 쎄임 스타일 플리즈
가르마를 어느 쪽으로 타세요?	**Where do you wear your part?** 웨어 두 유 웨어 유어 파트
끝을 다듬어 주시겠어요?	**Could you trim around the edges?** 쿠쥬 트륌 어롸운디 엣지스
어느 정도 자를까요?	**How would you like your hair cut?** 하우 우쥬 라익 유어 헤어 컷
어떻게 해드릴까요?	**What can I do for you?** 왓 캔 아이 두 풔 유
너무 짧게 자르지 마세요.	**Don't cut it too short, please.** 돈(트) 컷 잇 투 숏(트) 플리즈
조금 짧게 해 주세요.	**Please make it a little shorter.** 플리즈 메이킷 어 리들 쇼러
뒷머리는 많이 자르지 마세요.	**Don't take too much off the back.** 돈(트) 테익 투 머취 오프 더 백
머리를 이런 식으로 잘라주세요.	**I'd like my hair cut like this.** 아이(드) 라익 마이 헤어컷 라익 디스

앞머리는 어느 정도 잘라 드릴까요?	**How long do you want the bangs?** 하우 롱 두 유 원(트) 더 뱅스
앞머리를 좀더 잘라야 되겠어요.	**The bangs need to be a little shorter.** 더 뱅스 닛투 비 어 리들 쇼러
어깨까지 길게 해 주세요.	**Shoulder-length, please.** 쇼울더렝쓰 플리즈
옆머리를 좀더 잘라 주세요.	**Take a little more off the sides.** 테이커 리들 모어 오프 더 싸이즈

＊ 퍼머할 때 ＊

퍼머를 하고 싶습니다.	**I'd like a perm.** 아이(드) 라익커 펌
어떤 스타일로 해드릴까요?	**Which style would you like?** 위치 스타일 우쥬 라익
저한테 어떤 스타일이 어울릴 것 같습니까?	**What kind of a hair style do you think will suit me?** 왓 카인돕 어 헤어스타일 두 유 띵크 윌 슛(트) 미
지금과 같은 머리 모양으로 해 주세요.	**Follow the same style, please.** 팔로우 더 쎄임 스타일 플리즈

* 퍼머할 때 *

스트레이트 퍼머를 하고 싶습니다.	**I want my hair straightened.** 아이 원(트) 마이 헤어 스트레이튼(드) = I'd like to get my hair straightened.
알아서 예쁘게 해주세요.	**Just do whatever is best for me.** 저슷(트) 두 왓에버 이즈 베슷 풔 미
약간 곱슬곱슬하게 퍼머해 주세요.	**I want to have a soft permanent.** 아이 원투 해버 섭트 퍼머넌트
그냥 드라이기로 말려 주세요.	**Just blow-dry it, please.** 저슷(트) 블로우드라이 잇 플리즈
난 내 머리를 탈색시키는 건 싫은데요.	**I'm afraid of bleaching my hair.** 아임 어프뤠이드 옵 블리칭 마이 헤어
난 새로운 머리 모양이 필요해요.	**I need a new hair style.** 아이 니더 뉴 헤어스타일
너무 강하지 않게 해주세요.	**Don't make it to tight.** 돈(트) 메이킷 투 타잇(트)
머리를 펴주시겠어요?	**Could you straighten my hair?** 쿠쥬 스트레이튼 마이 헤어
세팅해 주시겠어요?	**Could you set my hair, please?** 쿠쥬 셋 마이 헤어 플리즈

제가 머리하는 동안 읽을 것 좀 있습니까?	**Is there something I can read while you do my hair?** 이즈 데어 썸띵 아이 캔 뤼드 와일 유 두 마이 헤어
전부 하는 데 시간이 얼마나 걸릴까요?	**How long will the whole thing take?** 하우 롱 윌 더 호울 띵 테익
퍼머하고 컷하는 데 얼마예요.	**How much is a perm and a hair-cut?** 하우 머취즈 어 펌 앤 어 헤어컷
팁까지 포함된 것입니까?	**Does that include the tip?** 더즈 댓 인클루드 더 팁
제가 원하던 것과 약간 다르게 나온 것 같습니다.	**It came out a little different than what I wanted.** 잇 케임 아웃 어 리들 디퍼런트 댄 왓 아이 원티드

＊ 손톱 정리할 때 ＊

이 손톱 좀 줄칼로 다듬어 주시겠어요?	**Could you file this nail down, please?** 쿠쥬 퐈일 디스 네일 다운 플리즈
매니큐어를 칠하고 싶습니다.	**I'd like a manicure, please.** 아이(드) 라익커 매니큐어 플리즈
어떤 색깔의 매니큐어가 있죠?	**What colors of nail polish do you have?** 왓 컬러즈 옵 네일 폴리쉬 두 유 햅

서비스

2. 이발소에서

* 이발할 때 *	
이발 의자에 앉으세요.	**Please get into the barber chair.** 플리즈 겟 인투 더 바버 췌어
어떤 스타일로 해 드릴까요?	**How should I style it?** 하우 슈다이 스타일릿
지금 이 상태에서 다듬어만 주세요.	**Please set my hair in the same style.** 플리즈 셋 마이 헤어 인 더 쎄임 스타일
뒤는 너무 짧지 않도록 해 주세요.	**Not too short in the back.** 낫 투 숏(트) 인 더 백
스포츠형으로 해 주세요.	**A crew cut, please.** 어 크루 컷 플리즈
윗머리는 어떻게 해 드릴까요?	**How about the top?** 하우 어밧 더 탑
이 부분은 너무 짧지 않도록 해 주세요.	**Not too short here, please.** 낫 투 숏 히어 플리즈
이발과 면도를 해주십시오.	**Haircut and shave, please.** 헤어컷 앤 쉐이브 플리즈

이발만 해 주세요.	**Haircut only, please** 헤어컷 온리 플리즈
적당히 잘라 주세요	**A regular haircut, please.** 어 뤠귤러 헤어컷 플리즈
좀더 잘라 주세요.	**A little more off.** 어 리들 모어 오프
짧게 잘라 주세요.	**Cut it short, please.** 컷 잇 숏(트) 플리즈
머리 좀 감겨 주세요.	**I want a shampoo, please.** 아이 원(트) 어 샴푸 플리즈
면도도 했으면 합니다.	**I'd like to get a shave, too.** 아이(드) 라익 투 겟 어 쉐이브 투
앞머리는 그대로 두세요.	**Don't touch the bangs.** 돈(트) 터치 더 뱅스
끝만 다듬어 주세요.	**I just want a trim.** 아이 저슷(트) 원(트) 어 트륌
머리 모양이 마음에 들어요.	**I like the new hairstyle.** 아이 라익 더 뉴 헤어스타일
제가 생각한 스타일과 좀 다르네요.	**This isn't exactly what I wanted.** 디스 이즌(트) 이그잭틀리 왓 아이 원티드

3. 세탁소에서

＊ 세탁 문의할 때 ＊

세탁 서비스가 있습니까?	**Is there laundry service?** 이즈 데어 론드리 써뷔스
언제 찾아갈 수 있죠?	**How soon can I get it back?** 하우 쑨 캔 아이 겟 잇 백
언제 다 됩니까?	**When will it be ready?** 웬 위릿 비 뤠디
가죽도 세탁합니까?	**Do you do leather?** 두 유 두 레더
이것은 빨면 줄어들까요?	**Do you think this will shrink if washed?** 두 유 띵크 디스 윌 쉬륑크 이프 워쉬드
세탁비는 얼마예요?	**What's the charge for cleaning?** 왓츠 더 촤지 풔 클리닝
이 셔츠의 칼라에 풀을 먹여 주시겠습니까?	**Could you starch the colors on these shirts?** 쿠쥬 스타치 더 컬러즈 온 디즈 셔츠
오늘밤까지 될까요?	**Can I have them back by evening?** 캔 아이 햅 뎀 백 바이 이브닝

좀더 빨리는 안 될까요?	**Couldn't I have it back any sooner?** 쿠든(트) 아이 해빗 백 애니 쑤너
요금은 언제 지불하면 됩니까?	**When should I pay for it?** 웬 슈다이 페이 풔릿

*** 세탁을 맡길 때 ***

세탁을 부탁합니다.	**I have some laundry.** 아이 햅 썸 론드리
이 얼룩을 빼 주시겠습니까?	**Can you get this stain out?** 캔 유 겟 디스 스테인 아웃
노력은 하겠지만 장담은 못 하겠네요.	**I'll try, but I can't promise.** 아일 트롸이 벗 아이 캔(트) 프러미스
다른 게 더 있으세요?	**Is there anything else?** 이즈 데어 애니띵 엘스
가능한 한 빨리 해주세요.	**I want it as soon as possible.** 아이 원(트) 잇 애즈 쑨 애즈 파서블
이 양복을 세탁 좀 해 주세요.	**I'd like to have this suit washed, please.** 아이(드) 라익 투 햅 디스 숫(트) 워쉬드 플리즈
이 블라우스 좀 클리닝 해주시겠어요?	**Can you clean this blouse for me?** 캔 유 클린 디스 블라우스 풔 미

* 세탁을 맡길 때 *

이 양복을 다림질 좀 해 주세요.	**I'd like to have this suit pressed, please.** 아이(드) 라익 햅 디스 숫(트) 프뤠스드 플리즈
이 옷을 다림질해 주시겠어요?	**Would you iron these clothes for me?** 우쥬 아이런 디즈 클로시즈 풔 미
이걸 다려 주세요.	**Please have this pressed.** 플리즈 햅 디스 프뤠스드

* 수선을 맡길 때 *

이 바지 길이를 늘려주세요.	**I'd like to have these pants lengthened.** 아이(드) 라익 투 햅 디즈 팬츠 렝쓴드
여기서 수선을 해 줍니까?	**Do you do alterations here?** 두 유 두 얼터레이션스 히어
이 코트를 수선해 주시겠어요?	**Could you mend this coat?** 쿠쥬 멘드 디스 코우트
이 재킷의 소매를 줄여주세요.	**I need the sleeves shortened on this jacket.** 아이 닛 더 슬리브(즈) 쇼튼(드) 온 디스 재킷
이 바지의 통을 조금 늘려 주세요.	**I need these pants let out a bit in the legs.** 아이 닛 디즈 팬츠 렛 아웃 어 빗 인 더 렉스

이 바지 허리를 줄여 주시겠습니까?	**Could you take(let) these pants in at the waist?** 쿠쥬 테익(렛) 디즈 팬츠 인 앳 더 웨이스트
이 바지 허리를 늘려 주시겠습니까?	**Could you let these pants out at the waist?** 쿠쥬 렛 디즈 팬츠 아웃 앳 더 웨이스트
이 바지 길이를 줄여주세요.	**I'd like to have these pants shortened.** 아이(드) 라익 투 햅 디즈 팬츠 쇼튼(드)
옷 길이 좀 줄여 주세요.	**Please have my dress shortened.** 플리즈 햅 마이 드퀘스 쇼튼(드)
이것을 수선해 주시겠어요?	**Can you mend this?** 캔 유 멘드 디스
이 단추들을 달아주실 수 있습니까?	**Can you sew these buttons on?** 캔 유 쏘우 디즈 버튼즈 온
＊ 세탁물 트러블 ＊	
이 스웨터가 줄어들었습니다.	**This sweater shrank.** 디스 스웨러 쉬랭(크)
이것은 내 세탁물이 아닙니다.	**This is not my laundry.** 디스 이즈 낫 마이 론드리
얼룩이 그대로입니다.	**The stains are still there.** 더 스테인스 아 스틸 데어

서비스

4. 약국에서

* 약에 대한 문의를 할 때 *	
감기약 주세요.	**I like to buy some cold medicine.** 아이(드) 라익 투 바이 썸 콜드 메더슨
다쳤어요.	**I'm hurt.** 아임 허(트)
두통약 있습니까?	**Do you have anything for a headache?** 두 유 햅 애니띵 풔러 헤드에익
변비에 잘 듣는 약 있습니까?	**Do you have anything good for constipation?** 두 유 햅 애니띵 굿 풔 칸스티페이션
설사약 좀 주십시오.	**Diarrhea medicine, please.** 다이어리어 메더슨 플리즈
소화제를 사고 싶습니다.	**I'd like some medicine for indigestion.** 아이(드) 라익 썸 메더슨 풔 인디제스천
식염수를 주시겠어요?	**May I have a saline solution?** 메아이 해버 세일린 솔루션
안약을 사러 왔습니다.	**I'm here to buy some eye drops.** 아임 히어 투 바이 썸 아이 드랍스

위장 약 좀 주십시오.	**Some stomach medicine, please.** 썸 스토맥 메디슨 플리즈
진통제를 주시겠어요?	**May I have a painkiller?** 메아이 해버 페인킬러

✻ 처방전에 대해 ✻

그것들은 처방전을 요하는 약품입니다.	**Those are prescription drugs.** 도우즈 아 프리스크립션 드럭스
그런 항생제는 처방전 없이 바로 팔 수 없습니다.	**We can't sell those antibiotics over the counter.** 위 캔(트) 셀 도우즈 앤티바이아틱스 오버 더 카운터
약사에게 이 처방전을 가져가십시오.	**Take this prescription to a druggist.** 테익 디스 프리스크립션 투 어 드러기스트
약을 조제하는 데 얼마나 걸릴까요?	**How long will it take to prepare my medicine?** 하우 롱 위릿 테익 투 프리페어 마이 메디슨
여기 처방전을 가지고 왔습니다.	**I have a prescription right here.** 아이 해버 프리스크립션 롸잇 히어
이 약은 처방전이 있어야 하나요?	**Do I need a prescription for this?** 두 아이 니더 프리스크립션 풔 디스

* 처방전에 대해 *

이 약을 먹으면 나을 겁니다.	**This medicine will do you good.** 디스 메더슨 윌 두 유 굿
이 처방전대로 약을 지어 주시겠어요?	**Will you please get this prescription filled?** 윌 유 플리즈 겟 디스 프리스크립션 필드
처방전 없이 살수 있는 약은 2번 통로에 있습니다.	**Over the counter medicine is in aisle 2.** 오버 더 카운터 메더슨 이즈 인 아일 투
처방전이 없으면 약을 팔지 않습니다.	**We don't sell without prescriptions.** 위 돈(트) 셀 위다웃 프리스크립션즈

* 복용법에 대해 *

이 약은 어떻게 먹습니까?	**How do I take this medicine?** 하우 두 아이 테익 디스 메더슨
이 약을 얼마나 오랫동안 복용해야 하나요?	**How long should I take this medicine?** 하우 롱 슈다이 테익 디스 메더슨
이 약의 사용법을 알려 주시겠습니까?	**Could you tell me how to use this medicine?** 쿠쥬 텔 미 하우 투 유즈 디스 메더슨
하루 세 번 식전에 드세요.	**Three times a day before meals, please.** 뜨리 타임즈 어 데이 비풔 밀스 플리즈

하루 세 번 식후에 드세요.	**Please take these 3 times a day after meals.** 플리즈 테익 디즈 뜨리 타임즈 어 데이 앱터 밀즈 = Take this after each meal three times a day.
한 번에 한 알씩만 복용하십시오.	**Only one at a time.** 온리 원 앳 어 타임
한 번 복용량이 얼마죠?	**What's the dosage?** 왓츠 더 도우시지
8시간마다 드셔야 합니다.	**You should take this every eight hours.** 유 슈드 테익 디스 에브뤼 에잇 아우어즈
권장된 복용량을 초과하지 마세요.	**Don't exceed the recommended dosage.** 돈(트) 익씨드 더 뤠커멘디드 도우시지
라벨에 있는 지시를 따르세요.	**Please follow the directions on the label.** 플리즈 팔로우 더 디렉션즈 온 더 레이벌
매 5시간마다 한 알씩 복용하세요.	**Take one in every five hours.** 테익 원 인 에브뤼 파이브 아우어즈
매 식사 후에 두 알씩 복용하세요.	**Take two after every meal.** 테익 투 앱터 에브뤼 밀

서비스

＊ 복용법에 대해 ＊

매 여섯 시간마다 다량의 물과 함께 복용하세요.	**Take this every six hours with lots of water.** 테익 디스 에브뤼 씩스 아우어즈 윗 랏춉 워터
매일 밤 두 알씩 드세요.	**Take two pills every night.** 테익 투 필즈 에브뤼 나잇
부작용은 없습니까?	**Is there any adverse reaction?** 이즈 데어 애니 애드버스 리액션
부작용은 있습니까?	**Are there any side effects?** 아 데어 애니 싸이드 이펙츠
소독은 해야 합니다.	**You're gonna have to disinfect it.** 유아 고너 햅투 디스인펙팃
식후에 드세요.	**Take it after each meal.** 테이킷 앱터 이취 밀
이 연고를 피부에 발라 봐요.	**Apply this ointment to your skin.** 어플라이 디스 어인(트)먼트 투 유어 스킨
아스피린을 한번 드셔 보세요.	**Why don't you take an aspirin.** 와이 돈츄 테이컨 애스퍼린

5. 우체국에서

* 우체국 업무 안내 *

이 근처에 우체통이 있습니까?	**Is there a mailbox around here?** 이즈 데어러 메일박스 어라운드 히어
우표 파는 창구는 어느 쪽입니까?	**Which window is for stamps?** 위치 윈도우 이즈 풔 스탬스
어디에 넣습니까?	**Where can I mail this?** 웨어 캔 아이 메일 디스
15펜스 우표 두 장 주십시오.	**Two fifteen pence stamps, please.** 투 핍틴 펜스 스탬스 플리즈
20센트짜리 우표 10장 주세요.	**Please give me ten twenty cent stamps.** 플리즈 깁 미 텐 투웨니 센트 스탬스
전부 90센트입니다.	**The total comes to ninety cents.** 더 토를 컴즈 투 나이니 센츠
어떤 우표로 드릴까요?	**Which kind of stamp would you like?** 위치 카인돕 스탬(프) 우쥬 라익
우편 요금은 얼마입니까?	**What's the postage?** 왓츠 더 포우스티쥐 *money order 우편환

* 우체국 업무 안내 *

어디서 엽서를 구할 수 있습니까?	**Where can I get postcards?** 웨어 캔 아이 겟 포스트카즈
그림 엽서를 사고 싶은데요.	**I'd like to buy this postcard.** 아이(드) 라익 투 바이 디스 포스트카드
엽서를 보내고 싶습니다.	**I want to send a post card.** 아이 원투 쎈더 포스트 카드
항공 봉함엽서는 있습니까?	**Do you have aerograms?** 두 유 햅 에뤄그렘즈
항공 편지 한 장에 얼마입니까?.	**What's the price of an aerogram?** 왓츠 더 프라이스 옵 언 에뤄그렘
기념우표는 있습니까?	**Do you have any commemorative stamps?** 두 유 해배니 커메머레이티브 스탬스
봉투는 어디서 살 수 있습니까?	**Where can I buy envelopes?** 웨어 캔 아이 바이 엔벨롭스

* 편지를 부칠 때 *

이 편지를 등기로 보내주세요.	**Please register this letter.** 플리즈 뤠지스터 디스 레러
이 편지를 등기로 부치고 싶어요.	**I'd like this mail registered.** 아이(드) 라익 디스 메일 뤠지스터드

우편요금은 얼마입니까?	**How much is the postage on this?** 하우 머취즈 더 포우스티쥐 온 디스
이 편지를 한국으로 부치고 싶습니다.	**I'd like to send this letter to Korea.** 아이(드) 라익 투 쎈 디스 레러 투 코뤼아
이 엽서를 항공편으로 부탁합니다.	**I'd like to send this postcard by air mail.** 아이(드) 라익 투 쎈 디스 포스트카드 바이 에어 메일
이 편지를 배편으로 부탁합니다.	**I'd like to send this letter by sea mail.** 아이(드) 라익 투 쎈 디스 레러 바이 씨 메일
이 편지의 무게를 달아 주시겠습니까?	**Could you weigh this letter?** 쿠쥬 웨이 디스 레러
얼마나 걸리죠?	**How much will it be by airmail?** 하우 머치 위릿 비 바이 에어메일
속달로 부탁합니다.	**By express mail, please.** 바이 익스프레스 메일 플리즈
이 편지를 달아 보세요.	**Will you weigh this letter?** 윌 유 웨이 디스 레러
우표를 몇 장 붙여야 합니까?	**How many stamps do I need?** 하우 매니 스템스 두 아이 닛

* 소포를 부칠 때 *	
이 소포를 한국으로 보내고 싶은데요.	**I'd like to send this parcel to Korea.** 아이(드) 라익 투 센디스 파쓸 투 코뤄아
깨지기 쉬운 물건입니까?	**Is this fragile?** 이즈 디스 프레즐
내용물은 무엇입니까?	**What's in it?** 왓츠 인 잇
로스앤젤레스 이 주소의 우편번호는 몇 번입니까?	**What's the zip code for this address in LA?** 왓츠 더 집 코드 풔 디스 어드뤠스 인 엘레이
며칠이면 한국에 도착합니까?	**How long will it take to reach Korea?** 하우 롱 위릿 테익 투 뤼치 코뤄아
보통 항공우편과 빠른 우편이 있습니다.	**We have regular airmail and express mail.** 위 햅 뤠귤러 에어메일 앤 익스프레스 메일
소포를 보험에 드시겠습니까?	**Would you like to insure the parcel?** 우쥬 라익 투 인슈어 더 파쓸
이 소포는 중량 제한 내에 들어갑니까?	**Is this parcel within the weight limit?** 이즈 디스 파쓸 위딘 더 웨잇 리밋 *a registered letter 등기 편지

한국까지 항공편으로 보내 주세요.	**By airmail to Korea, please.** 바이 에어메일 투 코뤼아 플리즈
한국까지 선편으로 보내 주세요.	**By seamail to Korea, please.** 바이 씨메일 투 코뤼아 플리즈
개인용품입니다.	**They're personal goods.** 데이아 퍼서널 굿스
이 크기면 괜찮습니까?	**Is this size all right?** 이즈 디스 싸이즈 올 롸잇
이것을 항공편으로 부탁합니다.	**I'd like to send this by air mail.** 아이(드) 라익 투 쎈 디스 바이 에어 메일 *surface mail 보통 우편, *sea mail, boat mail 선박 우편

＊ 전보를 칠 때 ＊

어디에서 전보를 칠 수 있습니까?	**Where can I send a cable?** 웨어 캔 아이 쎈더 케이블
전보용지 좀 주십시오.	**A telegram form, please.** 어 텔러그램 폼 플리즈
한 자당 얼마입니까?	**How much per word?** 하우 머취 퍼 워드
한국으로 전보를 치고 싶습니다.	**Send this to Korea by telegram.** 쎈 디스 투 코뤼아 바이 텔러그램 *telegraphic transfer 전신환

✻ 전보를 칠 때 ✻

이 전보를 쳐주세요.	**Send this telegram, please.** 쎈 디스 텔러그램 플리즈 = I want to send a telegram. = I want you to send it by cable.
이 메모를 전보로 보내 주십시오.	**Please send this message by telegram.** 플리즈 쎈 디스 메시지 바이 텔러그램
도착하는 데 얼마나 걸 나요?	**How long will it take to get there.** 하우 롱 위릿 테익 투 겟 데어 = How many days does it take to get there.

mini 회화

A : I'd like to send this parcel to seoul, Korea.
아이(드) 라익 투 쎈 디스 파슬 투 써울 코리아
이 소포를 한국의 서울로 보내고 싶습니다.

B : What's in it? 왓츠 인 잇 내용물은 무었입니까?

A : There are only books.
데어라 온리 북스 책뿐입니다.

B : How would you like to send it?
하우 우쥬 라익 투 쎈딧 어떻게 보내시겠어요?

A : First class, please.
퍼스트 클래스 플리즈 1종으로 보내주세요.

B : That'll be 20 dollars.
댓일 비 투웨니 달러스 20달러입니다.

A : Okey. 오케이 알겠습니다.

6. 은행에서

＊ 환전할 때 ＊

환전소 어디예요?	**Where can I change money?** 웨어 캔 아이 체인지 머니
여기서 환전할 수 있을까요?	**Can I change some money here?** 캔 아이 체인지 썸 머니 히어
교환율은 어느 정도입니까?	**What's the rate of exchange?** 왓츠 더 뤠이톱 익스체인지
여기 외환환산표가 있습니다.	**Here is the exchange rate table.** 히어리즈 디 익스체인지 뤠잇 테이블
얼마나 바꾸실 겁니까?	**How much money do you want to exchange?** 하우 머취 머니 두 유 원투 익스체인지 = How much money do you need?
500달러를 여행자 수표로 주세요.	**I'd like to have $500 in traveler's checks.** 아이(드) 라익 투 햅 퐈이브 헌드뤠드 달러스 인 트레블러스 첵스
돈은 어떻게 드릴까요?	**How would you like your money?** 하우 우쥬 라익 유어 머니 *quote ~에 시세를 매기다

서비스

＊ 환전할 때 ＊

여기서 여행자 수표를 살 수 있나요?	**Can I buy traveler's check here?** 캔 아이 바이 트레블러스 첵(크) 히어
여행자 수표를 현금으로 바꿔주세요.	**Please cash these traveler's checks.** 플리즈 캐쉬 디즈 트레블러스 첵스
수표 뒤에 이서해주세요.	**Please endorse it on the back.** 플리즈 엔더스 잇 온 더 백
수수료는 얼마입니까?	**What rate of commission do you charge?** 와 뤠잇톱 커미션 두 유 촤지
얼마짜리 지폐로 바꿔 드릴까요?	**What's size bills would you like?** 왓츠 싸이즈 빌스 우쥬 라익
원화를 달러로 바꿔 주세요.	**I'd like to change some won into dollars.** 아이(드) 라익 투 체인지 썸 원 인투 달러스
이것을 환전해 주시겠습니까?	**Could you exchange this?** 쿠쥬 익스체인지 디스
잔돈으로 바꿔 주십시오.	**Please give me some small change.** 플리즈 깁 미 썸 스몰 체인지 *exchange rate 환율

※ 계좌를 개설할 때 ※

계좌를 개설하고 싶습니다.	**I'd like to open an account.** 아이(드) 라익 투 오픈 언 어카운트
어떤 종류의 계좌를 개설하고 싶으세요?	**What kind of account would you like to open?** 왓 카인돕 어카운트 우쥬 라익 투 오픈
당좌 예금을 개설하고 싶습니다.	**I'd like to open a checking account.** 아이(드) 라익 투 오픈 어 체킹 어카운트
보통 예금 계좌를 개설하고 싶습니다.	**I'd like to open a regular savings account.** 아이(드) 라익 투 오픈 어 뤠귤러 쎄이뷩즈 어카운트
계좌에 얼마를 입금하시겠어요?	**How much are you going to deposit in your account?** 하우 머취 아 유 고잉 투 디파짓 인 유어 어카운트
50달러로 계좌를 개설할 수 있습니까?	**Can I open an account with 50 dollars?** 캔 아이 오픈 언 어카운트 윗 핍티 달러스
어음을 발행하고 싶은데요.	**I'd like to draw a draft.** 아이(드) 라익 투 드뤄 어 드래프트
당좌 계좌의 이자는 얼마입니까?	**How much is the interest rate for a checking account?** 하우 머취즈더 인터뤠스트 뤠잇 풔러 체킹 어카운트 *savings account 예금 계좌 *checking account 당좌 예금

서비스

* 계좌를 개설할 때 *

수표책을 발행하려면 어떻게 하면 됩니까?	**How can I get a checkbook issued?** 하우 캔 아이 게러 첵북 이슈드
연간 이자율은 얼마나 됩니까?	**What's your APR?** 왓츄어 에이피알
우리 저축성예금에는 5% 이자가 붙습니다.	**Our savings account earns 5% interest.** 아워 쎄이빙즈 어카운트 언즈 파이브퍼센트 인터뤠스트
저는 이 계좌를 부인과 공동 명의로 하고 싶습니다.	**My wife and I want to open a joint account.** 마이 와입(프) 앤 아이 원투 오픈 어 조인트 어카운트
저축성 예금의 최소 예치액은 100달러입니다.	**Our minimum deposit for the savings account is 100 dollars.** 아워 미니멈 디파짓 풔 더 쎄이빙즈 어카운티즈 원 헌드레드 달러스

* 계좌를 해약할 때 *

계좌를 폐쇄하고 싶습니다.	**I'd like to close an account.** 아이(드) 라익 투 클로즈 언 어카운트
제 정기 적금을 해약하고 싶습니다.	**I'd like to annul my time deposit.** 아이(드) 라익 투 어널 마이 타임 디파짓

＊ 대출을 받을 때 ＊

대출 좀 받으려고 하는데요.	**I'd like to arrange a loan.** 아이(드) 라익 투 어뤠인쥐 어 론
저희 담보 대출과는 2층에 있습니다.	**Our mortgage loan department is on the second floor.** 아워 모트게이지 론 디파트먼(트) 이즈 온 더 세컨(드) 플로어
전 이 은행 대부담당 직원입니다.	**I'm a loan officer at this bank.** 아임 어 론 어퓌서 앳 디스 뱅크
전에 대출을 신청하신 적이 있습니까?	**Have you ever applied for a loan before?** 해뷰 에버 어플라이드 풔러 론 비풔
담보물이 있습니까?	**Do you have any collateral?** 두 유 해배니 컬레터럴
당신의 대출에 연대보증을 하실 분이 필요할 겁니다.	**You will need someone to cosign your loan.** 유 윌 닛 썸원 투 코싸인 유어 론
얼마를 대출하실 겁니까?	**How much of a loan do you require?** 하우 머취 옵 어 론 두 유 뤼콰이어
이 대출 신청서를 작성해 주십시오.	**Fill out this loan application, please.** 퓔 아웃 디스 론 어플리케이션 플리즈 *expire 만기가 되다

서비스

* 대출을 받을 때 *

저희 은행에 예금이 돼 있으십니까?	**Do you have an account with us?** 두 유 해번 어카운트 위더스
저희 이자율은 연간 15%입니다.	**Our interest rate is 15% per year.** 아워 인터뤠스트 뤠잇 이즈 핍틴 퍼센트 퍼 이어
죄송하지만, 손님의 신용카드는 한도액이 넘었습니다.	**I'm sorry but your credit card maxed out.** 아임 쏘뤼 벗 유어 크뤠딧 카드 맥스드 아웃
주택구입을 위해 담보대출 융자를 신청하고 싶습니다.	**I want to apply for a mortgage loan to buy a house.** 아이 원투 어플라이 풔러 모트게이지 론 투 바이 어 하우스
축하합니다. 선생님의 대출 신청은 인가되었습니다.	**Congratulations, your loan was approved.** 컨그레추레이션스 유어 론 워즈 어프루브드

* 입출금과 송금할 때 *

500달러를 예금하고자 합니다.	**I'd like to deposit 500 dollars.** 아이(드) 라익 투 디파짓 퐈이브헌드레드 달러스
예금을 하고 싶습니다.	**I'd like to make a deposit.** 아이(드) 라익 투 메이커 디파짓

이것을 제 계좌에 입금시켜 주세요.	**I want to credit this to my account.** 아이 원투 크레딧 디스 투 마이 어카운트
현금을 제 통장으로 직접 입금시킬 수 있을까요?	**May I have money sent direct to my account?** 메아이 햅 머니 센트 디렉투 마이 어카운트
계좌에서 돈을 인출하고 싶습니다.	**I need to make a withdrawal.** 아이 닛투 메이커 위드롤
이 출금전표를 작성해 주세요.	**Please fill out this withdrawal slip.** 플리즈 필 아웃 디스 위드롤 슬립
그의 계좌로 돈을 좀 송금하고 싶습니다.	**I'd like to send some money to his account.** 아이(드) 라익 투 센드 썸 머니 투 히스 어카운트 *remitment, remittance 송금, 송금액
내 통장에서 돈을 좀 찾고 싶습니다.	**I'd like to withdraw some money from my account.** 아이(드) 라익 투 위드뤄 썸 머니 프럼 마이 어카운트
모든 것이 정확한지 다시 확인하십시오.	**Double-check that everything is correct.** 더블 첵(크) 댓 에브뤼띵 이즈 커렉트
자동이체 할 수 있습니까?	**Can I have direct billing?** 캔 아이 햅 디렉트 빌링
저는 자동 예금 인출기 사용법을 모릅니다.	**I don't know how to use this ATM.** 아이 돈(트) 노우 하우 투 유즈 디스 에이티엠

* 입출금과 송금할 때 *

현금인출기에 카드가 작동이 안 됩니다.	**The cash card doesn't work in the ATM** 더 캐쉬 카드 더즌(트) 워크 인 더 에이티엠 *ATM 자동인출기(=Automated Teller Machine)
제 계좌에서 2000달러를 인출하고 싶어요.	**I'd like to withdraw $2000 from my account.** 아이(드) 라익 투 위드뤄 투싸운즌 달러스 프럼 마이 어카운트
제 예금 잔액을 알고 싶습니다.	**I'd like to know my balance.** 아이(드) 라익 투 노우 마이 밸런스

* 카드를 발급받을 때 *

현금카드를 만들고 싶습니다.	**I'd like to get a cash card made out.** 아이(드) 라익 투 게러 캐쉬 카드 메이다웃
통장번호가 어떻게 되십니까?	**What's your account number?** 왓츄어 어카운트 넘버
통장을 가져 오셨습니까?	**Do you have your bankbook with you?** 두 유 해뷰어 뱅크북 위듀
그것들을 다시 발행받을 수 있습니까?	**Can I have them reissued?** 캔 아이 햅 뎀 뤼이슈드
연간 회비는 얼마입니까?	**What's your annual fee?** 왓츄어 애뉴얼 퓌

＊ 카드 사용법에 대해 ＊

여기 새 자동인출카드 입니다.	**Here's your new automatic teller bank card.** 히어즈 유어 뉴 오터매틱 텔러뱅크 카드
그리고 입력키를 누르세요.	**And then press enter when you're done.** 앤 덴 프레스 엔터 웬 유아 던
(맞으면) 확인, 또는 (틀리면) 취소를 눌러주십시오.	**Press "enter" or "cancel".** 프레스 엔터 오어 캔슬
계좌번호를 입력하십시오.	**Type the account number of the recipient.** 타입 더 어카운트 넘버 옵 더 뤼시피언트
이 자판에 비밀번호 4 자리를 입력하세요.	**Punch in your four dight PIN on this keypad.** 펀치 인 유어 풔 다잇 피아이엔 온 디스 키패드 *PIN 개인 비밀번호
이제 확인을 위해 다시 입력하세요.	**Now punch it in again for verification.** 나우 펀치 잇 인 어겐 풔 붸뤄퓌케이션
자동입출금기에서 제 카드가 나오지를 않습니다.	**The ATM won't give my cash card back.** 디 에이티엠 웡(트) 깁 마이 캐쉬 카드 백
기계가 고장났습니다.	**The machine is out of order.** 더 머쉰 이즈 아웃 옵 오더

서비스

해외여행 Overseas Travel

1. 출국

* 출국 준비 *	
공항까지 부탁합니다.	**To the airport, please.** 투 디 에어폿 플리즈
공항까지 어느 정도 걸립니까?	**How long will it take to get to the airport?** 하우 롱 위릿 테익 투 겟 투 디 에어폿
공항까지 대충 얼마입니까?	**What is the approximate fare to the airport?** 왓 이즈 디 어프락씨메잇 페어 투 디 에어폿
어느 항공사입니까?	**Which airlines?** 위치 에어라인즈
어느 공항입니까?	**Which airport do you want?** 위치 에어폿 두 유 원(트)
빨리 가 주세요. 늦었습니다.	**Please hurry. I'm late, I am afraid.** 플리즈 허뤼 아임 레잇 아이 엠 어프뤠이드
짐은 몇 개입니까?	**How many pieces of baggage?** 하우 메니 피시즈 옵 배기쥐

*** 항공편 예약 ***

예약을 하고 싶습니다.	**I'd like to make a reservation.** 아이(드) 라익 투 메이커 레저붸이션
서울행 비행기를 예약하고 싶습니다.	**I want to make a reservation to Seoul.** 아이 원투 메이커 레저붸이션 투 서울
클리브랜드행 직항이 있습니까?	**Are there nonstop flights to Cleveland?** 아 데어 난스탑 플라잇츠 투 클리브랜드
다음 서울편은 언제 있습니까?	**When does the next one leave to Seoul?** 웬 더즈 더 넥스트 원 리브 투 서울
다음주 월요일은 어떻습니까?	**How about next Monday?** 하어밧 넥슷(트) 먼데이
얼마나 자주 항공편이 있습니까?	**How frequent are the flights?** 하우 프리퀀(트) 아 더 플라잇츠
매일 두 편씩 있습니다.	**We have two flights to Seoul every day.** 위 햅 투 플라잇츠 투 서울 에브뤼데이
16시 40분에 떠나는 KAL 245편입니다.	**We have KAL flight 245 at 16: 40.** 위 햅 칼 플라잇 투쿼리퐈이브 앳 씩스틴 풔리
빠르면 빠를수록 좋습니다.	**The sooner, the better.** 더 쑤너 더 베러

해외여행

✻ 항공편 예약 ✻	
대기자 명단에 올려 주세요.	**Put me on your waiting list, please.** 풋 미 온 유어 웨이링 리스트 플리즈
오늘 오후 편이 좋겠는데요.	**I want a flight in the afternoon.** 아이 원(트) 어 플라잇 인 디 앱터눈
이코노미, 비즈니스, 1등석 중 어느 걸로 하시겠습니까?	**What class would you like economy, business or first?** 왓 클래스 우쥬 라익 이커너미 비지니스 오어 풔스트
1등석 두 장 부탁합니다.	**Please reserve two first class seats.** 플리즈 뤼저브 투 풔스트 클래스 씻츠

✻ 예약 확인 · 변경 · 취소 ✻	
항공권은 가지고 있습니까?	**Do you have a ticket?** 두 유 해버 티킷
예약 재확인을 하고 싶은데요.	**I want to reconfirm my reservation.** 아이 원투 뤼컨펌 마이 레저붸이션
몇 시에 출발하는지 확인하고 싶은데요.	**I want to make sure what time it's leaving.** 아이 원투 메익 슈어 왓 타임 잇츠 리빙
금연석으로 변경할 수 있습니까?	**Can I change it in to a non-smoking seat?** 캔 아이 체인짓 인 투 어 난스모킹 씻

예약을 재확인했습니다.	**You're reconfirmed.** 유아 뤼컨펌(드)
일정을 변경하고 싶은데요.	**I want to change the flight.** 아이 원투 체인지 더 플라잇
미안합니다, 그 편은 다 찼습니다.	**I'm sorry, but that flight is fully booked up.** 아임 쏘뤼 벗 댓 플라잇 이즈 풀리 북(트) 업
오후 비행기로 변경하고 싶습니다.	**I'd like to change it to an afternoon flight.** 아이(드) 라익 투 체인짓 투 언 앱터눈 플라잇
예약을 취소하고 싶은데요.	**I'd like to cancel my reservation.** 아이(드) 라익 투 캔쓸 마이 레저붸이션
대기자로 해 주세요.	**Would you put my name on the waiting list?** 우쥬 풋 마이 네임 온 더 웨이링 리스트
이름을 말씀해 주세요.	**Your name, please.** 유어 네임 플리즈
전화로 예약상황을 확인할 수 있습니다.	**You can check the status later by calling.** 유 캔 첵(크) 더 스테이터스 레이러 바이 콜링
예약 확인 번호는 AB12390입니다.	**Your confirmation number is AB12390.** 유어 컨풔메이션 넘버 이즈 에이비 원투뜨리나인제로

2. 탑승

* 탑승 수속 *	
항공권과 여권을 주십시오.	**May I see your passport and ticket, please?** 메아이 씨 유어 패스폿 앤 티킷 플리즈
탑승 게이트는 몇 번입니까?	**What's the gate number?** 왓츠 더 게이트 넘버
출국카드는 어디서 받습니까?	**Where can I get an embarkation card?** 웨어 캔 아이 겟 언 임발케이션 카드
노스웨스트 항공사 카운터가 어디입니까?	**Where's the Northwest counter?** 웨어즈 더 노스웨스트 카운터
꼭 그 비행기를 타야 합니다.	**I must catch the flight.** 아이 머슷(트) 캐치 더 플라잇
출발 30분 전까지 탑승해 주십시오.	**You should board at least 30 minutes before departure.** 유 슈드 보드 앳 리스트 떠리 미닛츠 비풔 디파춰
탑승권을 보여 주세요.	**May I have your ticket?** 메아이 해뷰어 티킷
이것은 기내에 가지고 들어갈 수 있습니까?	**Can I carry this in the cabin.** 캔 아이 캐뤼 디스 인 더 캐빈

여기 짐을 놓아도 될까요?	**Can I put my baggage here?** 캔 아이 풋 마이 배기쥐 히어
체크인 해야 할 수화물이 있습니까?	**Do you have any luggage to check in?** 두 유 해배니 러기쥐 투 체킨
여기 수하물 인환증입니다.	**Here's your claim ticket.** 히어즈 유어 클레임 티킷
가방을 몇 개나 부치실 겁니까?	**How many bags do you want to check?** 하우 매니 백스 두 유 원투 첵
짐이 초과되었습니다.	**Your baggage is over-weight.** 유어 배기쥐즈 오버 웨잇
짐의 초과요금은 얼마입니까?	**How much must I pay for the extra weight?** 하우 머취 머슷(트) 아이 페이 풔 디 엑스트뤄 웨잇
이 슈트케이스를 부탁합니다.	**I'd like to check this suitcase please.** 아이(드) 라익 투 첵 디스 숫케이스 플리즈
이 짐을 탁송하고 싶은데요.	**I'd like to check this baggage.** 아이(드) 라익 투 첵(크) 디스 배기쥐
별도의 수하물로 해주십시오.	**Please send this as unaccompanied baggage.** 플리즈 쎈 디스 애즈 언어컴퍼니드 배기쥐

3. 기내에서

* 기내 안내 방송 *

즐거운 비행이 되시기 바랍니다.	**I hope you have a nice flight.** 아이 호퓨 해버 나이스 플라잇
이 스위치를 눌러 주십시오.	**You push this switch here.** 유 푸쉬 디스 스윗치 히어
안전벨트를 매 주십시오.	**Please fasten your seat belt.** 플리즈 패슨 유어 씻 벨트
벨트 매는 법을 가르쳐 주세요.	**Please show me how to fasten it.** 플리즈 쇼우 미 하우 투 패슨 잇
수하물은 시트 아래 놓으십시오.	**Please put your belongings under your seat.** 플리즈 풋 유어 빌로잉즈 언더 유어 씻
여러분의 짐을 머리 위 선반에 얹으십시오.	**Please put your hand baggage on the overhead rack.** 플리즈 풋 유어 핸드 배기쥐 온 디 오버헤드 렉
제가 선반에 얹어 드리겠습니다.	**I'll put it up on the rack for you.** 아일 풋잇 업 온 더 렉 풔 유
곧 이륙하겠습니다.	**We'll be taking off shortly.** 윌 비 테이킹 오프 쇼틀리

＊ 기내 좌석 안내 ＊

탑승하신 것을 환영합니다.	**Welcome aboard.** 웰컴 어버드
이 벨트는 어떻게 맵니까?	**How do I fasten this belts?** 하우 두 아이 패슨 디스 벨츠
제 자리는 어디입니까?	**Where's my seat, please** 웨얼즈 마이 씻 플리즈
자리를 바꾸고 싶습니다.	**I'd like to change seats.** 아이(드) 라익 투 체인지 씻츠
창 옆의 자리가 좋겠는데요.	**I'd like a table by the window.** 아이(드) 라익커 테이블 바이 더 윈도우
실례지만, 여긴 제 자리입니다.	**Excuse me, but I'm afraid this is my seat.** 익스큐즈 미 벗 아임 어프뤠이드 디씨즈 마이 씻
손님 좌석은 창가 좌석입니다.	**Your seat is a window seat.** 유어 씻 이즈 어 윈도우 씻
손님 좌석은 앞쪽입니다.	**Your seat is on the front.** 유어 씻 이즈 온 더 프런트
이 자리는 어디에 있습니까?	**Where is this seat?** 웨어리즈 디스 씻

* 기내 좌석 안내 *	
이쪽으로 오십시오.	**This way, please.** 디스 웨이 플리즈
저기 빈 자리로 옮겨도 되겠습니까?	**Could I move to an empty seat over there?** 쿠다이 무브 투 언 엠티 씻 오버 데어
저기 통로 쪽입니다.	**It's over there on the aisle.** 잇츠 오버 데어 온 디 아일
이 헤드폰은 어떻게 사용합니까?	**How do I use these headphones?** 하우 두 아이 유즈 디즈 헤드폰즈
의자를 뒤로 젖혀도 될까요?	**May I put my seat back?** 메아이 풋 마이 씻 백
이 전등은 어떻게 켭니까?	**How can I turn on this light?** 하우 캔 아이 턴 온 디스 라잇
흡연석으로 바꿀 수 있습니까?	**Can I change to the smoking section?** 캔 아이 체인지 투 더 스모킹 섹션

* 기내 서비스 *	
아침식사를 하시겠습니까?	**Would you like breakfast?** 우쥬 라익 브렉풔스트
10분 후에 저녁식사가 제공되겠습니다.	**In 10 minutes, dinner will be served.** 인 텐 미닛츠 디너 윌 비 써브드

식사는 뭘로 하시겠습니까?	**What would you like for dinner?** 왓 우쥬 라익 풔 디너
선반을 내려주십시오, 선생님. 식사 시간입니다.	**Please put your tray down, sir. It's meal time.** 플리즈 풋 유어 트레이 다운 써 잇츠 밀 타임
스푼을 떨어뜨렸어요.	**I dropped my spoon.** 아이 드랍트 마이 스푼
물 한 잔 주세요.	**Please give me a glass of water.** 플리즈 깁미 어 글래스 옵 워터
스테이크와 생선요리 중 뭘로 하시겠습니까.	**Would you like a steak or fish?** 우쥬 라익커 스테익 오어 퓌쉬
닭고기와 생선 중 뭘 드릴까요?	**Which would you like, chicken or fish?** 위치 우쥬 라익 치킨 오어 퓌쉬
소고기로 주세요.	**Beef, please.** 비프 플리즈
생선으로 주세요.	**Fish, please.** 퓌쉬 플리즈
음료를 드시겠습니까?	**What would you like to drink?** 왓 우쥬 라익 투 드륑(크) *rest room 화장실, toilet은 수세식

* 기내 서비스 *

녹차 주세요.	**Green tea, please.** 그린 티 플리즈
커피, 홍차, 우유, 오렌지주스가 있습니다.	**We have coffee, tea, milk, and orange juice.** 위 햅 커피 티 밀크 앤 오륀지 쥬스
오렌지주스를 하나 더 주세요.	**Another orange juice, please** 어나더 오륀지 쥬스 플리즈
토마토 주스를 주십시오.	**Tomato juice, please.** 터메이토 쥬스 플리즈
좌석 등받이를 제자리로 해 주십시오.	**Please put your seat in the upright position.** 플리즈 풋 유어 씻 인 디 업롸잇 포지션
식사 끝나셨어요?	**Are you finished?** 아 유 퓌니시드
영화는 몇 시에 시작하죠?	**What time does the movie start?** 왓 타임 더즈 더 무비 스타트
이 서류 쓰는 법을 가르쳐 주십시오.	**Please show me how to fill in this form.** 플리즈 쇼우 미 하우 투 퓔 인 디스 폼
땅콩을 더 주실 수 있습니까?	**Can I have more nuts?** 캔 아이 햅 모어 넛츠

무료 서비스로 되어 있습니다.	**It's compliments of the airline, sir.** 잇츠 컴플리먼츠 옵 디 에어라인 써
맥주는 있습니까?	**Do you have a beer?** 두 유 해버 비어
음료는 어떤 종류가 있습니까?	**What kind of soft drink do you have?** 왓 카인돕 섭트 드륑(크) 두 유 햅
찬바람은 어떻게 끕니까?	**How do I shut the cold air off?** 하우 두 아이 셧 더 콜드 에어 오프
한 잔 더 주실 수 있습니까?	**Can I have another one?** 캔 아이 햅 어나더 원
커피 좀 더 주시겠어요?	**May I have some more coffee, please?** 메아이 햅 썸 모어 커피 플리즈
식사는 언제 나옵니까?	**When do you serve the meal?** 웬 두 유 써브 더 밀
와인 있습니까?	**Do you have wine?** 두 유 햅 와인
면세품 목록을 보여 주세요.	**Would you show me a duty-free catalogue, please?** 우쥬 쇼우 미 어 듀티 프뤼 캐덜럭 플리즈

* 기내 서비스 *

내 코트는 어디에 둘까요?	**Where shall I put my coat?** 웨어 쉘 아이 풋 마이 코우트
한국 신문 있습니까?	**Do you have a Korean newspaper?** 두 유 해버 코뤼언 뉴스페이퍼
읽을 것 좀 주시겠습니까?	**Can I have anything to read?** 캔 아이 햅 애니띵 투 뤼드

* 몸이 불편할 때 *

어디 불편하신 데가 있습니까?	**Is there something inconvenient to you?** 이즈 데어 썸띵 인컨뷔년투 유
약을 주십시오.	**Please give me some medicine.** 플리즈 깁 미 썸 메더슨
토할 것 같아요.	**I feel like vomiting.** 아이 필 라익 바미팅
속이 좋지 않습니다.	**I feel sick.** 아이 필 씩
몸이 좋지 않습니다.	**I don't feel well** 아이 돈(트) 필 웰

*recline ~을 눕히다, ~에 기대게 하다

기분이 좋지 않습니다.	**I'm not feeling well.** 아임 낫 필링 웰
위생 주머니를 갖다 주시겠습니까?	**Will you bring me an airsickness bag?** 윌 유 브링 미 언 에어씩니스 백
베개 하나 주시겠습니까?	**May I have a pillow? please?** 메아이 해버 필로우 플리즈
일회용 반창고 있습니까?	**Do you have any disposable bandages?** 두 유 해배니 디스포저블 밴디지즈
멀미약 좀 주시겠습니까?	**Could I have some medicine for nausea** 쿠다이 햅 썸 메더슨 풔 너지어
담요 한 장 주시겠습니까?	**May I have a blanket, please?** 메아이 해버 블랭킷 플리즈
나중에 먹어도 될까요?	**May I have it later?** 메아이 해빗 레이러

A : Would you like a newspaper.
우쥬 라익커 뉴스 페이퍼 신문 보시겠습니까?

B : Let me have a Korean newspaper.
렛 미 해버 코뤼언 뉴스페이퍼 한국 신문을 주세요.

* 기내에서 궁금할 때 *

도착까지 어느 정도 걸립니까?	**How long will it take to arrive?** 하우 롱 위릿 테익 투 어롸이브
현재의 고도는 얼마입니까?	**How high are we flying now?** 하우 하이 아 위 플라잉 나우
서울과 뉴욕의 시차는 얼마나 됩니까?	**What's the time difference between Seoul and New York.** 왓츠 더 타임 디풔런스 비튄 서울 앤 뉴욕
담배를 피워도 괜찮겠습니까?	**May I smoke?** 메아이 스모크
정시에 도착합니까?	**Will my flight get off on time?** 윌 마이 플라잇 겟 온 타임 *on time 정시에, 정각에
뉴욕에는 언제 도착합니까?	**When will we get to New York?** 웬 윌 위 겟 투 뉴욕
현지시간으로 지금 몇 시입니까?	**What's the local time?** 왓츠 더 로컬 타임 *time difference 시차
LA는 현재 시간이 어떻게 되죠?	**What's the time in LA?** 왓츠 더 타임 인 엘에이
언제쯤 도착합니까?	**When will we arrive?** 웬 윌 위 어롸이브

지금 어디를 날고 있습니까?	**Where are we flying over now?** 웨어라 위 플라잉 오버 나우
짐을 여기 두고 내려도 됩니까?	**May I leave my bag here?** 메아이 리브 마이 백 히어
접속 비행기편 출발 시각을 알고 싶은데요.	**I want to find out the departure time of my connecting flight.** 아이 원투 파인다웃 더 디파춰 타임 옵 마이 커넥팅 플라잇

＊ 기내에서 불평할 때 ＊

이것 좀 치워주시겠어요?	**Could you take away my tray?** 쿠쥬 테이커웨이 마이 트레이
이어폰이 고장 났습니다.	**This earphone is broken.** 디스 이어폰 이즈 브로큰
시간을 현지시간으로 맞추고 싶습니다.	**I'd like to set the local time.** 아이(드) 라익 투 셋 더 로컬 타임
좀 더운데요.	**I feel hot.** 아이 필 핫
찬 바람은 어떻게 끕니까?	**How do I shut the cold air off?** 하우 두 아이 셧 더 콜드 에어 오프
이 전등은 어떻게 켭니까?	**How can I turn on this light?** 하우 캔 아이 턴 온 디스 라잇

4. 환승

* 비행기를 갈아탈 때 *

이 공항에서 어느 정도 머뭅니까?	**How long will we stop here?** 하우 롱 윌 위 스탑 히어
1시간 지상에 머무를 예정입니다.	**It'll stay on the ground for an hour.** 잇일 스테이 온 더 그롸운드 풔 언 아우어
갈아타는 곳이 어디입니까?	**Where is the transit counter?** 웨어리즈 더 트렌씻 카운터
게이트는 몇 번입니까?	**What's the gate number?** 왓츠 더 게이트 넘버
기편 번호가 어떻게 되죠?	**What's your flight number, sir?** 왓츄어 플라잇 넘버 써
다음 비행기를 갈아탈 승객입니다.	**I'm a transit passenger for this flight.** 아임 어 트렌씻 패신저 풔 디스 플라잇
맞게 썼는지 좀 봐 주실래요?	**Can you check if I filled this out correctly?** 캔 유 첵(크) 이퐈이 퓔드 디스 아웃 커렉틀리
맡긴 짐은 어떻게 됩니까?	**What should I do with my checked baggage?** 왓 슈다이 두 윗 마이 첵트 배기쥐

어느 비행기를 갈아타십니까?	**What's your connecting flight?** 왓츄어 커넥팅 플라잇
여기에 성함과 주소만 기입해주세요.	**Just put your name and adress here.** 저슷(트) 풋 유어 네임 앤 어드뤠스 히어
이렇게 쓰면 되나요?	**Is it O.K?** 이짓 오케이
저는 여기서 갈아타야 합니다.	**I have to transfer here.** 아이 햅투 트렌스퍼 히어 *a connecting flight 연결기편
제 비행은 예정 대로입니까?	**Is my flight on schedule?** 이즈 마이 플라잇 온 스케줄
최종목적지는 어디입니까?	**What's your final destination?** 왓츄어 파이널 데스터네이션
탑승에 대한 안내방송이 있을 것입니다.	**There will be an announcement for boarding.** 데어 윌 비 언 어나운서먼트 풔 버딩
탑승은 몇 시부터입니까?	**What time is the boarding?** 왓 타임 이즈 더 보딩
통과 여객이십니까?	**Are you a transit passenger, sir?** 아 유 어 트렌씻 패신저 써 *transit passenger 통과 여객

해외여행

* 비행기를 갈아탈 때 *

환승까지 시간은 어느 정도 있습니까?	**How long is the layover?** 하우 롱 이즈 더 레이오버
환승카운터는 어딥니까?	**Where's the transfer counter?** 웨어즈 더 트렌스퍼 카운터
이제 탑승수속을 밟아야 할 것 같습니다.	**I'd better go and get ready.** 아이(드) 베러 고 앤 겟 뤠디 = I'd better check in now.
에든버러행은 여기서 갈아타십시오.	**Change here for Edinburgh.** 체인지 히어 풔 에든버러
접속 비행기의 출발 시간을 알고 싶습니다.	**I want to find out the departure time of my connecting flight.** 아이 원투 퐈인다웃 더 디파춰 타임 옵 마이 커넥팅 플라잇

mini 회화

A : What time does your flight take-off?

왓 타임 더즈 유어 플라잇 테익 오프

언제 비행기가 이륙합니까?

B : Two hours from now. I'd better go and get ready.

투 아우어 프럼 나우 아이(드) 베러 고 앤 겟 뤠디

두 시간 있다 갑니다. 이제 가서 준비를 해야 합니다.

5. 입국

* 입국 심사 *

입국카드를 작성해 주세요.	**Please, fill out the immigration form.** 플리즈 휠 아웃 디 이미그레이션 폼 *entry form 입국 신고서
제 입국신고서 좀 봐주시겠어요?	**Will you please check my disembarkation card?** 윌 유 플리즈 첵 마이 디스임발케이션 카드
여권을 보여 주세요.	**Your passport, please.** 유어 패스폿 플리즈
예방 접종 증명서를 보여 주실까요?	**Certificate of vaccination, please?** 써티퓌컷 옵 벡서네이션 플리즈
첫 번째 방문입니까?	**Is this your first visit?** 이즈 디스 유어 풔스트 뷔짓
방문 목적은 무엇입니까?	**What's the purpose of your visit?** 왓츠 더 퍼포즈 옵 유어 뷔짓
관광차 왔습니다.	**I'm here for sightseeing.** 아임 히어 풔 싸잇씨잉 = For sightseeing.
단체여행입니까?	**Are you a member of a group tour?** 아 유 어 멤버 옵 어 그룹 투어

＊ 입국 심사 ＊	
어학연수를 받으려고 합니다.	**I've come to study at a language school.** 아이(브) 컴 투 스터디 앳 어 랭기쥐 스쿨
휴가차 여기 왔습니까?	**Are you here on vacation?** 아 유 히어 온 붸케이션
얼마나 머무를 예정이세요?	**How long will you be here?** 하우 롱 윌 유 비 히어
2주일 동안 머물 겁니다.	**I'm staying for two weeks.** 아임 스테잉 풔 투 윅스
일행이 몇 분입니까?	**How many are there in your party?** 하우 매니 아 데어 인 유어 파리
가지고 있는 돈은 얼마나 됩니까?	**How much cash do you have with you?** 하우 머취 캐쉬 두 유 햅 위듀
외국 화폐는 얼마나 가지고 있습니까?	**How much foreign currency do you have?** 하우 머취 풔린 커런시 두 유 햅
300달러 갖고 있습니다.	**I have 300U.S. dollars.** 아이 햅 뜨리 헌드레드 유에스 달러스
어디에서 머무를 예정입니까?	**Where will you be staying?** 웨어 윌 유 비 스테잉

제 친구 집에서 머무를 겁니다.	**I'll be staying at my friend's home.** 아일 비 스테잉 앳 마이 프렌즈 홈
아직 정하지 못했습니다.	**I haven't decided yet.** 아이 해븐(트) 디사이디드 옛
돌아갈 항공권을 갖고 있습니까?	**Do you have a return ticket?** 두 유 햅 뤼턴 티킷

✻ 짐 찾을 때 ✻

수하물 찾는 곳은 어디입니까?	**Where's the baggage claim area?** 웨어즈 더 배기쥐 클레임 에어뤼어
편명은 무엇입니까?	**What's your flight?** 왓츄어 플라잇
제 짐이 보이지 않습니다.	**I can't find my baggage.** 아이 캔(트) 퐈인드 마이 배기쥐
손님 가방은 무슨 색입니까?	**What color is your bag?** 왓 컬러 이즈 유어 백
손님 짐은 3번 컨베이어에 있습니다.	**Your baggage is on carousel number 3.** 유어 배기쥐 이즈 온 캐뤄셀 넘버 뜨리
수하물표를 보여 주시겠어요?	**Could I see your baggage tag?** 쿠다이 씨 유어 배기쥐 택 *baggage tag 수하물표

해외여행

* 짐 찾을 때 *

수화물 보관증을 보여 주세요.	**Let me see your claim tag.** 렛 미 씨 유어 클레임 택
수하물계에 신고하세요.	**Ask the Baggage Service.** 애스크 더 배기쥐 써뷔스
여기가 분실 수하물 신고하는 곳입니까?	**Is this where I should report lost luggage?** 이즈 디스 웨어라이 슈드 뤼폿 로스트 러기쥐
제 짐이 안 나왔습니다.	**My baggage hasn't arrived.** 마이 배기쥐 해즌(트) 어롸이브드
짐을 잃어버렸습니다.	**I lost my baggage.** 아이 로스트 마이 배기쥐
분실한 짐은 모두 몇 개입니까?	**How many pieces of baggage you have lost?** 하우 매니 피씨즈 옵 배기쥐 유 햅 로스트
짐에 식별표를 붙이셨나요?	**Did you put an ID tag on your baggage?** 디쥬 풋 언 아이디 택 온 유어 배기쥐
어느 비행기로 오셨어요?	**Which flight were you on?** 위치 플라잇 워 유 온
어디에서 출발한 항공편이죠?	**What flight did you come in on?** 왓 플라잇 디쥬 컴 인 온

이건 제 가방이 아닙니다.	**This bag is not mine.** 디스 백 이즈 낫 마인
제 가방이 손상되었습니다.	**My suitcase is damaged.** 마이 슛케이스 이즈 데미쥐드
이것이 수하물인환증입니다.	**This is the baggage claim tag.** 디씨즈 더 배기쥐 클레임 택

＊ 세관 검사 ＊

이 세관 신고서를 작성해주세요.	**Please fill out this customs declaration.** 플리즈 퓔 아웃 디스 커스텀즈 데클러레이션
신고할 물건이 있습니까?	**Anything to declare?** 애니띵 투 디클레어
신고할 것이 없습니다.	**I have nothing to declare.** 아이 햅 낫띵 투 디클레어
신고할 것이 전혀 없으신가요?	**Do you have absolutely nothing to declare?** 두 유 햅 앱설루틀리 낫띵 투 디클레어
세관신고서를 보여주십시오.	**Show me your custom declaration form, please.** 쇼우 미 유어 커스텀 데클러레이션 폼 플리즈 *custom declaration form 세관신고서

해외여행

* 세관 검사 *	
가방을 열어 주십시오. 이것은 무엇입니까?	**Open your bag, please. What's this?** 오픈 유어 백 플리즈 왓츠 디스
이 가방에 무엇이 들어 있습니까?	**What do you have in this bag?** 왓 두 유 햅 인 디스 백
제 개인 용품뿐입니다.	**Just my personal things.** 저슷(트) 마이 퍼서널 띵즈
이 꾸러미에는 뭐가 들어 있습니까?	**What's the content of this package?** 왓츠 더 칸텐트 옵 디스 패키쥐
이것은 친구에게 선물할 것입니다.	**This is a gift for my friend.** 디씨저 기프트 풔 마이 프렌드
이 카메라는 선물입니까?	**Is this camera a gift?** 이즈 디스 캐머뤄 기프트
이것은 세금을 내야 합니다.	**You have to pay duty on this.** 유 햅투 페이 듀티 온 디스
어디에서 관세를 지불하면 됩니까?	**Where should I pay the duty?** 웨어 슈다이 페이 더 듀티
구두로 신고해도 됩니까?	**Can I make an oral declaration?** 캔 아이 메이컨 오럴 데클러레이션 *oral 구두의

술이나 담배 가지고 있습니까?	**Do you have any alcohol or cigarettes?** 두 유 해배니 앨코울 오어 시거렛츠
없습니다.	**Nothing.** 낫띵
이 짐은 세관 유치로 해주십시오.	**Please keep this baggage in bond.** 플리즈 킵 디스 배기쥐 인 본드
신고서는 가지고 있지 않습니다.	**I don't have a declaration form.** 아이 돈(트) 해버 데클러레이션 폼
그 외에 다른 것은 없습니까?	**Do you have anything more besides those?** 두 유 햅 애니띵 모어 비싸이즈 도우즈
짐은 이게 전부입니까?	**Will that be all?** 윌 댓 비 올 = Is this all you have?
금속 탐지기를 통과해 주십시오.	**Please walk through the metal detector.** 플리즈 웍 쓰루 더 메틀 디텍터
수하물표가 여기 있습니다.	**Here is my claim tag.** 히어리즈 마이 클레임 택 *claim (기탁물을) 찾다

해외여행

6. 목적지 도착

＊ 공항에서 목적지로 이동 ＊

시내로 가는 가장 빠른 교통수단은 뭡니까?	**What's the fastest way to downtown?** 왓츠 더 패스티스트 웨이 투 다운타운
리무진은 어디에서 출발합니까?	**Where does the limousine leave from?** 웨어 더즈 더 리무진 리브 프럼
이 리무진이 힐튼호텔까지 갑니까?	**Does your limousine go to the Hilton Hotel?** 더즈 유어 리무진 고 투 더 힐튼호텔
시내로 가는 버스는 어디에서 탑니까?	**Where can I get a bus to downtown?** 웨어 캔 아이 게러 버스 투 다운타운
시내에 내려 주실 수 있습니까?	**Can you drop me downtown?** 캔 유 드랍 미 다운타운
택시 승강장은 어디에 있습니까?	**Where's the taxi stand?** 웨어즈 더 택시 스탠드
세 명인데 쉐라톤호텔까지 갈 수 있습니까?	**Can you take the three of us to the Sheraton Hotel?** 캔 유 테익 더 뜨리 옵 어스 투 더 쉐라톤 호텔

*downtown 시내

요금이 얼마지요?	**What's the fare, please?** 왓츠 더 페어 플리즈
요금이 너무 많이 나왔네요.	**You're overcharging me.** 유아 오버촤징 미 *extra 추가요금의
거스름돈을 덜 주셨네요.	**I was shortchanged.** 아이 워스 숏(트) 체인지드
잔돈은 그냥 가지세요.	**Keep the change.** 킵 더 체인지
시내로 가고 싶습니다.	**I'd like to go to downtown.** 아이(드) 라익 투 고 투 다운타운
수하물 수레가 어디에 있죠?	**Where can I find a baggage cart?** 웨어 캔 아이 파인더 배기쥐 카트
짐 나르는 사람을 찾고 있습니다.	**I'm looking for a porter.** 아임 룩킹 풔러 포터
이 짐을 버스정류소까지 옮겨 주세요.	**Please take this baggage to the bus stop.** 플리즈 테익 디스 배기쥐 투 더 버스스탑
이 짐을 택시 승강장까지 옮겨 주세요.	**Please take this baggage to the taxi stand.** 플리즈 테익 디스 배기쥐 투 더 택시 스탠드

* 공항에서 목적지로 이동 *

짐을 트렁크에 넣어주세요.	**Please put my baggage in the trunk.** 플리즈 풋 마이 배기쥐 인 더 트렁크
다운타운까지 얼마입니까?	**How much to downtown?** 하우 머취 투 다운타운
얼마 드리면 됩니까?	**How much will that be?** 하우 머취 윌 댓 비
여기서 내리겠습니다.	**I'd like to get off here.** 아이(드) 라익 투 겟 오프 히어

mini 회화

A : Where do I grab a taxi?
웨어 두 아이 그랩 어 택시
택시는 어디서 잡을 수 있나요?

B : Just out exit 10. There's place to wait for a taxi.
저슷(트) 아웃 엑싯(트) 텐 데얼즈 플레이스 투 웨잇 풔러 택시
10번 출구로 나가면 택시를 기다리는 곳이 있어요.

A : Is there a hotel bus to the Hyatt?
이즈 데어러 호텔 버스 투더 하야트
근처에 하야트호텔버스가 있나요?

B : There is no Hyatt hotel in Incheon.
데어리즈 노 하야트 호텔 인 인천
인천에는 하야트 호텔이 없습니다.

7. 관광

＊ 관광지에서 ＊

가이드를 고용할 수 있습니까?	**Is it possible to hire a guide?** 이짓 파서블 투 하이어 어 가이드
한국인 가이드가 있습니까?	**Are there any Korean-speaking guides?** 아 데어 애니 코뤼언 스피킹 가이즈
관광객을 위한 안내서가 있습니까?	**Do you have a tourist guide brochure?** 두 유 해버 투어뤼스트 가이드 브로슈어
구경할 곳이 아주 많습니다.	**There are so many places to see.** 데어라 쏘 매니 플레이시즈 투 씨
관광코스를 추천해 주시겠습니까?	**Can you recommend a sight-seeing tour?** 캔 유 뤠커멘더 싸잇씨잉 투어
오전 코스가 있습니까?	**Is there a morning tour?** 이즈 데어러 모닝 투어
표를 구입하셔야 합니다.	**You need to buy a ticket.** 유 닛투 바이 어 티킷
저것은 무엇입니까?	**What is that?** 왓 이즈 댓

＊ 관광지에서 ＊

저건 무슨 산입니까?	**What is the name of that mountain?** 왓 이즈 더 네임 옵 댓 마운틴
정말 아름다운 경치이군요!	**What a beautiful sight!** 왓 어 뷰뤼풀 싸잇
이 건물은 왜 유명합니까?	**What is this building famous for?** 왓 이즈 디스 빌딩 페이머스 풔
저 동상은 뭐죠?	**What's that statue?** 왓츠 댓 스태튜
박물관은 몇 시에 문닫습니까?	**When does the museum close?** 웬 더즈 더 뮤지엄 클로즈
오늘밤 콘서트홀에서 무엇을 하나요?	**What's at the concert hall tonight?** 왓츠 앳 더 칸써트 홀 투나잇
저랑 같이 사진 찍으실래요?	**Could you take a picture for me?** 쿠쥬 테이커 픽쳐 풔 미
관내에서 사진을 찍어도 됩니까?	**May I take pictures inside?** 메아이 테익 픽쳐스 인사이드
배경 앞에 서 주세요.	**Stand in front of the backdrop.** 스탠딘 프런트 옵 더 백드랍

비디오 촬영을 해도 됩니까?	**May I take a video?** 메아이 테이커 뷔디오
이 지방의 대표적인 공예품을 찾고 있습니다.	**I'm looking for typical crafts of this area.** 아임 룩킹 풔 티피컬 크래프츠 옵 디스 에어뤼어
제 아내한테 줄 선물로 무엇이 좋을까요?	**What gift would you recommend for my wife?** 왓 기프트 우쥬 뤠커맨드 풔 마이 와이프
선물가게는 어디에 있습니까?	**Where is the gift shop?** 웨어리즈 더 기프트 샵
저기 있는 건물은 무슨 건물입니까?	**What's that building over there?** 왓츠 댓 빌딩 오버 데어
얼마나 오래 된 것입니까?	**How old is it?** 하우 올드 이짓

A : May I help you?
메아이 헬프 유 어서 오세요.

B : I want to do the sights of the city.
아이 원투 두 더 싸잇츠 옵 더 씨리 시내 관광을 하고 싶은데요.

A : How much time can you spend?
하우 머취 타임 캔 유 스펜드 예정 시간은 어느 정도 입니까?

B : I can spend the whole afternoon.
아이 캔 스펜더 호울 앱터눈 오후 내내입니다.

해외여행

8. 긴급상황

* 여행중 긴급 상황 발생 *	
도와주세요.	**Help me, please.** 헬(프) 미 플리즈
지금 곧 가겠습니다.	**We'll be there right away.** 윌 비 데어 롸잇 어웨이
염려마십시오.	**No sweat.** 노우 스웨(트)
급해요!	**It's an emergency !** 잇츠 언 이머전씨
구급차를 부를게요.	**I'll call an ambulance.** 아일 콜 언 앰뷸런스
길을 잃었습니다.	**I'm lost.** 아임 로스트
서둘러 주십시오.	**Please hurry.** 플리즈 허뤼
한국어 할 수 있는 분이 있습니까?	**Does anyone speak Korean?** 더즈 애니원 스픽 코뤼언

경찰을 불러 주세요.	**Call the police, please.** 콜 더 폴리스 플리즈
보험에 드셨나요?	**Do you have insurance?** 두 유 햅 인슈어런스

✻ 교통 사고가 났을 때 ✻

고속도로에서 차가 고장났습니다.	**My car broke down on the free-way.** 마이 카 브로크 다운 온 더 프뤼웨이
교통사고를 당했습니다.	**I had a traffic accident.** 아 해더 트래픽 액씨던트
여기 다친 사람이 있습니다.	**Here's an injured man.** 히어즈 언 인져드 맨
피를 많이 흘렸어요.	**He lost a lot of blood.** 히 로스트 얼랏옵 블러드
내 차가 꼼짝 못하게 되었습니다.	**My car has stalled.** 마이 카 해즈 스털드
부상자가 몇 명 있습니다.	**There are some injured persons.** 데어라 썸 인져드 펄슨즈
큰일 났어요.	**I'm in trouble.** 아임 인 트러블

* 교통 사고가 났을 때 *

의사를 불러 주세요.	**Please call a doctor.** 플리즈 콜 어 닥터
자동차에 치였습니다.	**I was hit by a car.** 아이 워즈 힛 바이 어 카
아이가 없어졌어요.	**My child is missing.** 마이 촤일디즈 미씽
사고를 냈습니다.	**I had an accident.** 아 해던 액씨던트
팔이 부러진 것 같아요.	**I think my arm is broken.** 아이 띵크 마이 암 이즈 브로큰
보험 처리가 됩니까?	**Will the insurance cover it?** 윌 디 인슈어런스 커버잇
제 과실이 아닙니다.	**It wasn't my fault.** 잇 워즌(트) 마이 폴트

* 물건을 도난당했을 때 *

경찰에 신고는 하셨습니까?	**Did you report it to the police?** 디쥬 뤼폿 잇 투 더 폴리스
도난 신고를 하려고 합니다.	**I'd like to report a theft.** 아이(드) 라익 투 뤼폿 어 띠프트

도난 증명서를 써주십시오.	**Please make out a theft report.** 플리즈 메이카웃 어 띠프트 뤼폿
도난당한 물건이 있습니까?	**Is anything missing?** 이즈 애니띵 미씽
뭘 도둑맞았습니까?	**What was stolen?** 왓 워즈 스톨른
어젯밤에 제 방에 도둑이 들었습니다.	**Someone broke into my room last night.** 썸원 브로크 인투 마이 룸 래슷(트) 나잇
여권과 지갑을 도난당했습니다.	**I had my wallet stolen with my passport.** 아이 해드 마이 월릿 스톨런 윗 마이 패스폿

＊ 물건을 분실했을 때 ＊

한국대사관에 전화해 주세요.	**Please call the Korean embassy.** 플리즈 콜 더 코뤼언 엠버시
유실물 취급소는 어디입니까?	**Where is the lost and found?** 웨어리즈 더 로슷 앤 퐈운드
언제 어디서 분실했습니까?	**When and where did you lose it?** 웬 앤 웨어 디쥬 루우즈 잇
재발급 수속을 하세요.	**Fill out an application for a new one.** 퓔 아웃 언 어플리케이션 풔러 뉴 원

* 분실했을 때 *

재발행은 어디에서 신청해야 합니까?	**Where should I apply for reissue?** 웨어 슈다이 어플라이 풔 뤼이슈
신용카드를 잃어버렸습니다.	**I lost my credit card.** 아이 로스트 마이 크뤠딧 카드
분실된 카드를 신고하려고 합니다.	**I'd like to report a lost card.** 아이(드) 라익 투 뤼폿 어 로스트 카드
카드번호는 적어두었습니다.	**I keep the number of my card.** 아이 킵 더 넘버 옵 마이 카드
여권을 잃어버렸습니다.	**I have lost my passport.** 아이 햅 로스트 마이 패스폿
여행 가방을 분실했습니다.	**I lost my suitcase.** 아이 로스트 마이 슛케이스
여행자 수표를 잃어버렸습니다.	**I've lost my traveler's checks.** 아이(브) 로스트 마이 트레블러스 첵스
항공권을 잃어버렸어요.	**I've lost my airline ticket.** 아이(브) 로스트 마이 에어라인 티킷
가방을 택시에 놓고 내렸습니다.	**I left my bag in the taxi.** 아이 렙트 마이 백 인 더 택시

버스에 놓고 내렸습니다.	**I left something on the bus.** 아이 렙트 썸띵 온 더 버스
누구에게 알리는 게 좋을까요?	**Whom should I inform?** 훔 슈다이 인폼
분실물은 어떻게 생겼습니까?	**What did the lost property look like?** 왓 딧더 로스트 프라퍼리 룩 라익
분실한 짐을 찾으러 왔습니다.	**I'm here to pick up my luggage that I lost.** 아임 히어 투 픽 업 마이 러기쥐 댓 아이 로스트
내 가방이 없어졌습니다.	**My bag is missing.** 마이 백 이즈 미씽

mini 회화

A : My passport and purse was stolen.
마이 패스폿 앤 퍼스 워즈 스톨른 여권과 지갑을 도난당했습니다.

B : When and where did you lose them?
웬 앤 웨어 디쥬 루즈 뎀 언제 어디서 잃어버렸습니까?

A : I don't know. I had it stolen somewhere.
아이 돈(트) 노우 아이 해딧 스톨른 썸웨어
모르겠어요. 어디선가 소매치기당했습니다.

B : Please make contact with Korean Embassy in advance.
플리즈 메익 컨택(트) 윗 코뤼언 엠버시 인 어드밴스
우선 한국 대사관에 연락을 취하십시오.

A : I see. Thank you.
아이씨 땡큐 알겠습니다. 감사합니다.

호텔 Hotel

1. 호텔 찾기

오늘밤 묵을 곳을 아직 예약하지 못했습니다.	**I have no reservations for tonight.** 아이 햅 노우 레저베이션스 풔 투나잇
시내에 있는 호텔에 숙박하고 싶습니다.	**I'd like to stay in the downtown area.** 아이(드) 라익 투 스테이 인 더 다운타운 에어뤼어
중급 정도의 호텔에 머물고 싶습니다.	**I'd rather stay in a middle class hotel.** 아이(드) 래더 스테이 이너 미들 클래스 호텔
안전하고 깨끗한 곳에 묵고 싶습니다.	**I'd like to stay in a safe and clean place.** 아이(드) 라익 투 스테이 이너 세입 앤 클린 플레이스
역에서 가까운 호텔에서 묵고 싶습니다.	**I'd like a hotel close to the station.** 아이(드) 라익커 호텔 클로즈 투 더 스테이션
일행이 모두 몇 분이세요?	**How many in your party?** 하우 매니 인 유어 파리
여기서 호텔예약을 할 수 있습니까?	**Can I reserve a hotel here?** 캔 아이 뤼저브 어 호텔 히어

호텔 리스트가 있습니까?	**Do you have a hotel list?** 두 유 해버 호텔 리스트
숙박할 만한 곳을 소개해 주시겠어요?	**Could you suggest a good place to stay?** 쿠쥬 서제스터 굿 플레이스 투 스테이
어떤 호텔을 찾으십니까?	**What kind of hotel are you looking for?** 왓 카인돕 호텔 아 유 룩킹 풔
근처에 다른 호텔이있습니까?	**Are there any hotels nearby?** 아 데어 애니 호텔즈 니어바이
방에 인터넷 전용선이 있나요?	**Does the room have internet access?** 더즈 더 룸 햅 이너넷 액쎄스
성수기라서 숙박비가 좀 비쌉니다.	**This is peak season, and the rate is pretty high.** 디씨즈 피크 씨즌 앤 더 뤠잇 이즈 프리티 하이 =The rate is goes up during peak season.
그 호텔은 어디에 있습니까?	**Where is the hotel located?** 웨어리즈 더 호텔 로케이티드
그 곳은 어떻게 찾아갑니까?	**How can I get there?** 하우 캔 아이 겟 데어
호텔에 수영장 있습니까?	**Do you have a swimming pool in the hotel?** 두 유 해버 스위밍 풀 인 더 호텔

호텔

2. 호텔 예약할 때

호텔 예약을 할까 하는데요.	**Can you make hotel reservation for me?** 캔 유 메익 호텔 레저붸이션 풔 미
어떤 방이 좋을는지요?	**What kind of room would you like?** 왓 카인돕 룸 우쥬 라익
욕실 딸린 싱글을 부탁해요.	**A single room with a bath.** 어 싱글 룸 위더 배쓰
일박에 얼마입니까?	**How much for a night?** 하우 머취 풔러 나잇
여보세요. 오늘 저녁 묵을 방이 있습니까?	**Hello. Is there a room available tonight?** 헬로 이즈 데어러 룸 어붸일러블 투나잇
방이 모두 찬 것 같군요.	**I'm afraid we're fully booked.** 아임 어프뤠이드 위아 풀리 북트
지금 비어 있는 건 스위트 룸뿐입니다.	**The only room available at the moment is a suite.** 디 온리 룸 어붸일러블 앳 더 모먼트 이즈 어 슷(트)
좀더 싼 방은 없습니까?	**Do you have a cheaper room?** 두 유 해버 치퍼 룸

트윈만 가능합니다.	**The only room available is a twin.** 디 온리 룸 어붸일러블 이즈 어 트윈
트윈은 하루에 얼마입니까?	**What's the rate for a twin room per night?** 왓츠 더 뤠잇 풔러 트윈 룸 퍼 나잇
아침 식사 포함입니까?	**Does the price include breakfast?** 더즈 더 프롸이스 인클루드 브렉퍼스트
세금과 봉사료가 포함되어 있습니까?	**Including tax and service charge?** 인클루딩 택스 앤 써뷔스 촤지
세금 포함해서 100달러입니다.	**100 dollars including tax.** 원 헌드레드 달러스 인클루딩 택스
해변이 내다보이는 방이면 좋겠습니다.	**I'd like a room looking out on the beach.** 아이(드) 라익커 룸 룩킹 아웃 온 더 비취
다음 주 토요일에 묵을 방을 예약하고 싶습니다.	**I'd like to reserve a room for next Saturday.** 아이(드) 라익 투 뤼저브 어 룸 풔 넥슷(트) 쌔러데이
전망이 좋은 방으로 부탁해요.	**I'd like a room with a nice view.** 아이(드) 라익커 룸 위더 나이스 뷰
언제 오십니까?	**When will you be coming?** 웬 윌 유 비 커밍

*with a view of 전망이 있는

호텔

도착 예정시간은 언제 이십니까?	**When are you expected to arrive here?** 웬 아 유 익스펙티드 투 어롸이브 히어
며칠동안 묵으실 예정이십니까?	**How many nights will you be staying?** 하우 매니 나잇츠 윌 유 비 스테잉
3일 동안 머물 겁니다.	**I'll be staying three nights.** 아일 비 스테잉 뜨리 나잇츠

A : Can I reserve a hotel room in the city?
캔 아이 뤼저브 어 호텔룸 인 더 씨리
시내의 호텔 방을 예약하고 싶은데요.

B : What kind of room would you like?
왓 카인돕 룸 우쥬 라익 어떤 방이 좋으시겠습니까?

A : I'd like a single room with a bath.
아이(드) 라익커 싱글 룸 위더 배쓰
싱글에 욕실 딸린 방을 부탁하고 싶습니다만.

B : Is breakfast included?
이즈 브렉퍼스트 인클루디드 아침식사 포함으로 하시겠습니까?

A : Yes. What's the rate?
예스 왓츠 더 뤠잇 예. 방값은 얼마입니까?

B : It's about 100 dollars a night.
이츠 어밧 원 헌드레드 달러스 어 나잇 하룻밤에 100불 정도입니다.

A : O.K.
오케이 좋습니다.

3. 예약 확인 및 변경과 취소

선생님께서 예약하신 걸 취소하겠습니다.	**I'll cancel your reservation.** 아일 캔슬 유어 레저붸이션
예약을 변경하고 싶습니다.	**I want to change my reservation.** 아이 원투 체인지 마이 레저붸이션
예약을 취소하고 싶습니다.	**I'm calling to cancel my reservation.** 아임 콜링 투 캔슬 마이 레저붸이션
오늘밤 7시 예약을 취소하고 싶습니다.	**I'd like to cancel my reservation for 7 tonight.** 아이(드) 라익 투 캔슬 마이 레저붸이션 풔 쎄븐 투나잇
예약되어 있지 않습니다.	**I don't find your name on the list.** 아이 돈(트) 퐈인드 유어 네임 온 더 리스트
예약이 되어 있습니다.	**O.K. You're reconfirmed.** 오케이 유아 리컨펌드
5일자, 같은 시간 편으로 해 주세요.	**I'd like to fly on the 5th, on the same flight.** 아이(드) 라익 투 플라이 온 더 퓌(프)쓰 온 더 쎄임 플라잇
예약 확인을 하고 싶은데요.	**I'd like to reconfirm a reservation.** 아이(드) 라익 투 리컨펌 어 레저붸이션

트윈 하나 예약하셨군요. 맞습니까?	**One twin. Is that right?** 원 트윈 이즈 댓 롸잇
즉시 확인해 주세요.	**Please check on it right away.** 플리즈 첵(크) 온 잇 롸잇 어웨이
성함과 편명을 말씀해 주십시오.	**Your name and flight number, please.** 유어 네임 앤 플라잇 넘버 플리즈
다른 항공사 비행기를 확인해 주십시오.	**Please check other airlines.** 플리즈 첵(크) 아더 에어라인즈
예약번호를 알려주시겠습니까?	**Could you tell me your reservation number?** 쿠쥬 텔 미 유어 레저붸이션 넘버
분명히 예약했는데요.	**I'm sure I have a reservation.** 아임 슈어 아이 해버 레저붸이션
내일 아침 9시에 서울로 떠나는 비행기네요.	**You're leaving for Seoul tomorrow at 9 a.m.** 유아 리빙 풔 서울 터머로우 앳 나인 에이엠

A : Northwest Airlines. How can I help you?
노스웨스트 에어라인즈 하우 캔 아이 헬프 유
노스웨스트항공사입니다. 무엇을 도와드릴까요?

B : I'd like to reconfirm my reservation.
아이(드) 라익 투 리컨펌 마이 레저붸이션
예약한 것을 재확인하고 싶습니다.

4. 체크인

안녕하세요. 도와드릴까요?	**Good evening. Can I help you?** 굳 이브닝 캔 아이 헬(프) 유
체크인 부탁합니다.	**I'd like to check in, please.** 아이(드) 라익 투 체킨 플리즈
예약을 하셨습니까?	**Do you have a reservation?** 두 유 해버 레저붸이션
사흘간 예약했습니다. 내 이름은 홍길동입니다.	**I have a reservation for three nights. My name is Hong Gil-dong.** 아이 해버 레저붸이션 풔 뜨리 나잇츠 마이 네임 이즈 홍 길동
예약은 한국에서 했습니다.	**I made one from Korea.** 아이 메이드 원 프럼 코뤼아
어느 분의 이름으로 되어 있습니까?	**What name is it under?** 왓 네임 이짓 언더
얼마나 머물 예정인가요?	**How long will you be staying?** 하우 롱 윌 유 비 스테잉
하룻밤 묵을 예약을 했는데요.	**I have a reservation here for one night.** 아이 해버 레저붸이션 히어 풔 원 나잇

*leave ~에게 맡기다, 위탁하다

여기 예약 확인서가 있습니다.	**Here is my confirmation slip.** 히어리즈 마이 컨풔메이션 슬립
머무르는 동안 좋은 시간 가지시기를 바랍니다.	**I hope you enjoy your stay here.** 아이 호퓨 인조이 유어 스테이 히어
✻ 숙박카드를 쓸 때 ✻	
이 카드에 기입해 주시겠어요?	**Will you fill out this form, please?** 윌 유 퓔 아웃 디스 폼 플리즈
어떻게 기입해야 합니까?	**Can you tell me how to fill out this form?** 캔 유 텔 미 하우 투 퓔 아웃 디스 폼
네. 성함과 주소만 기입해 주시면 나머지는 제가 써 드리죠.	**Certainly. Just put your name and address here, and I'll take care of the rest .** 써튼리 저슷(트) 풋 유어 네임 앤 어드뤠스 히어 앤 아일 테익 케어 옵 더 뤠스트

mini 회화

A : Will you fill in this registration form?
윌 유 퓔 인 디스 뤠지스트레이션 폼 이 숙박 카드에 기입해주시겠습니까?

B : All right. Here you are.
올롸잇 히어 유 아 예. 여기 있습니다.

A : You are in room 506. Here's your key.
유아 인 룸 퐈이브 오 식스 히어즈 유어 키
방은 506호실입니다. 여기 열쇠입니다.

B : Can I check my valuables with you?
캔 아이 첵 마이 벨류어블즈 위듀 귀중품을 보관해 주시겠습니까?

A : All right. I'll be check it.
올롸잇 아일 비 체킷 네. 보관하겠습니다.

5. 프런트에서

방 열쇠 여기 있습니다.	**Here's your room key.** 히어즈 유어 룸 키
방은 505호실입니다.	**Your room number is 505.** 유어 룸 넘버 이즈 파이브 오 파이브
방은 몇 층에 있지요?	**What floor is my room on?** 왓 플로어 이즈 마이 룸 온
방을 보여주시겠어요?	**Could I see the room?** 쿠다이 씨 더 룸
방을 볼 수 있나요?	**May I see the room?** 메아이 씨 더 룸
제 앞으로 메시지가 있나요?	**Are there any messages for me?** 아 데어 애니 메시지즈 풔 미
욕실 딸린 1인용 방을 부탁합니다.	**I'd like a single room with a bath.** 아이(드) 라익커 싱글 룸 위더 배쓰
그 방으로 하겠습니다.	**I'll take that room.** 아일 테익 댓 룸
비상구는 어디에 있습니까?	**Where's the fire exit?** 웨어즈 더 파이어 엑싯(트)

오늘 밤 늦게 돌아올 예정입니다.	**I'll be back late tonight.** 아일 비 백 레잇 투나잇
인터넷을 이용할 수 있어요?	**Do you have internet?** 두 유 햅 이너넷
방 요금은 얼마입니까?	**What's the rate?** 왓츠 더 뤠잇
세금과 서비스 요금은 별도입니다.	**It excludes the tax and service charge.** 잇 익스클루우즈 더 택스 앤 써뷔스 촤지
열쇠를 보관해 주시겠습니까?	**Will you keep my key?** 윌 유 킵 마이 키
여행자수표를 현금으로 바꿔 주시겠습니까?	**Could you exchange this traveler's check into cash?** 쿠쥬 익스체인지 디스 트레블러스 첵 인투 캐쉬
한국에 전화하고 싶은데요.	**I'd like to make a call to Korea, please.** 아이(드) 라익 투 메이커 콜 투 코뤼아 플리즈
이것을 항공으로 보내 주십시오.	**Please send this by air mail.** 플리즈 쎈 디스 바이 에어 메일
커피숍은 언제까지 합니까?	**How late is the coffee shop open?** 하우 레잇 이즈 더 커퓌 샵 오픈
팩스는 있습니까?	**Do you have a fax machine?** 두 유 해버 팩스 머쉰

한국의 서울로 팩스를 보내고 싶습니다.	**I'd like to send a fax to Seoul, Korea.** 아이(드) 라익 투 센더 팩스 투 서울 코뤼아
호텔 안에 선물가게가 있습니까?	**Do you have a gift shop in the hotel?** 두 유 해버 기프트 샵 인 더 호텔
이메일을 체크하고 싶은데요.	**I want to check my e-mail.** 아이 원투 첵(크) 마이 이메일
식당은 어디에 있습니까?	**Where is the dining room?** 웨어리즈 더 다이닝 룸
안전함에 넣어두겠습니다.	**We'll put it in the safety box.** 윌 풋 잇 인 더 세이프티 박스

＊ 귀중품을 맡길 때 ＊

실례합니다. 귀중품을 맡길 수 있을까요?	**Excuse me. Can I deposit valuables here?** 익스큐즈 미 캔 아이 디파짓 벨류어블스 히어
네, 그러시죠. 이 봉투에 넣어서 봉합해 주세요.	**Yes, you can. Please put your articles in this envelope and seal it.** 예스 유 캔 플리즈 풋 유어 아티클즈 인 디스 엔벨롭 앤 씰 잇
언제까지 맡겨 두실 건가요?	**How long would you like us to keep it?** 하우 롱 우쥬 라익 어스 투 킵 잇

6. 룸 서비스

여기는 506호입니다.	**This is room 506.** 디씨즈 룸 파이브 제로 씩스
간단한 식사를 주문하고 싶은데요.	**I'd like to order a snack, please.** 아이(드) 라익 투 오더 어 스낵 플리즈
아침 식사를 주문하고 싶습니다.	**I'd like to order breakfast.** 아이(드) 라익 투 오더 브렉퍼스트
토마토 주스와 토스트를 주십시오.	**I'll have tomato juice and toast.** 아일 햅 터메이토 쥬스 앤 토스트
계란은 어떻게 해 드릴까요?	**How would you like your eggs?** 하우 우쥬 라익 유어 에그즈
한쪽만 익힌 프라이로 해주십시오.	**Sunny-side up, please.** 써니사이덥 플리즈
밀크 티를 주십시오.	**Tea with milk, please.** 티 윗 밀크 플리즈
홍차와 커피, 어느 쪽이 좋을는지요.	**Which would you prefer, tea or coffee?** 위치 우쥬 프리퍼 티 오어 커피
들어오십시오.	**Come in.** 컴 인

뜨거운 물을 가져오세요.	**Would you bring me boiling water?** 우쥬 브링 미 보일링 워터
룸서비스입니다. 무엇을 도와 드릴까요?	**Room service. Can I help you?** 룸 써뷔스 캔 아이 헬퓨
무엇을 주문하시겠어요?	**What would you like to order?** 왓 우쥬 라익 투 오더
방을 따뜻하게 해주시겠습니까?	**Will you please make the room warmer?** 윌 유 플리즈 메익 더 룸 워머
내 방에서 아침 식사를 할 수 있습니까?	**May I have breakfast in my room?** 메아이 햅 브렉퍼스트 인 마이 룸
뷔페식으로 준비되어 있습니다.	**We have the buffet for you.** 위 햅 더 뷔페 풔 유
빨리 좀 부탁합니다.	**Please make it quick.** 플리즈 메이킷 퀵
샌드위치와 커피 부탁해요.	**I'd like a sandwich and a coffee, please.** 아이(드) 라익커 샌드위치 앤 어 커피 플리즈
샴페인 한 병 가져다주시겠어요?	**Could you send up a bottle of champagne?** 쿠쥬 쎈덥 어 바틀 옵 쉠패인

접시는 어떻게 할까요?	**What should I do with the dishes?** 왓 슈다이 두 윗 더 디쉬스
테이블 위에 놓아주시겠어요?	**Could you put it on the table, please?** 쿠쥬 풋 잇 온 더 테이블 플리즈
얼음 좀 주세요.	**I'd like some ice.** 아이(드) 라익 썸 아이스
세탁을 부탁합니다.	**Laundry service, please.** 론드리 써뷔스 플리즈 = I have some laundry I need done.
아침 식사는 몇 시부터 입니까?	**What time is breakfast served?** 왓 타임 이즈 브렉퍼스트 써브드
아침 식사를 방으로 갖다 주십시오.	**Please bring my breakfast to my room.** 플리즈 브륑 마이 브렉퍼스트 투 마이 룸
이 바지를 다려 주었으면 합니다.	**I want these pants pressed.** 아이 원(트) 디즈 팬츠 프뤠스드
이 스커트 세탁을 부탁하고 싶습니다.	**I'd like to have this skirt washed.** 아이(드) 라익 투 햅 디스 스컷 워쉬드
요금을 드려야 합니까?	**Is there a charge for this?** 이즈 데어러 촤지 풔 디스 *aundry 세탁물, 세탁장, 세탁소

적지만 팁입니다.	**Here's something for you.** 히어즈 썸띵 풔 유

✻ 모닝콜 부탁할 때 ✻

모닝콜을 부탁하고 싶습니다.	**I'd like a wake-up call in the morning.** 아이(드) 라익커 웨이컵 콜 인 더 모닝
네, 좋습니다.	**I'll be happy to try.** 아일 비 해피 투 트롸이
내일 아침 7시에 깨워 주셨으면 합니다.	**Please wake me up at seven tommorrow morning.** 플리즈 웨익 미 업 앳 세븐 터머로우 모닝
성함과 방 번호를 가르쳐 주시겠습니까?	**May I have your name and room number, please?** 메아이 해뷰어 네임 앤 룸 넘버 플리즈
123호실의 미스터박입니다.	**Mr. Park in room 123.** 미스터 박 인 룸 원투뜨리

mini 회화

A : Room service. May I help you?
룸 써뷔스 메아이 헬프 유 룸서비스입니다. 뭘 도와 드릴까요?

B : Yes. This is room 506. I'd like to order two bottles of beer.
예스 디씨즈 룸 퐈이브 헌드레드 씩스. 아이(드) 라익 투 오더 투 바틀즈 옵 비어 505호입니다. 맥주 두 병 갖다 주세요.

7. 불편 사항을 말할 때

이 방은 너무 시끄럽습니다.	**This room is noisy.** 디스 룸 이즈 노이지
주문한 식사가 아직 안 왔습니다.	**I'm still waiting for my order.** 아임 스틸 웨이링 풔 마이 오더
빨리 해주세요.	**As soon as possible, please.** 애즈 쑨 애즈 파서블 플리즈
세탁물이 아직 안 왔습니다.	**I'm still waiting for my laundry.** 아임 스틸 웨이링 풔 마이 론드리
문제가 생겼어요.	**I have a problem.** 아이 해버 프라블럼
방에 키를 두고 나왔어요.	**I have locked myself out.** 아이 햅 락(트) 마이셀프 아웃
불이 안 들어와요.	**The light doesn't work.** 더 라잇 더즌(트) 워크
시트를 갈아주세요.	**Please change the sheet.** 플리즈 체인지 더 쉿
비누가 없습니다.	**There is no soap.** 데어리즈 노우 소읍

냉장고가 안 돌아가요.	**The refrigerator doesn't work.** 더 리프리지뢰이터 더즌(트) 워크
방 청소를 해주십시오.	**Please make up this room.** 플리즈 메이컵 디스 룸
화장실이 고장났어요.	**The toilet isn't flushing.** 더 터일릿 이즌(트) 플러쉬
자물쇠가 망가졌습니다.	**The lock is broken.** 더 락 이즈 브로큰
텔레비전이 켜지지 않습니다.	**The TV doesn't work.** 더 티비 더즌(트) 워크
에어컨이 작동되지 않습니다.	**The air-conditioner doesn't work.** 디 에어 컨디셔너 더즌(트) 워크
수도꼭지가 말썽이에요.	**I'm having trouble with the faucet.** 아임 해빙 트러블 윗 더 풔씻
방이 좀 춥습니다.	**This room is chilly.** 디스 룸 이즈 칠리
타월을 바꿔 주세요.	**Can I get a new towel?** 캔 아이 겟 어 뉴 타월
다른 방으로 옮길 수 없을까요?	**Could you change my room?** 쿠쥬 체인지 마이 룸

마스터키를 부탁합니다.	**The master key, please.** 더 마스터 키 플리즈
옆방이 너무 시끄럽습니다.	**The next room is very noisy.** 더 넥슷(트) 룸 이즈 붸리 노이지
욕실 배수관이 고장났습니다.	**The bathroom drain does'nt work.** 더 배쓰 룸 드레인 더즌(트) 워크
방청소가 아직 안 되었습니다.	**My room hasn't been cleaned yet.** 마이 룸 해즌(트) 빈 클린드 옛
뜨거운 물이 나오지 않습니다.	**There's no hot water.** 데얼즈 노 핫 워터
빨리 고쳐주세요.	**Could you fix it now?** 쿠쥬 픽싯 나우
더운 물이 나오지 않습니다.	**Hot water doesn't come out.** 핫 워터 더즌(트) 컴 아웃
전기가 나갔습니다.	**The power is off.** 더 파워 이즈 오프
다른 방을 배정해 드리겠습니다.	**I'll arrange another room for you.** 아일 어뤠인지 어나더 룸 풔 유

8. 물건을 놓고 왔을 때

열쇠를 방에 두고 나왔습니다.	**I left the key in my room.** 아이 렙트 더 키 인 마이 룸
서랍에 넣어 두었습니다.	**I put it in the drawer.** 아이 풋 잇 인 더 드로워
어디에 두었는지 기억하고 있습니까?	**Do you remember where you left it?** 두 유 리멤버 웨어 유 렙트 잇
카메라를 호텔에 놓고 왔습니다.	**I left my camera in the hotel.** 아이 렙트 마이 캐머뤄 인 더 호텔
기사님, 호텔로 돌아가 주시겠어요?	**Driver, Would you go back to the hotel?** 드라이버 우쥬 고 백 투 더 호텔
호텔로 전화해서 카메라가 있는지 확인해야 합니다.	**I should call the hotel to find if my camera is in the hotel.** 아이 슈드 콜 더 호텔 투 파인드 잎 마이 캐머뤄 이즈 인 더 호텔
카메라를 가지러 호텔로 돌아가고 싶습니다.	**I want to return to the hotel to pick up my camera.** 아이 원투 뤼턴 투 더 호텔 투 픽업 마이 캐머뤄
방에 두고 온 물건이 있는데요.	**I left something in my room.** 아이 렙트 썸띵 인 마이 룸

9. 호텔 일정 변경하고 싶을 때

일요일까지 숙박을 연장하고 싶은데요.	**I'd like to extend my stay until this sunday.** 아이(드) 라익 투 익스텐(드) 마이 스테이 언틸 디스 썬데이
그 방에서 하룻밤 더 묵을 수 있습니까?	**Can I stay one more night in that room?** 캔 아이 스테이 원 모어 나잇 인 댓 룸
두 시간 더 있어도 되겠습니까?	**Two hours longer, OK?** 투 아우어즈 롱거 오케이
닷새 더 체류를 연장하고 싶습니다.	**I want to extend my stay for five days.** 아이 원투 익스텐(드) 마이 스테이 풔 파이브 데이즈
당분간 이 곳에 체재하실 예정입니까?	**Do you expect to stay here for some time?** 두 유 익스펙투 스테이 히어 풔 썸 타임
며칠 더 머물고 싶습니다.	**I'd like to extend my stay for a few days.** 아이(드) 라익 투 익스텐(드) 마이 스테이 풔러 퓨 데이즈
오늘 저녁까지 방을 쓸 수 있을까요?	**May I use the room till this evening?** 메아이 유즈 더 룸 틸 디스 이브닝

내일까지 더 있어도 되지요?	**Until tomorrow, OK?** 언틸 터머로우 오케이
추가요금인가요?	**Is it extra?** 이짓 엑스트뤄
그 점에 관해서라면 안내 데스크에 물어 보세요.	**The information desk will help you on that.** 디 인풔메이션 데스크 윌 헬퓨 온 댓
체크아웃 하는 시간이 몇 시죠?	**What's the check out time?** 왓츠 더 체카웃 타임
같은 방을 쓰고 싶은데요.	**Same room, please.** 쎄임 룸 플리즈
하루 일찍 떠나고 싶은데요.	**I'd like to leave one day earlier.** 아이(드) 라익 투 리브 원 데이 얼리어

mini 회화

A : I'll be checking out at noon.
아일 비 체킹 아웃 앳 눈 정오쯤 체크아웃하고 싶은데요.

B : What is your name and room number, sir?
왓 이즈 유어 네임 앤 룸 넘버 써 성함과 방 번호를 말씀해 주십시오.

A : I'm Lee. And the room number is 506.
아임 리 앤 더 룸 넘버 이즈 퐈이브 헌드레드 식스
이라고 합니다. 방 번호는 506호입니다.

B : Just a moment, please. Your bill comes to 100 dollars, sir.
저슷(트) 어 모먼트 플리즈 유어 빌 컴스 투 원 헌드레드 달러스 써
잠시 기다려 주십시오. 모두 100불입니다.

호텔

10. 국제 전화를 걸 때

한국 서울로 국제전화를 하고 싶습니다.	**I'd like to make an international call to Seoul, Korea.** 아이(드) 라익 투 메이컨 인터내셔널 콜 투 서울 코뤼아
한국에 전화하고 싶은데요.	**I'd like to call Korea.** 아이(드) 라익 투 콜 코뤼아
수신자 부담 통화를 하고 싶습니다.	**I'd like to place a collect call.** 아이(드) 라익 투 플레이스 어 컬렉트 콜
직접 국제전화를 걸 수 있습니까?	**Can I dial directly?** 캔 아이 다이얼 디렉틀리
이 전화로 한국에 걸 수 있습니까?	**Can I call Korea with this telephone?** 캔 아이 콜 코뤼아 윗디스 텔러폰
신용카드로 전화를 걸고 싶습니다.	**I'd like to make a credit card call.** 아이(드) 라익 투 메이커 크뤠딧 카드 콜
이 전화로는 연결이 안 됩니다.	**I can't connect you on this phone.** 아이 캔(트) 커넥츄 온 디스 폰
어디서 공중전화기를 찾을 수 있습니까?	**Where can I find a public phone?** 웨어 캔 아이 퐈인더 퍼블릭 폰

11. 체크 아웃

체크아웃 하겠습니다.	**I'd like to checkout.** 아이(드) 라익 투 체카웃
6시 정도에 가지러 오겠습니다.	**I'll come at six or so.** 아일 컴 앳 식스 오어 쏘
계산서를 주시겠어요?	**May I have my bill, please?** 메아이 햅 마이 빌 플리즈
곧 퇴실하려고 하는데요.	**I'm checking out soon.** 아임 체킹 아웃 쑨
맡겼던 귀중품을 다시 찾고 싶습니다.	**I'd like my valuables back.** 아이(드) 라익 마이 밸류어블스 백
세금이 포함되어 있습니까?	**Does it include the tax?** 더짓 인클룻더 택스
어떻게 지불하시겠습니까?	**How would you like to pay?** 하우 우쥬 라익 투 페이
어제 계산했어요.	**I paid yesterday.** 아이 페이(드) 예스터데이
이 신용카드로 지불하고 싶은데요.	**I'd like to pay with this credit card.** 아이(드) 라익 투 페이 윗디스 크뤠딧 카드

이 요금은 무엇입니까?	**What's this charge?** 왓츠 디스 좌지
전체 비용이 얼마인가요?	**How much is the total charge?** 하우 머취즈 더 토를 좌지
짐을 맡아 주실 수 있습니까?	**Can you keep this baggage for me?** 캔 유 킵 디스 배기쥐 풔 미
택시를 불러주시겠습니까?	**Would you please call a taxi?** 우쥬 플리즈 콜 어 택시
즐겁게 지냈습니다.	**I've enjoyed my stay.** 아이(브) 인조이드 마이 스테이
전부 얼마입니까?	**How much will it be altogether?** 하우 머취 위릿 비 얼투게더

＊ 여행자 수표로 지불할 때 ＊

여행자 수표도 받습니까?	**Do you accept traveler's checks?** 두 유 액셉(트) 트레블러스 첵(크)스
네, 받습니다. 신분 증명서를 가지고 계신가요?	**Yes, we do. Do you have any identification?** 예스 위 두 두 유 해배니 아이덴티피케이션
네, 여권을 가지고 있습니다.	**Yes, I have my passport.** 예스,아이 햅 마이 패스폿

●필수 단어●

프런트 데스크	front desk 프런트 데스크
입실	check-in 체킨
퇴실	check-out 체카웃
숙박신고서	registration card 뤠지스트레이션 카드
현주소	home address 홈 어드뤠스
회사명	company name 컴퍼니 네임
직업	occupation 아큐페이션
국적	nationality 네셔낼러티
여권번호	passport No. 패스폿 넘버
지배인	manager 매니저
1인용	single 싱글
침대 1, 두 사람용	double 더블
침대 2, 두 사람용	twin 트윈
특실	suite 슷(트)
(호텔의) 안내인	concierge 칸시셔즈
빈 방, 빈자리	vacancy 베이컨시
투숙하다, (공항에서) 첵인하다	check in 체킨
(호텔의) 퇴실, (책 등을) 대출하다	check out 체카웃
호텔의 퇴실 시간	check out time 체카웃 타임
예약하다	book 북
숙박료	rate 뤠잇
숙박시키다	accommodate 어카머데이트
숙박시설	accommodations 어카머데이션스
모닝 콜	wake-up call 웨이컵 콜
(호텔에서) 이름을 불러 찾다	page 페이지
(호텔, 가게 등의) 투숙객, 단골손님	patron 페이트런
(예약을) 확인하다	confirm 컨펌
예약한 것을 확인하다	confirm a reservation 컨펌 어 레저붸이션

호텔

화제 Topics

1. 가족관계에 대해

* 자기소개 *	
저는 마흔 살입니다.	**I'm 40 years old.** 아임 풔리 이어즈 오울드
저는 L사의 이상현라고 합니다.	**I'm Lee sanghyun of the L Company.** 아임 이상현 옵 더 엘 컴퍼니
제 이름은 린다 콜린스입니다.	**My name is Linda Collins.** 마이 네임 이즈 린다 콜린스
저는 가족 중에서 장남입니다.	**I'm the oldest in my family.** 아임 디 올디스트 인 마이 패밀리
저는 기혼입니다.	**I'm married.** 아임 메뤼드
저는 미혼입니다.	**I'm single.** 아임 싱글
저는 막내입니다.	**I'm the youngest.** 아임 더 영기스트

저는 외아들입니다.	**I'm an only son.** 아임 언 온리 썬

*** 가족관계 ***

가족에 대해 좀 말씀해 주시겠습니까?	**Please tell me about your family?** 플리즈 텔 미 어밧 유어 패밀리
가족은 저에게 중요합니다.	**Family is important to me.** 패밀리즈 임포턴투 미
가족은 몇 분이나 됩니까?	**How many people are there in your family?** 하우 매니 피플 아 데어린 유어 패밀리
우리 식구는 다섯 명입니다.	**There are five in my family.** 데어라 파이브 인 마이 패밀리
우리는 대가족입니다.	**We have a large family.** 위 해버 라쥐 패밀리
우리 가족사진이에요.	**It's a picture of my family.** 잇처 픽쳐 옵 마이 패밀리
부모님과 함께 사세요?	**Do you live with your parents?** 두 유 리브 위듀어 페어런츠
부모님, 여동생, 그리고 저입니다.	**My parents, my younger sister and my self.** 마이 페어런츠 마이 영거 시스터 앤 마이셀프

* 가족관계 *

당신은 몇 째예요?	**Which child are you?** 위치 촤일(드) 아 유
형제나 자매가 있습니까?	**Do you have any brothers and sisters?** 두 유 해배니 브라더스 앤 씨스터스
어머니는 무슨 일을 하십니까?	**What does your mom do?** 왓 더쥬어 맘 두
자녀가 있습니까?	**Have you got any kids?** 해뷰 갓 애니 키즈
자녀들은 몇 살입니까?	**How old are your children?** 하우 오울드 아 유어 췰드런
자녀들은 몇 명이나 됩니까?	**How many children do you have?** 하우 매니 췰드런 두 유 햅
아들만 둘이고 딸은 없습니다.	**I have two sons, but no girls.** 아이 햅 투 썬즈 벗 노 걸스
그 자녀들은 학교에 다니나요?	**Do they go to school?** 두 데이 고 투 스쿨
저희는 아이가 없습니다.	**We have no children.** 위 햅 노 췰드런

결혼하신 지 얼마나 되셨어요?	**How long have you been married?** 하우 롱 해뷰 빈 메뤼드
곧 우리 아이가 태어날 겁니다.	**We're expecting a baby.** 위아 익스펙팅 어 베이비
출산 예정일이 언제입니까?	**When is the blessed event?** 웬 이즈 더 블레스드 이벤트
남편은 어떤 일을 하세요?	**What does your husband do for a living?** 왓 더즈 유어 허즈번드 두 풔러 리빙
부인이 하는 일이 있습니까?	**Does your wife work?** 더즈 유어 와입(프) 워크
아이는 언제 가질 예정입니까?	**When are you going to have children?** 웬 아 유 고잉 투 햅 췰드런

A : Do you have any brothers or sisters?
두 유 해배니 브라더스 오어 시스터스
형제나 누나가 있습니까?

B : I have three older brothers. I'm the youngest.
아이 햅 뜨리 올더 브라더스 아임 더 영기스트
형이 세 명 있습니다. 제가 막냅니다.

2. 출신과 고향에 대해

어디에 사세요?	**Where do you live?** 웨어 두 유 리브
그 곳에 사신 지 얼마나 되셨어요?	**How long have you lived there?** 하우 롱 해뷰 리브드 데어
어떤 집에 사세요?	**What kind of place do you live in?** 왓 카인돕 플레이스 두 유 리브 인
저는 2층에 살아요.	**I live on the second floor.** 아이 리브 온 더 세컨(드) 플로어
저는 아파트에 살아요.	**I live in an apartment.** 아이 리브 인 언 어파트먼(트)
저는 인천에서 태어났습니다.	**I was born in Incheon.** 아이 워즈 본 인 인천
어디에서 오셨어요?	**Where are you from?** 웨어라 유 프럼
미국에서 왔습니다.	**I'm from the United States.** 아임 프럼 디 유나이티드 스테이츠
저는 교외에 살아요.	**I live in a suburb.** 아이 리브 인 어 써버브

저는 주택에 살아요.	**I live in a house.** 아이 리브 인 어 하우스
저는 이곳에서 10년째 살고 있어요.	**I've lived here for ten years.** 아이(브) 리브드 히어 풔 텐 이어즈
저는 오하이오에서 나고 자랐습니다.	**I was born and raised in Ohio.** 아이 워즈 본 앤 뤠이지드 인 오하이오
저는 시골에 살아요.	**I live in the countryside.** 아이 리브 인 더 컨트리싸이드
저는 시내에 살아요.	**I live in the downtown area.** 아이 리브 인 더 다운타운 에어뤼어
저는 이곳 토박이입니다.	**I was born and raised here.** 아이 워즈 본 앤 뤠이즈드 히어
저는 이 지역이 마음에 들어요.	**I like this neighborhood.** 아이 라익 디스 네이버후드
다른 데로 이사하고 싶어요.	**I want to move somewhere else.** 아이 원투 무브 썸웨어 엘스
저는 옆집에 살아요.	**I live next door.** 아이 리브 넥슷(트) 도어
저의 집에 한번 놀러 오세요.	**Please stop by my house sometime.** 플리즈 스탑 바이 마이 하우스 썸타임 *company housing 사택

3. 건강관리에 대해

건강해 보이십니다.	**You are in fine shape.** 유 아 인 퐈인 쉐입
건강의 비결은 무엇입니까?	**What's responsible for your good health?** 왓츠 뤼스판서블 풔 유어 굿 헬스
건강이 예전 같지 않아요.	**I'm not as healthy as I used to be.** 아임 낫 애즈 헬씨 애즈 아이 유즈(드) 투 비
나는 건강에 자신이 있습니다.	**I'm confident of my health.** 아임 컨퓌던(트) 옵 마이 헬스
나는 조깅으로 매일 운동을 해요.	**I work out everyday by jogging.** 아이 워카웃 에브뤼데이 바이 쟈깅
몸무게 줄여야겠어요.	**I have to work off weight.** 아이 햅투 워크 오프 웨잇
체중이 얼마입니까?	**How much do you weigh?** 하우 머취 두 유 웨이
최근에 체중이 좀늘었어요.	**I've gained some weight recently.** 아이(브) 게인드 썸 웨잇 뤼쎈틀리

술을 줄이려고 노력 중이에요.	**I'm trying to drink less.** 아임 트롸잉 투 드륑(크) 레스
요즘 체중을 좀 줄였어요.	**I've lost some weight these days.** 아이(브) 로스트 썸 웨잇 디즈 데이즈
허리 살을 좀 빼려고 합니다.	**I'm trying to make my waist slim.** 아임 트롸잉 투 메익 마이 웨이스트 슬림
어제보다는 훨씬 컨디션이 좋아요.	**I feel much better than yesterday.** 아이 필 머취 베러 댄 예스터데이
어젯밤에 편히 주무셨습니까?	**Did you sleep soundly last night?** 디쥬 슬립 싸운들리 래슷(트) 나잇
오늘은 몸이 좋지 않아요.	**I'm feeling off today.** 아임 퓔링 오프 투데이
운동 자주 하십니까?	**Do you often work out?** 두 유 어픈 워카웃
운동은 내 생활의 일부가 되었어요.	**Exercise became part of my daily life.** 엑서사이즈 비케임 파트 옵 마이 데일리 라이프
운동은 스트레스를 줄여 줄 수 있습니다.	**Exercise can cut down on stress.** 엑서사이즈 캔 컷 다운 온 스트뤠스

운동을 거의 하지 않습니다.	**I rarely exercise.** 아이 레어리 엑서사이즈
운동한 지 10년 정도 됐어요.	**It has been ten years since I worked out.** 잇 해즈 빈 텐 이어스 씬싸이 워크(드) 아웃
저는 걷기가 우리 건강에 좋다고 생각해요.	**I think walking is good for our health.** 아이 띵크 워킹 이즈 굿 풔 아워 헬스
저는 다이어트를 계속하고 운동을 많이 해요.	**I stick to my diet and exercise a lot.** 아이 스틱 투 마이 다이어(트) 앤 엑서사이즈 얼랏
그는 배에 군살이 있어요.	**He has love handles.** 히 해즈 러브핸들즈
컨디션은 좀 어때요?	**How do you feel?** 하우 두 유 퓔
안 좋아 보이는군요.	**You don't look so good.** 유 돈(트) 룩 쏘 굿
저는 아주 건강해요.	**I'm in good health.** 아임 인 굿 헬스
피곤해 죽겠어요.	**I'm tired out.** 아임 타이어드 아웃

4. 스타일에 대해

* 외모와 복장을 말할 때 *

그걸 입으니 젊어 보입니다.	**It makes you look young.** 잇 메익스 유 룩 영
그게 무슨 말이세요. 보기 좋은데요.	**What nonsense! You look just fine.** 왓 난센스 유 룩 저슷(트) 파인
그는 체격이 좋습니다.	**He's well-built.** 히즈 웰빌트
키가 얼마나 되죠?	**How tall are you?** 하우 톨 아 유
키가 큰 편이군요.	**You're rather tall.** 유아 래더 톨
저는 키가 약간 작습니다.	**I'm a little short.** 아임 어 리들 숏(트)
당신은 패션에 안목이 있으십니다.	**You have an eye for fashion.** 유 해번 아이 풔 패션
머리 모양을 바꾸셨군요.	**You changed your hair style, didn't you?** 유 체인지드 유어 헤어 스타일 디든츄

몸매가 날씬하군요.	**You have good Shape.** 유 햅 굿 쉐입
미남이시군요.	**You are handsome.** 유 아 핸썸
아름다우시군요.	**You are beautiful.** 유 아 뷰뤼풀
그 여자는 화장을 안했어요?	**She isn't wearing any makeup.** 쉬 이즌(트) 웨어링 애니 메이컵
화장이 너무진하군요.	**You're wearing too much makeup.** 유아 웨어링 투 머취 메이컵
옷 입는 감각이 아주 좋으시군요.	**You're very fashionable.** 유아 붸리 패셔너블
옷차림이 야한데요.	**The design is loud.** 더 디자인 이즈 라우드
이 옷이 정말 마음에 안 들어요.	**I don't really like these clothes.** 아이 돈(트) 뤨리 라익 디즈 클로시즈
저는 캐주얼웨어를 입는 것을 좋아합니다.	**I like to wear casual clothes.** 아이 라익 투 웨어 캐주얼 클로시즈
저는 패션에 매우 민감해요.	**I'm extremely sensitive to fashion.** 아임 익스트륌리 쎈서티브 투 패션

저는 아버지를 닮았어요.	**I resemble my father.** 아이 뤼젬블 마이 파더
저는 외모에 신경 쓰지 않습니다.	**I'm not concerned about how I look.** 아임 낫 컨썬(드) 어밧 하우 아이 룩

＊ 성격을 말할 때 ＊

저는 별로 사교적이지 않습니다.	**I'm not really sociable.** 아임 낫 륄리 쏘셔블
당신은 재미있는 사람이군요.	**You are interesting.** 유 아 인터뤠스팅
그녀는 매우 외향적입니다.	**She's really outgoing.** 쉬즈 륄리 아웃고잉
그녀는 아주 말괄량이입니다.	**She's a real tomboy.** 쉬즈 어 륄 톰보이
그녀의 성격은 어떻습니까?	**What's she like?** 왓츠 쉬 라익
그는 친절합니다.	**He is kind.** 히 이즈 카인드
그녀는 섬세합니다.	**She is sensitive.** 쉬 이즈 쎈서티브 = He's delicate.

5. 결혼관에 대해

결혼하셨습니까?	**Are you married?** 아유 메뤼드
결혼한 지 5년이 됐습니다.	**I have been married for five years.** 아이 햅 빈 메뤼드 풔 퐈이브 이어즈
신혼부부이시군요.	**You're a brand new couple.** 유아러 브랜드 뉴 커플
언제 결혼을 하셨습니까?	**When did you get married?** 웬 디쥬 겟 메뤼드
우리는 이번 달에 약혼했습니다.	**We became engaged this month.** 위 비케임 인게이지드 디스 먼쓰
그녀는 내 애인입니다.	**She's my valentine.** 쉬즈 마이 밸런타인
그녀는 래리와 약혼한 사이예요.	**She's engaged to marry Larry.** 쉬즈 인게이지드 투 메뤼 래리
그는 최근에 재혼했습니다.	**He recently married again.** 히 리쎈틀리 메뤼드 어겐
내 아내가 되어 줄래요?	**Would you be my wife?** 우쥬 비 마이 와입(프)

누구 생각해 둔 사람이 있나요?	**Do you have anyone in mind?** 두 유 햅 애니원 인 마인드
당신과 사귀고 싶습니다.	**I'd like to go out with you.** 아이(드) 라익 투 고 아웃 위듀
저와 결혼해 주시겠습니까?	**Would you marry me?** 우쥬 메뤼 미
저와 데이트해 주시겠어요?	**Would you like to go out with me?** 우쥬 라익 투 고 아웃 윗 미
당신과 평생 같이 살고 싶습니다.	**I'd like to live with you forever.** 아이(드) 라익 투 리브 위듀 포에버
당신을 누구보다 사랑합니다.	**I love you more than anyone.** 아이 러브 유 모어 댄 애니원
사귀는 사람 있나요?	**Are you seeing somebody?** 아 유 씨잉 썸바디(애니바디)
저는 교제하는 사람이 없어요.	**I'm not seeing anybody.** 아임 낫 씨잉 애니바디
어떤 타입의 여자가 좋습니까?	**What kind of a girl do you like?** 왓 카인돕 어 걸 두 유 라익
저는 유머가 있는 사람이 좋습니다.	**I like a man with a sense of humor.** 아이 라익커 맨 위더 쎈스 옵 유머

그는 제 타입이 아닙니다.	**He isn't my type.** 히 이즌(트) 마이 타입
당신은 기혼입니까, 미혼입니까?	**Are you married or single?** 아 유 메뤼드 오어 싱글
독신입니다.	**I'm single.** 아임 싱글
별거중입니다.	**I'm separated.** 아임 세퍼레이티드
우리 결혼생활은 재미가 없어요.	**Our marriage has gone stale.** 아워 메뤼지 해즈 곤 스테일
우리는 곧 이혼할 예정입니다.	**We are planning to get a divorce soon.** 위아 플레닝 투 게러 디볼스 쑨
우린 지난 겨울에 헤어졌습니다.	**We broke up last winter.** 위 브로컵 래슷(트) 윈터
이혼했습니다.	**I'm divorced.** 아임 디볼스(드)
현재 이혼한 상태거나 별거중입니다.	**I'm presently divorced or separated.** 아임 프레즌틀리 디볼스(드) 오어 세퍼레이티트
그들은 갈라선 지 오래다.	**They have long divorced.** 데이 햅 롱 디볼스(드)

6. 사업에 대해

그는 재정적인 곤란을 겪고 있습니다.	**He's having financial troubles** 히즈 해빙 퐈이낸셜 트러블스
그럭저럭 버텨 나가고 있습니다.	**I'm just getting by.** 아임 저슷(트) 게링 바이
장사가 안 되서 큰일입니다.	**My business is in trouble.** 마이 비지니스 이진 트러블
당신의 회사의 규모는 얼마나큽니까?	**How large is your company?** 하우 라쥐 이즈 유어 컴퍼니
최근에 적자를 보고 있습니다.	**We've been in the red lately.** 위(브) 햅 빈 인 더 뤠드 레잇틀리
새로 시작한 사업은 어떠세요?	**How's your new business coming?** 하우쥬어 뉴 비지니스 커밍
사업은 잘 돼 갑니까?	**How is business doing?** 하우즈 비지니스 두잉
사업이 잘 안 됩니다.	**My business is dull.** 마이 비지니스 이즈 덜
우리 회사가 파산했어요.	**Our company went bankrupt.** 아워 컴퍼니 웬트 뱅크럽트

직업을 알려 주시겠습니까?	**Would you let me know your occupation?** 우쥬 렛 미 노우 유어 아큐페이션
어떤 일을 하고 계십니까?	**What type of work do you do?** 왓 타입 옵 워크 두 유 두
지금은 일을 하지 않습니다.	**I'm not working now.** 아임 낫 월킹 나우
부업으로 보험 세일을 하고 있습니다.	**I sell insurance on the side.** 아이 셸 인슈어런스 온 더 싸이드
출판업에 종사하고 있습니다.	**I'm in the publishing industry.** 아임 인 더 퍼블리쉬 인더스트리
컴퓨터 분석가입니다.	**I'm a computer analyst.** 아임 어 컴퓨러 애널리스트
저는 공무원이에요.	**I'm a public officer.** 아임 어 퍼블릭 어퓌서
저는 기술자예요.	**I'm an engineer.** 아임 언 엔지니어
저는 자영업자입니다.	**I'm self employed.** 아임 셀프 임플로이드
저는 프리랜서예요	**I'm a freelancer worker.** 아임 어 프뤼랜서 워커

7. 날씨와 계절에 대해

오늘 날씨 어때요?	**What's the weather like today?** 왓츠 더 웨더 라익 투데이
날씨가 참 좋습니다.	**What a great day!** 왓 어 그뤠잇 데이
날씨가 정말 우중충하군요.	**It's lovely weather for ducks.** 잇츠 러블리 웨더 풔 덕스
비가 올 것 같습니다.	**It looks like it's going to rain.** 잇 룩스 라익 잇츠 고잉 투 뤠인
바람이 잔잔해지고 있어요.	**The wind is dying now.** 더 윈디즈 다잉 나우
날씨가 많이 풀렸습니다.	**It's getting warmer.** 잇츠 게링 워머
푹푹 찌는군요!	**What a scorcher!** 왓 어 스코춰
정말 더위는 이제부터예요.	**The hottest season is yet to come.** 더 하리스트 씨즌 이즈 옛 투 컴
이런 날씨 좋아하세요?	**Do you like this kind of weather?** 두 유 라익 디스 카인돕 웨더

비가 내립니다./날씨가 습합니다./무척 무덥습니다.	**It's raining. / It's humid. / It's very hot.** 잇츠 뤠이닝 /잇츠 휴미드 /잇츠 붸리 핫
추워지고 있어요./ 굉장히 춥습니다.	**It's getting colder. / It's freezing.** 잇츠 게링 콜더 /잇츠 프뤼징
덥습니다. / 쌀쌀합니다. / 춥습니다. / 흐립니다.	**It's hot. / It's chilly. / It's cold / It's cloudy** 잇츠 핫 /잇츠 칠리 /잇츠 콜드/잇츠 클라우디
시원합니다. / 온화합니다. / 따뜻합니다.	**It's cool. / It's mild. / It's warm.** 잇츠 쿨 /잇츠 마일드 /잇츠 웜
장마가 끝났습니다.	**The rainy season is over.** 더 뤠이니 씨즌 이즈 오버
한국에서 7월과 8월은 무척 더워요.	**July and August in Korea are so hot.** 줄라이 앤 어거슷틴 코뤼아 아 쏘 핫
눈이 올 것 같은 날씨예요.	**It looks like snow.** 잇 룩스 라익 스노우
오늘 일기예보는 어때요?	**What's the forecast for today?** 왓츠 더 풔캐스트 풔 투데이
오늘 폭풍주의보가 내렸어요.	**There's a storm warning out for today.** 데얼져 스톰 워닝 아웃 풔 투데이

오후에는 아마 개일 것 같습니다.	**It will probably clear up this afternoon.** 잇 윌 프라바블리 클리어 업 디스 앱터눈
일기예보를 확인해 보세요.	**Check the weather report.** 첵(크) 더 웨더 뤼폿
일기예보가 또 틀렸군요.	**The weatherman was wrong again.** 더 웨더맨 워즈 롱 어겐
가장 좋아하는 계절은 언제인가요?	**What's your favorite season?** 왓츄어 페이보릿 씨즌
저는 여름을 좋아하니까요.	**I love summer.** 아이 러브 썸머
봄에 어떤 꽃이 제일 먼저 피죠?	**Which flower blooms earliest in spring?** 위치 플라워 블룸즈 얼리스틴 스프링
저는 봄이면 꽃가루 알레르기가 있어요.	**I'm allergic to pollen in the spring.** 아임 앨러직 투 팔런 인 더 스프링
저는 봄을 탑니다.	**I always get spring fever.** 아이 얼웨이즈 겟 스프링 피버
여름이 한풀 꺾이고 있습니다.	**Summer is winding down.** 썸머 이즈 와인딩 다운 *humidity 습기, 습도

"Never put off till tomorrow
what you can do today"

오늘에 할 일을 내일로 미루지 마라.

Part III

부록

- 로마자 한글 표기법
- 수사 읽는 방법
- 형용사 · 부사 변화표
- 불규칙 동사 변화표
- 불규칙 복수형 명사 변화표
- 철자와 발음법
- 주제별 영단어
- 활용도 높은 필수 영어 문장

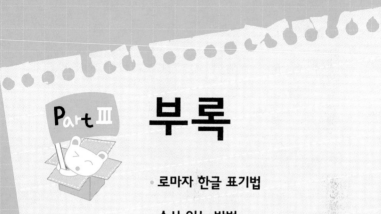

로마자 한글 표기법

1. 모음

국어	ㅏ	ㅓ	ㅗ	ㅜ	ㅡ	ㅣ	ㅐ	ㅔ	ㅚ	ㅑ	ㅕ	ㅛ	ㅠ	ㅒ	ㅖ	ㅘ	ㅙ	ㅝ	ㅞ	ㅟ	ㅢ
표기법	a	eo	o	u	eu	i	ae	e	oe	ya	yeo	yo	yu	yae	ye	wa	wae	wo	we	wi	ui

2. 자음

국어	ㄱ	ㄲ	ㅋ	ㄷ	ㄸ	ㅌ	ㅂ	ㅃ	ㅍ	ㅈ	ㅉ	ㅊ	ㅅ	ㅆ	ㅎ	ㅁ	ㄴ	ㅇ	ㄹ
표기법	g/k	kk	k	d/t	tt	t	b/p	pp	p	j	jj	ch	s	ss	h	m	n	ng	r/l

3. 국어의 새 로마자표기법 용례

❶ ㄱ, ㄷ, ㅂ, ㅈ은 k, t, p, ch에서 g, d, b, j로 통일

ex) 부산 : Pusan → Busan, 대구 : Taegu → Daegu

(단 ㄱ, ㄷ, ㅂ이 받침에 올 때는 k, t, p로 / 곡성 → Gokseong, 무극 → Mugeuk)

❷ ㅋ, ㅌ, ㅍ, ㅊ은 k', t', p', ch'에서 k, t, p, ch로 변경

ex) 태안 : T'aean → Taean, 충주 : Ch'ungju → Chungju

❸ ㅅ은 sh와 s로 나눠 적던 것을 s로 통일

ex) 신라 : Shilla → Silla, 실상사 : Shilsangsa → Silsangsa

❹ 발음상 혼동의 우려가 있을 때 음절 사이에 붙임표(-)사용

ex) 중앙 : Jung-ang

❺ 성과 이름은 띄어쓰고 이름은 붙여쓰되 음절 사이에 붙임표 사용 허용

ex) 송나리 : Song Nari(또는 Song Na-ri)

(단 이름에서 일어난 음운변화는 무시 : 김복남 Kim Boknam)

수사 읽는 방법

기 수	서 수
1 / one	1st / first
2 / two	2nd / second
3 / three	3rd / third
4 / four	4th / fourth
5 / five	5th / fifth*
6 / six	6th / sixth
7 / seven	7th / seventh
8 / eight	8th / eighth*
9 / nine	9th / ninth*
10 / ten	10th / tenth
11 / eleven	11th / eleventh
12 / twelve	12th / twelfth*
13 / thirteen	13th / thirteenth
14 / fourteen	14th / fourteenth
15 / fifteen	15th / fifteenth
20 / twenty	20th / twentieth*
21 / twenty-one	21st / twenty-first
30 / thirty	30th / thirtieth
40 / forty*	40th / fortieth*
50 / fifty	50th / fiftieth
100 / one hundred	100th / hundredth
	• hundred, thousand, million 등은 앞에 복수의 수가 올 때 복수형으로 하지 않음. ex) two hundred / three thousand • hundred, thousand 등이 복수형으로 쓰이면 「수백」, 「수천」의 뜻을 갖는다. ex) Thousands of people live near the lake.

부록

수사 읽는 방법

1. 정수

23 -- twenty-three

99 -- ninety-nine

452 -- four-hundred (and) fifty-two

3,891 -- three-thousand eight-hundred (and) ninety-one
= thirty-eight hundred (and) ninety-one

2,001 -- two thousand (and) one

2. 분수 (분자 : 기수, 분모 : 서수로 읽되, 특히 분자가 복수일 때는 분모에 's'를 붙임)

1/3 -- a third　　2/3 -- two-thirds

1/2 -- a(one) half

1/4 -- a(one) quarter　　3/4 -- three quarters

3. 소수 (정수 : 일반적인 방법, 소수이하 : 한 자리씩)

3.14 -- three point one four

26.43 -- twenty-six point four three

0.195 -- zero point one nine five

4. 연도 (뒤에서 두 자리씩 끊어 읽는다)

1999 -- nineteen ninety-nine

2000 -- (the year) two thousand (cf. Y2K)

2002 -- two thousand (and) two

5. 월일, 시각

April 6 -- April six = April (the) sixth
= the sixth of April

3:00 -- three o'clock (sharp)

3:15 -- three fifteen = a quarter past three

3:30 -- three thirty = a half past three

3:45 -- three forty-five = a quarter to four

6. 전화 번호(한 자리씩 끊어 읽는다)

443-2868 -- four four three two eight six eight
712-9200 -- seven one two nine two o[ou] o[ou]
= seven one two nine two double o[ou]

7. 기타

Lesson 4 -- Lesson four = the fourth lesson (4과)
Track 2 -- Track two = the second track (2번 트랙, 2번 홈)
Gate 34 -- Gate thirty-four (34번 탑승구)
World War II -- World War two
= the second World War (2차 세계대전)
Elizabeth II -- Elizabeth the second (엘리자베스 2세)

형용사 · 부사 변화표

뜻	원 급	비교급	최상급
추운	cold	colder	coldest
소수의	few	fewer	fewest
아주 큰	great	greater	greatest
넓은, 큰	large	larger	largest
바쁜	busy	busier	busiest
쉬운	easy	easier	easiest
큰	big	bigger	biggest
나쁜, 아픈	bad, ill	worse	worst
좋은, 잘	good, well	better	best
많은	many, much	more	most
적은, 작은	little	less	least
멀리, 먼	far	farther(거리) farthest	further(정도) furthest

불규칙 동사 변화표

뜻	현 재	과 거	과거 분사
…이다	am, are, is	was, were(are)	been
…이 되다	become	became	become
시작하다	begin	began	begun
불다	blow	blew	blown
부수다	break	broke	broken
가져오다	bring	brought	brought
건축하다	build	built	built
사다	buy	bought	bought
잡다	catch	caught	caught
오다	come	came	come
자르다	cut	cut	cut
하다	do, does	did	done
마시다	drink	drank	drunk
운전하다	drive	drove	driven
먹다	eat	ate	eaten
느끼다	feel	felt	felt
찾아내다	find	found	found
잊다	forget	forgot	forgotten, forgot
얻다	get	got	gotten,got
주다	give	gave	given
가다	go	went	gone
가지다	have, has	had	had
듣다	hear	heard	heard
지키다	keep	kept	kept
놓다	lay	laid	laid
떠나다	leave	left	left
빌려주다	lend	lent	lent
눕다	lie	lay	lain
잃어버리다	lose	lost	lost
만들다	make	made	made
만나다	meet	met	met
지불하다	pay	paid	paid
놓다, 두다	put	put	put
읽다	read	read[red]	read[red]
달리다	run	ran	run
말하다	say	said	said

뜻	현 재	과 거	과거 분사
보다	see	saw	seen
보내다	send	sent	sent
흔들다	shake	shook	shaken
보여주다	show	showed	shown
노래하다	sing	sang	sung
앉다	sit	sat	sat
잠자다	sleep	slept	slept
냄새를 맡다	smell	smelt, smelld	smelt, smelled
말하다	speak	spoke	spoken
소비하다	spend	spent	spent
서다	stand	stood	stood
훔치다	steal	stole	stolen
수영하다	swim	swam	swum
잡다, 얻다	take	took	taken
가르치다	teach	taught	taught
말하다	tell	told	told
생각하다	think	thought	thought
이해하다	understand	understood	understood
이기다	win	won	won
쓰다	write	wrote	written

불규칙 복수형 명사 변화표

뜻	단수	복수
어린이	child	children
발	foot	feet
신사	gentleman	gentlemen
거위	goose	geese
남자	man	men
생쥐	mouse	mice
양	sheep	sheep
이	tooth	teeth
아내	wife	wives
여자	woman	women

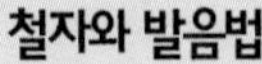

철자와 발음법

1. 자음

알파벳	발음기호	보기
b	[b]	banish, bush, buzz
c	[k]	cake, corn, cane
c	[s]	rice, mice, pencils, difference,
d	[d]	diploma, discount, reduce
f	[f]	flank, flash, knife
g	[g]	ghost, gift, grape, grim
g	[j]	giraffe, cage, generous, gentle, ginger
h	[h]	hospital, husband, heave
j	[dʒ]	juice, join, jerk
k	[k]	kangaroo, kettle, lake
l	[l]	log, logics, lash
m	[m]	microscope, mean, magnet
n	[n]	notion, norm, neutral
p	[p]	ponder, pillar, prudent, stop
q	[k]	quick, quiet, quiver
r	[*r*]	rest, rabbit, recover, guitar
s	[s]	dress, mouse, house, socks
s	[z]	hose, nose, house, boys
t	[t]	turtle, tax, foot
ch	[tʃ]	cheap, chatter, chief
th	[ð]	these, therefore, thence
th	[θ]	thoughtful, tooth, throng
v	[v]	vigor, vine, drive
w	[w]	waterfall, wave, wheat
x	[k] [ʃ] [z] [éks]	ox, Xerox, X-ray
z	[z]	zebra, zigzag, zone

2. 모음

알파벳	발음기호	보기
단모음 a	[æ]	can, trap, rabbit
장모음 a	[ei]	rain, bait, tray, race
단모음 e	[e]	met, get, men, net
장모음 e	[iː] -/ea/ʒ /ee/	peek, sweet, wheel, team, read
단모음 i	[i]	pin, rip, spin, pillar, pillow
장모음 i	[ai]	kite, ride, pilot, slide
단모음 o	[o] [ɑ]	hot, rock, socks, sorrow
장모음 o	[ou]-/o/ʒ /oa/	bone, boat, toast, soak
단모음 oo	[u]	book, look, hood, foot
장모음 oo	[uː]	school, pool, boots, zoo
단모음 u	[ʌ]	ultimate, umbrella, unable, cup
장모음 u	[juː]	mule, fuse, unity, universal
반모음 y	[j]	yacht, yearn, yawn

부록

가족

조부모	grandparents	그랜드페어런츠
할아버지	grandfather	그랜드파더
할머니	grandmother	그랜드머더
부모	parents	페어런츠
아버지	father	파더
어머니	mother	머더
남편	husband	허즈번드
아내	wife	와이프
아들	son	선
딸	daughter	도터
형제	brother	브러더
자매	sister	시스터
누나	big sister	빅 시스터
삼촌	uncle	엉클
숙모	aunt	앤트
남자조카	nephew	네퓨
여자조카	niece	니스
이모	maternal aunt	머터늘 앤트
고모	paternal aunt	퍼터늘 앤트
사촌	cousin	커즌

몸

몸(신체)	body	바디
머리	head	헤드
머리카락	hair	헤어
얼굴	face	페이스
이마	forehead	포헤드
관자놀이	temple	템플
눈	eye	아이
안구	eyeball	아이볼
눈썹	eyebrow	아이브라우
눈꺼풀	eyelid	아이리드
속눈썹	eyelashes	아이래쉬즈
귀	ear	이어
귀청	eardrum	이어드럼
볼	cheek	치크
턱	chin	친
턱수염	beard	비어드
코	nose	노우즈
콧구멍	nostrils	노스트릴
콧수염	mustache	머스태
입	mouth	마우스
입술	lip	립
윗입술	upper lip	어퍼 립
아랫입술	lower lip	로우어 립
인중	philtrum	필트럼
이	tooth(복수 teeth)	투스(티스)

잇몸	gum	검
혀	tongue	텅
목	neck	넥
목구멍	throat	스로우트
목젖	uvula	유뷜러
어깨	shoulder	쇼울더
가슴	chest	체스트
유방	breast	브레스트
가슴(여자)	bust	버스트
겨드랑이	armpit	암피트
갈비뼈	rib	립
등	back	백
등뼈	backbone	백보운
척추	spine	스파인
배	abdomen	앱더먼
복부	belly	벨리
허리	waist	웨이스트
팔	arm	암
팔꿈치	elbow	엘보우
팔꿈치 관절	elbow joint	엘보우 조인트
손	hand	핸드
손목	wrist	리스트
손바닥	palm	팜
손가락	finger	핑거
엄지손가락	thumb	섬
집게손가락	index finger	인덱스 핑거

가운데 손가락	middle finger	미들 핑거
약지손가락	ring finger	링 핑거
새끼손가락	little finger	리틀 핑거
손가락 마디	finger joint	핑거 조인트
지문	finger print	핑거 프린트
손톱	fingernail	핑거네일
주먹	fist	피스트
엉덩이	hip	힙
다리	leg	레그
허벅다리	thigh	싸이
정강이	shank	생크
무릎	knee	니이
허리에서 무릎	lap	랩
종아리	calf	캐프
발	foot	풋
발목	ankle	앵클
발뒤꿈치	heel	힐
발가락	toe	토우
발톱	toenail	토우네일
피부	skin	스킨
근육	muscle	머슬
뼈	bone	보운
뇌	brain	브레인
두개골	skull	스컬
혈관	blood vessels	블러드베설
정맥	vein	베인

동맥	artery	아터리
폐	lung	렁
심장	heart	하트
간	liver	리버
위	stomach	스터먹
식도	gullet	걸리트
내장	bowel	바우얼
대장	large intestine	라쥐 인테스틴
소장	small intestine	스몰 인테스틴
신장	kidney	키드니
췌장	pancreas	팽크리어스
십이지장	duodenum	듀오더넘
방광	bladder	블랜더
요도	urethra	유리스러
기관지	bronchus	브랑커스

생리현상

눈물	tear	티어
눈곱	eyewax	아이 왝스
콧물	snivel	스니벌
코딱지	nosewax	노우즈 왝스
귀지	earwax	이어 왝스
비듬	scurf	스컬프
땀	sweat	스웨트
침	spit	스피트
트림	belch	벨취
딸꾹질	hiccups	히커프
재채기	sneezing	스니징
소변	urine	유어린
대변	ordure	어절
방귀	wind	윈드

질병 증상

피로	fatigue	퍼티그
두통	headache	헤드에이크
편두통	migraine	마이그레인
빈혈증	anemia	어니미어
현기증	dizziness	디지니스
치통	toothache	투스에이크
충치	cavity	캐버티
소화불량	indigestion	인디제스천
변비	constipation	칸스터페이션
설사	diarrhea	다이어리어
치질	hemorrhoids	헤모로이즈
위통	stomachache	스터먹에이크
경련	cramp	크램프
감기	cold	콜드
유행성 감기	influenza	인플루엔저
발열	fever	피버
기침	cough	커프
재채기	sneezing	스니징
기관지염	bronchitis	브랑카이티스

알레르기	allergy	앨러지
타박상	bruise	브루즈
골절	fracture	프랙처
당뇨병	diabetes	다이어비티스
뇌졸중	apoplexy	애퍼플렉시
천식	asthma	애즈머
관절염	arthritis	아쓰라이티스
암(종양)	cancer	캔서
간염	hepatitis	헤퍼타이티스
위염	gastritis	개스트라이티스
식중독	food poisoning	푸드 포이즈닝
위궤양	gastric ulcer	개스트릭 얼서
심장마비	heart failure	하아트 페일리어

약국

약국	drugstore	드러그스토
약(내복약)	medicine	메디신
알약	pill	필
연고	salve	샐브
아스피린	aspirin	애스피린
감기약	cold medicine	콜드 매디신
해열제	antipyretic	앤티파이레틱
두통약	bromo	브로우모우
진통제	painkiller	페인킬러
소독약	disinfectant	디스인펙턴트
안약	eye drops	아이 드랍스
알코올	alcohol	앨커올
붕대	bandage	밴디쥐
반창고	adhesive tape	애드히시브 테잎
비타민	vitamin	바이터민

병원

건강	health	헬쓰
병원	hospital	하스피틀
의사	doctor	닥터
내과의사	physician	피지션
외과의사	surgeon	서젼
안과의사	ophthalmologist	압써마러지스트
치과의사	dentist	덴티스트
간호원	nurse	너스
환자	patient	패이션트
맥박	pulse	펄스
혈압	blood pressure	블러드 프레셔
체온	temperature	템퍼러춰
주사	injection	인젝션
부상	injury	인쥬어리
응급	emergency	이머전시
입원	hospitalization	하스피터리제이션
응급 치료	first aid	퍼스트 에이드
외과	surgery	서저리
수술	operation	오퍼레이션
구급차	ambulance	앰뷸런스

진단서	diagnosis	다이어그노우시스	간호사	nurse	너스
처방전	prescription	프리스크립션	감독	director	디렉터
건강 증명서	health certificate	헬쓰 설티피커트	경찰관	policeman	펄리스먼
			공무원	public servant	퍼블릭 서번트
용모			교수	professor	프러페서
날씬한	slim	슬림	기술자	engineer	엔지니어
마른	skinny	스키니	기자	reporter	리포터
뚱뚱한	fat	패트	농부	farmer	파머
못생긴	ugly	어그리	목사	clergyman	클러쥐먼
보조개	dimple	딤플	목수	carpenter	카펀터
여드름이 난	pimpled	핌플드	미용사	hairstylist	헤어 스타일리스트
주름살	wrinkle	링클	배달부	deliveryman	딜리버리먼
둥근 얼굴	round face	라운드 페이스	배우	actor	액터
짧은 머리	short hair	쇼트 헤어	변호사	lawyer	로이어
긴 머리	long hair	롱 헤어	비서	secretary	세크러테리
단발머리	bobbed hair	밥드 헤어	사서	librarian	라이브레어리언
생머리	straight hair	스트레이트 헤어	사업가	businessman	비즈니스맨
곱슬머리	curly hair	커리 헤어	사진사	photographer	퍼타그러퍼
대머리	bald head	볼드 헤드	선생님	teacher	티처
콧수염	mustache	머스태쉬	세탁업자	laundryman	론드리먼
턱수염	beard	비어드	수녀	nun	넌
구레나룻	whisker	위스커	승무원	crew	크루
			신부	priest	프리이스트
직업			아나운서	announcer	어나운서
직업	Occupation	아큐페이션	여자승무원	stewardess	스튜어디스
가수	singer	싱어	요리사	cook	쿡

우편집배원	mailman	메일맨
음악가	musician	뮤지션
의사	doctor	닥터
이발사	barber	바버
재단사	tailor	테일러
전문직	professional	프러페셔널
정육점 주인	butcher	부처
정치가	statesman	스테이츠먼
조종사	pilot	파일럿
치과의사	dentist	덴티스트
통역사	interpreter	인터프리터
화가	painter	페인터
회계사	accountant	어카운턴트

회사(부서)

비서실	Secretariat	세크뤄테어뤼엇
승진(진급)	promotion	프로모션
임금인상	pay raise	페이 뤠이즈
재무부	Finance Div.	화이낸스 디뷔전
강등	demotion	디모션
인사이동	reshuffle	뤼셔플
설계부	Designing Div.	디자이닝 디뷔전
구매부	Purchasing Div.	퍼춰싱 디뷔전
감사부	Inspection Div.	인스펙션 디뷔전
퇴직	retirement	뤼타이어먼트
해고	dismissal	디스미설
회계	treasurer	트뤠저뤄
회계감사실	Audition Dept.	어디션 디팟먼트
수출부	Export Dept.	익스펏 디팟먼트

회사(직위)

간부	executive	이그제큐티브
감독(현장주임)	supervisor	수퍼바이저
경리부장	finance manager	화이낸스 매니저
과장	section chief	섹션 치프
관리자	administrator	어드미너스트레이터
기획자	planner	플래너
마케팅부장	marketing manager	마케팅 메니저
봉급(월급)	salary	쌜러뤼
부사장	vicepresident	봐이스 프레지턴트
부장대리	acting manager	액팅 매니저
부지배인	assistant manager	어시스턴트 매니저
부회장	vicechairman	봐이스 체어먼
비서	secretary	세크뤄테뤼
사임	resignation	뤠지그네이션
사장	president	프뤠지던트
상무이사	managing director	매니징 디렉터
수출부장	export manager	익스폿 매너저
실장	office manager	어피스 매니저
인사담당이사	personnel director	퍼스널 디렉터
인사부장	personal manager	퍼스털 매니저
전무	managing director	매니징 디렉터

전무이사	executive director	익스큐티브 디렉터
조수	assistant	어시스턴트
지배인	manager	매니저
지점장	branch manager	브랜치 매니저
차장	assistant manager	어시스턴트
최고경영자	CEO (chief executive officer)	씨이오
회장	chairman	체어먼

의복

옷(의복)	Clothes	클로우드즈
옷(한 벌)	suit	수트
신사복	business suit	비즈니스 수트
남자 예복	dress suit	드레스 수트
상의	jacket	재킷
남자바지	trousers	트라우저즈
와이셔츠	shirt	셔트
넥타이	necktie	넥타이
소맷부리	cuff	커프
소맷부리 단추	cuff link	커프 링크
호주머니	pocket	파킷
주름	pleat	플리트
소매길이	sleeve length	슬리브 렝쓰
어깨길이	shoulder length	쇼울더 렝쓰
윗가슴둘레	bust	버스트
허리둘레	waist	웨이스트
원피스	onepiece dress	원 피스 드레스
외투	overcoat	오우버코우트
원피스(여성복)	dress	드레스
블라우스	blouse	블라우스
스카프	scarf	스카프
팬티스타킹	pantihose	팬티호우즈
치마	skirt	스커트
바지	pants	팬츠
느슨한 바지	slacks	슬랙스
조끼	vest	베스트
진바지	jeans	진스
청바지	blue jeans	블루 진스
스웨터	sweater	스웨터
티셔츠	Tshirts	티셔츠
직물	textile	텍스타일
실크	silk	실크
탈의실	fitting room	피팅 룸
속옷	underwear	언더웨어
속치마(슬립)	slip	슬립
팬츠(남자)	shorts	쇼츠
짧은 양말	socks	삭스
긴 양말	stocking	스타킹

색상

갈색	brown	브라운
강한 핑크	rose pink	로즈 핑크

검은색	black	블랙
겨자색	mustard	머스터드
금발의	blond(e)	블론드
남색	deep/blue	디프/블루
남청색	indigo blue	인디고우 블루
노란색	yellow	옐로우
녹색(초록색)	green	그린
담황색	buff	버프
레몬색	lemon	레몬
루비색	ruby	루비
백색	white	화이트
베이지색	beige	베이지
보라색	violet	바이얼릿
분홍색	pink	핑크
비취색	jade	쥐이드
빨간색	red	레드
선홍색	cherry	췌리
순백색	pure white	퓨어화이트
아이보리색	ivory	아이버리
에메랄드색	emerald	에머럴드
연두색	yellowish green	옐로위시 그린
연보라	lavender/orchid	랜번더/오키드
연한 핑크색	baby pink	베이비 핑크
연한 하늘색	baby blue	베이비 블루
옅은 갈색의	brunete	블루네트
오렌지색	orange	오린지
은백색	silver	실버
자주색	purple	퍼플
주홍색	scarle/vermilion	스칼릿
진홍색	crimson	크림전
짙은 남색	navy blue	네이비 블루
짙은 자주	raspberry red	래즈베리 레드
청록색	bluish green	블루위시 그린
파란색	blue	블루
하늘색	azure	애저
하얀색	white	화이트
호박색	amber	앰버
황금색	gold	고울드
황록색	moss green	모스 그린
회색	gray	그레이

패션용품

액세서리	accessories	액쎄서리즈
목걸이	necklace	네크리스
귀고리	earring	이어링
반지	ring	링
팔찌	bracelet	브레이슬릿
보석	jewelry	쥬얼리
모조품	imitation	이미테이션
머리핀	hairpin	헤어핀
브로치	brooch	브로우치
시계	watch	워치

넥타이핀	tiepin	타이핀
벨트	belt	벨트
모자	hat	햇
장갑	glove	글러브
벙어리장갑	mitten	미튼
신발(구두)	shoes	슈즈
술(장식)	tassel	태설
스티치	stitching	스티칭
버클	buckle	버클
운동화	sneakers	스니커즈
끈	string	스트링
가죽 구두	leather shoes	레더 슈즈
스웨이드 구두	suede shoes	스웨이드 슈즈
앵클 부츠	ankle boots	앵클 부츠
지갑	wallet	월렛
동전 지갑	coin purse	코인 퍼스
배낭	knapsack	냅색
손가방	handbag	핸드백
가죽가방	leather bag	래더 백
가죽끈	strap	스트랩
잠금장치	clasp	크래스프
가죽제품	leather goods	레더 굿즈
소가죽	calf leather	캐프 레더
모조가죽	imitation leather	이미테이션 레더

집

저택	mansion	맨션
벽돌 주택	adobe house	어도비하우스
연립주택	town house	타운 하우스
아파트	apartment building	어파트먼트 빌딩
집(주택)	house	하우스
계단	stairs	스테어즈
덧문	shutter	셔터
문	door	도
지붕	roof	루프
우편함	mailbox	메일박스
문패	nameplate	네임플레이트
지하실	basement	베이스먼트
차고	garage	거라지
현관의 입구	front door	프런트 도
현관의 홀	front hall	프런트 홀
다용도실	utility room	유틸리티 룸
마루	floor	플로
창문	window	윈도우
침실	bedroom	배드 룸
손님용 침실	guest room	게스트 룸
거실	living room	리빙 룸
공부방	study	스터디
다락방	attic	애틱
세탁실	laundry room	론드리 룸
창고	cellar	셀러

식당	dining room	다이닝룸
욕실	bathroom	배스룸
욕조	bathtub	배스텁
변기	toilet	토일릿

방

침대	bed	베드
깔개	rug	러그
등불	lamp	램프
에어컨	air conditioner	에어 컨디셔너
서가	bookshelf	북셸프
책장	bookcase	북케이스
책상	desk	데스크
옷장	closet	클로짓
옷걸이	hanger	행거
선반	shelf	셸프
화장대	dresser	드레서
신발장	footwear	후트웨어
의자	chair	체어
달력	calendar	캘런더
사진	photograph	포우터그래프
그림	picture	픽처
포스터	poster	포우스터
지구의	globe	글로우브
플라스틱 모형	plastic model	플래스틱 마들
카세트	cassette	커셋

쓰레기통	wastebin	웨이스트빈

부엌

부엌	kitchen	키친
냉장고	refrigerator	리프리저레이터
과즙기	juicer	주서
믹서	blender	브렌더
토스터	toaster	토우스터
접시	plate	플레이트
계량컵	measuring cup	메저링 컵
국자	ladle	레이들
달걀 교반기	eggbeater	에그비터
찬장	cupboard	커버드
스튜 냄비	saucepan	소스팬
물주전자	jug	저그
수도꼭지	faucet	포싯
석쇠	grill	그릴
프라이팬	frying pan	프라이잉 팬
개수대	sink	싱크
요리기구	cooker	쿠커
주전자	kettle	케틀
가스레인지	gas range	개스 레인지
오븐	oven	어번
납작한 냄비	pan	팬
혼합용 사발	mixing bowl	믹싱 보울
밀방망이	rolling pin	로울링 핀

부엌칼	kitchen knife	키친 나이프
도마	cutting board	커팅 보드
고무장갑	rubber gloves	러버 글러브즈
세제	detergent	디터전트
설거지통	dishpan	디시팬
쌀통	rice chest	라이스 체스트

식탁

식탁	dinner table	디너 테이블
식탁예절	table manners	테이블 매너즈
식탁 의자	dinner table chair	디너 테이블 체어
식탁보	tablecloth	테이블크로쓰
냅킨	napkin	냅킨
포크	fork	포크
칼	knife	나이프
숟가락	spoon	스푼
도자기	china	차이너
사발	bowl	보울
큰 접시	dish	디쉬
얇은 접시	plate	프레이트
수프 그릇	soup bowl	수프 보울
커피 주전자	coffee port	커피 파트
받침 접시	saucer	소서
물잔	water glass	워터 글래스
와인 잔	wine glass	와인 그래스
샐러드 접시	salad plate	샐러드 프레이트
정찬용 접시	dinner plate	디너 프레이트
수프용 스푼	soupspoon	수프 스푼
식탁용 소금	table salt	테이블 솔트
꽃병	flower vase	플라워 베이스
유리물병	carafe	커래프
이쑤시개	tooth pick	투스픽

식당

요리점	restaurant	레스터런트
식당	dining room	다이닝 룸
뷔페	buffet	부페
간이식당	diner	다이너
카페테리아	cafeteria	캐피티어리어
분식점	snack bar	스낵 바
프랑스요리점	French restaurant	프렌치 레스토런트
이탈리아식당	Italian restaurant	이텔리언레스토런트
중국 요리점	Chinese restaurant	차이니즈레스토런트
한국 요리점	Korean restaurant	코리언레스토런트
인도 요리점	Indian restaurant	인디언레스토런트
식사	meal	밀
아침식사	breakfast	블렉퍼스트
점심식사	lunch	런치
저녁식사	dinner	디너
전채요리	appetizer	에피타이저
주요리	main dish	메인 디쉬
후식	dessert	디저트

묽은 수프	broth	브러쓰
맑은 수프	consomme	컨써메이
진한 수프	potage	포우타지
야채 수프	vegetable soup	베지타블 수프
해산물요리	seafood	시푸드
튀긴생선요리	fried fish	프라이드 피쉬
가재요리	lobster	랍tm터
향토요리	local dish	로컬 디쉬

식품

고기	meat	미트
스테이크	steak	스테이크
쇠고기	beef	비프
닭고기	chicken	치킨
돼지고기	pork	포크
오리고기	duck	덕
칠면조고기	turkey	터어키
송아지고기	veal	비일
양고기	mutton	머튼
등심	sirloin	서로인
돼지 다리고기	ham	햄
소시지	sausage	소시지
치즈	cheese	치즈
밥	rice	라이스
빵	bread	브레드
롤빵	roll	로울

국수	noodle	누들
샐러드	salad	샐러드
푸딩	pudding	푸딩

음료/술

음료/술	liquor	리쿼
백포도주	white wine	화이트 와인
적포도주	red wine	레드 와인
브랜디	brandy	브랜디
칵테일	cocktail	칵테일
샴페인	champagne	샴페인
스카치	scotch	스카치
위스키	whisky	위스키
맥주	beer	비어
생맥주	draft beer	드래픗 비어
청량음료	soft drink	소프트 드링크
콜라	coke	코욱
오렌지 주스	orange juice	오린쥐 쥬스
토마토 주스	tomato juice	터매이토우 쥬스
커피	coffee	커피
코코아	cocoa	코우코우
녹차	green tea	그린티
홍차	tea	티

양념류

겨자	mustard	머스터드

고추	red pepper	레드 페퍼
마늘	garlic	갈릭
설탕	sugar	슈거
간장	soy sauce	소이 소스
후추	pepper	페퍼
소금	salt	솔트
식초	vinegar	비니거
조미료	seasoning	시저닝
드레싱	dressing	드레싱
기름	oil	오일
마요네즈	mayonnaise	메이어네이즈
케첩	ketchup	케첩
고추향료	paprika	패프리커
분말양파	onion power	어니언 파우어

조리법

살짝 익히다	rare	레어
중간 쯤 익히다	medium	미디움
완전히 익히다	welldone	웰던
날것으로 먹다	eat raw	이트 로
튀기다	fried	프라이드
끓이다	boiled	보일드
살짝 데치다	parboil	파보일
굽다	baked	베익트
석쇠에 굽다	grilled	그릴드
불에 굽다	barbecued	바비큐드
훈제하다	smoked	스모우크트
찌다	steamed	스팀드
다지다	hashed	해쉬드
얇게 저민 고기	cutlet	커틀릿
얇게 썰다	sliced	슬라이스트
차게 하다	chilled	치일드
얼리다	frozen	프로즌

일용품

일용품	daily needs	데일리 니즈
비누	soap	소우프
수건, 타월	towel	타우얼
목욕 수건	bath towel	바스 타우얼
화장지	tissues	티슈즈
휴지	toilet paper	토일럿 페이퍼
손톱깎이	nail clippers	네일 클리퍼즈
칫솔	toothbrush	투스브러시
치약	toothpaste	투스페이스트
실	thread	스레드
바늘	needle	니들
호스	hose	호우즈
회중전등	flashlight	플래시라이트
솔	brush	브러시
비	broom	브룸
쓰레받기	dustpan	더스트팬
양동이	bucket	버킷

스펀지	sponge	스펀지
압핀	thumbtack	섬택
안전핀	safety pin	세이프티 핀
우산	umbrella	엄브렐러
옷걸이	hanger	행어
진공청소기	vacuum cleaner	배큐엄 클리너
걸레	dustcloth	더스트클로스
재떨이	ashtray	애쉬트레이
휴지통	wastebasket	웨이스트배스킷

정원

가든	Garden	가든
정원등	garden lamp	가든 램프
안뜰	patio	패티오우
테라스	terrace	테러스
울타리	fence	펜스
헛간	shed	셰드
나무	tree	트리
퍼걸러	pergola	퍼걸러
가장자리	edging	에징
관목	bush	부시
연못	pond	판드
화단	flower bed	플라우어 베드
통(물통)	tub	터브
판석	flagstone	플래그스토운
산울타리	hedge	헤지
바위로 된 정원	rock garden	락 가든
정원 보도	path	패스
잔디	lawn	론
잔디 깎는 기계	lawn mower	론모우어
제초기	weeder	위더
낙엽갈퀴	lawn rake	론레이크
일륜차	wheelbarrow	휠배로우
물뿌리개	watering can	워터링 캔
모종삽	trowel	트라우얼
삽(부삽)	shovel	셔벌
손갈퀴	hand fork	핸드 포크

예술

예술(미술)	art	아트
연주회	concert	칸서트
전시회	exhibition	엑서비션
박람회	fair	페어
미술관	gallery	갤러리
그림	picture	픽처
디자인	design	디자인
사진	photograph	포우터그래프
음악가	musician	뮤지션
음악	music	뮤직
재즈	jazz	재즈
록음악	rock music	락 뮤직
합창	chorus	커러스

발레	ballet	밸레이
오페라	opera	아퍼러
뮤지컬	musical	뮤지컬
코미디	comedy	카머디
만화	cartoon	카투운
영화	movie	무비
연극	play	플레이
극장	theater	씨어터
무대	stage	스테이지
관객	audience	오디언스
객석	auditorium	오더토리엄
연기	performance	퍼포먼스

악기

악기	instruments	인스트러먼츠
첼로	cello	첼로우
바이올린	violin	바이얼린
기타	guitar	기타
밴조	banjo	밴조우
피아노	piano	피애노우
오르간	organ	어르건
아코디언	accordion	어커디언
드럼(북)	drum	드럼
심벌즈	cymbals	심벌즈
프렌치 호른	French horn	프렌치 혼
하프	harp	하프
트라이앵글	triangle	트라이앵글
색소폰	saxophone	색서포운
탬버린	tambourine	탬버린
실로폰	xylophone	자이러포운
플루트	flute	플루트
트럼펫	trumpet	트럼핏

운동

스포츠	sport	스포트
체육관	gymnasium	짐네이지엄
경기장	field	필드
트랙(경주로)	track	트랙
육상경기	athletics	애슬레틱스
축구	soccer	사커
야구	baseball	베이스볼
배구	volleyball	발리볼
농구	basketball	배스킷볼
수영	swimming	스위밍
수영장	swimming pool	스위밍 풀
경마	horse racing	호스 레이싱
정구	tennis	테니스
펜싱	fencing	펜싱
스키	ski	스키

스포츠용품

스포츠용품	sports goods	스포츠 구즈

배구공	volleyball	발리볼
농구공	basketball	배스킷볼
축구공	soccer ball	사커 볼
미식축구공	football	풋볼
야구공	baseball	베이스볼
야구 배트	bat	뱃
야구 글러브	glove	글러브
야구 미트	mitt	밋
스케이트화	skates	스케이츠
롤러스케이트	roller skates	로울러 스케이츠
썰매	sleigh	슬레이
하키용 스틱	hockey stick	하키 스틱
퍽	puck	퍽
테니스공	tennis ball	테니스 볼
로프	rope	로우프
라켓	racket	래킷
테니스 라켓	tennis racket	테니스 래킷
아령	dumbbell	덤벨
복싱 글러브	boxing gloves	박싱 글러브즈
활과 화살	bow and arrow	보우 언드 애로우
가슴받이	pad	패드
스키 스틱	ski poles	스키포울즈

학교

초등학교	elementary school	엘러멘터리 스쿨
중학교	middle school	미들 스쿨
고등학교	high school	하이 스쿨
단과 대학	college	칼리지
종합 대학	University	유너버서티
전문 대학	Junior College	주니어 칼리지
모교	mother school	머더스쿨
업무과	business office	비즈니스오피스

대학교

출석하다	attend	어텐드
숙제	assignment	어사인먼트
제출하다	turn in	턴 인
낙제하다	flunk	플렁크
전공	major	메이저
수강 신청하다	sign up for	사인 업 풔
1학년	freshman	프레시먼
2학년	sophomore	소퍼모어
3학년	junior	주니어
4학년	senior	시니어
중퇴자	dropout	드롭 아웃
휴학생	stopout	스톱 아웃
학장, 교장	dean	딘
조교	tutor	튜터
전임강사	instructor	인스트럭터
준학사	associate	어소쉬에이트
조교수	assistant professor	어시스턴스프러페서
교수	professor	프러페서

동창생	alumni	얼럼너스
학비	school tuition	스쿨튜이션
학사 논문	thesis	씨시스
석사/박사논문	dissertation	디서테이션
학술 논문	treatise	트리티스
학사학위	bachelor's degree	배러스 디그리
박사학위	doctorate	닥터리트
학위	degree	디그리
학점	credit unit	크레디트 유니트
성적표	transcript	트랜스크립트
입학	admission	애드미션
졸업장	diploma	디플로머
기말고사	final exams	파이널 이그잼스
중간고사	MidTerm Exams	미드 텀그잼스

학과

가정학	domestic science	더메스틱 서비스
건축학	architecture	아커텍처
경영학	management	매니지먼트
경제학	economics	이커나믹스
고고학	archaeology	아키알러지
공예학	technology	테크날러지
공학	engineering	엔지니어링
기하학	geometry	지오미트리
논리학	logic	라직
문학	literature	리터러처
물리학	physics	피직스
법학	law	러
사회학	sociology	소우시알러지
생명공학	bio technology	바이오 테크날러지
생물학	biology	바이알러지
생태학	ecology	이칼러지
수학	mathematics	매쓰매틱스
신학	theology	시알러지
심리학	psychology	사이칼러지
언어학	linguistics	링위스틱스
역사학	history	히스터뤼
영문학	english literature	잉글리쉬 리터러처
우주과학	space science	스페이스 사이언스
윤리학	ethics	에식스
의학	medical science	메디컬 사이언스
인류학	anthropology	앤쓰뤄팔러지
재정학	finance	화이낸스
전자공학	electronics	일렉트롸닉스
정치학	politics	팔리틱스
조류학	ornithology	어너쌀러지
지구과학	earth science	어스
지리학	geography	지아그러피
지질학	geology	지알러지
천문학	astronomy	어스트라너미
철학	philosophy	필라서피
체육학	physical education	피지컬 에듀케이션

컴퓨터 과학	computer science	컴퓨러 사이언스
화학	chemistry	케이스트뤼
회계학	accounting	어카운팅

도서관

사서	librarian	라이브러리언
사전	dictionary	딕셔너리
백과 사전	encyclopedia	엔사이클로피디어
간행물 색인	periodical index	피어리아디컬인덱스
참고 도서	reference book	레퍼런스 북
도서목록	bibliography	비블리아그러피
대출	check out	첵크 아웃
안내창구	information desk	인포메이션 데스크

관공서

관공서	Public Office	퍼블릭 오피쓰
경찰서	police station	펄리스 스테이션
파출소	police box	펄리쓰 박스
소방서	firehouse	파이어하우스
시청	city hall	시리 홀
우체국	post office	포우스트 오피스
대사관	embassy	앰버씨
영사관	consulate	칸슐리트
은행	bank	뱅크
교회	church	처치
영화관	cinema	시너머

병원	hospital	하스피틀
호텔	hotel	호우텔

상점

가게, 상점	store	스토
쇼핑센터	shopping center	샤핑 센터
백화점	department store	디파트먼트 스토
면세점	taxfree shop	택스프리 샵
기념품점	souvenir shop	수버니어 샵
선물용품 가게	gift shop	기프트 샵
골동품점	antique shop	앤틱 샵
골프용품점	golf goods shop	갈프 굿즈 샵
스포츠용품점	sporting goods shop	스퍼팅 굿즈 샵
화장품 가게	cosmetic shop	코즈메틱 샵
장난감 가게	toy shop	토이 샵
매장 안내소	information booth	인포메이션 부스
편의점	convenience store	컨비니언스 스토
식료품점	grocery	그로써리
가구점	furniture store	퍼니쳐 스토
서점	bookstore	북스토
문구점	stationery shop	스테이셔너리 샵
미용실	beauty shop	뷰티 샵
약국	drugstore	드러그스토
커피점	coffee shop	코피 샵
이발소	barber shop	바버 샵
레코드 가게	record shop	레커드 샵

신발가게	shoe shop	슈 샵
열쇠가게	key shop	키 샵
정육점	meat market	미트 마킷
빵집	bakery	베이커리
애완동물 가게	pet shop	펫 샵

거리

도로	road	로우드
(미)인도/보도	sidewalk	사이드워크
(영)인도/보도	pavement	파브먼트
횡단보도	pedestrian crossing	피데스트리언크로싱
도로 교차점	crossing	크로싱
건널목	grade crossing	그레이드 크로싱
십자로	crossroad	크로스로우드
통행인	passerby	패서바이
도로 표지	street sign	스트리트 사인
교통신호등	traffic light	트래픽 라이트
상품진열창	show window	쇼우윈도우
공중전화 부스	telephone booth	텔러포운 부스
가로등	street light	스트리트 라이트

공원

공원	Park	파크
매점	kiosk	키아스크
나무	tree	트리
화단	flower bed	플라우어 베드
조상	statue	스태추
분수	fountain	파운튼
못(연못)	pond	판드
유모차	buggy	버기
세발자전거	tricycle	트라이사클
산울타리	hedge	헤지
벤치	bench	벤치
스쿠터	scooter	스쿠터

교통질서

일방통행	one way	원 웨이
좌측통행	keep left	킵 래프트
추월금지	no passing	노우 패씽
통행금지	road closed	로우드 크로우즈드
주차장	parking lot	파킹 랏
주차금지	no parking	노우 파킹
신호	signal	시그널
서행	slow	슬로우
도로 표지	street sign	스트리트 사인
교통경찰	traffic police	트래픽 폴리스
교통표지	traffic sign	트래픽 사인
교통망	traffic network	트래픽 네트워크
순찰차	patrol car	퍼트로울 카
소방차	fire truck	파이어 트럭
구급차	ambulance	앰뷸런스

방향

앞	front	프런트
뒤	rear	뤼어
옆	side	사이드
반대편	opposite side	아퍼짓 사이드
오른쪽방향	right side	라이트 사이드
왼쪽방향	left side	레프트 사이드
직진	straight ahead	스트레잇 어헤드
동쪽/동쪽의	east/eastern	이스트/이스턴
서쪽/서쪽의	west/western	웨스트/웨스턴
남쪽/남쪽의	south/southern	사우쓰/서던
북쪽/북쪽의	north/northern	노쓰/노던
이쪽	this side	디스 사이드
저쪽	over there	오우버 데어

교통수단

지하철	subway	서브웨이
지하철역	subway station	서브웨이 스테이션
매표소	ticket office	티킷 오피스
매표구	ticket window	티킷 윈도우
버스	bus	버스
시내버스	local bus	로우컬 버스
관광버스	sightseeing bus	사이트시잉 버스
버스요금	bus fare	버스 페어
버스정류장	bus stop	버스 스탑
택시	taxi	택시
기본요금	minimum fare	미니멈 페어
할증요금	extra fare	엑스트러 페어
거스름돈	change	체인쥐
택시 승차장	taxi stand	택시 스탠드
기차	train	트레인
편도기차표	one way ticket	원 웨이 티킷
왕복기차표	round trip ticket	라운드 트립 티킷
보통열차	local train	로우컬 트레인
급행열차	express train	익스프레쓰 트레인
야간열차	night train	나잇 트레인
초특급 열차	superexpress	수퍼익스프레스
승객	passenger	패선저
객차	coach	코우치
침대차	sleeping car	슬리핑 카
식당차	dinning car	다이닝 카
철도역	Railway Station	레일웨이 스테이션
역장	stationmaster	스테이션매스터
플랫폼	platform	플랫폼
개찰구	wicket	위킷
대합실	waiting room	웨이팅 룸
갈아타는 곳	transfer gate	트랜스퍼 게이트
트럭	truck	트럭
승용차	passenger car	패선저 카
운전면허증	driver's license	드라이버즈라이센스
도로지도	road map	로드 맵
경주용자동차	racing car	레이싱 카

부록 주제별 영단어

스포츠카	sports car	스포츠 카
오픈카	convertible	컨버터블
자전거	bicycle	바이시클
오토바이	motorcycle	모우터사이클
헬리콥터	helicopter	헬리캅터
제트 여객기	jet passenger plane	젯 패선저 플레인
경비행기	lightplane	라이트플레인
여객선	passenger ship	패선저 십
여객선	passenger boat	패선저 보우트
승선권	passenger ticket	패선저 티킷
구명복	life jacket	라입 재킷
페리	ferry	페리
범선	sailer	세일러
요트	yacht	얏
어선	fishing boat	피싱 보우트
노 젓는 배	rowing boat	로우잉 보우트
모터보트	motorboat	모우터보우트
화물선	freighter	프레이터
예인선	tugboat	터그보우트
컨테이너수송선	container ship	컨테이너 십
유조선	tanker	탱커
항구	harbor	하버
부두	pier	피어
방파제	breakwater	브레이크워터
등대	lighthouse	라이트하우스
항만청	harbor office	하버 오피스

자연

자연	Nature	네이처
하늘	sky	스카이
공기	air	에어
태양	sun	선
구름	cloud	클라우드
별	star	스타
달	moon	문
육지	land	랜드
산	mountain	마운튼
바다	sea	시
강	river	리버
숲	forest	포리스트
곶(갑)	cape	케이프
해안	coast	코우스트
언덕	hill	힐
호수	lake	레이크
일출	sunrise	선라이즈
일몰	sunset	선셋
수평선	horizon	허라이즌
파도	wave	웨이브
비탈	slope	슬로우프
목장	pasture	패스처

날씨

날씨	Weather	웨더

일기도	weather map	웨더 맵
바람개비	weather vane	웨더 베인
온도계	thermometer	서마머터
비	rain	레인
구름	cloud	클라우드
새털구름	cirrus cloud	시러스 클라우드
뭉게구름	cumulus	큐뮬러스
눈	snow	스노우
무지개	rainbow	레인보우
홍수	flood	플러드
번개	lightning	라이트닝
진눈깨비	sleet	슬리트
비구름	rain cloud	레인 클라우드
회오리바람	tornado	토네이도우

동물

호랑이	tiger	타이거
사자	lion	라이언
표범	panther	팬서
코끼리	elephant	엘러펀트
사슴	deer	디어
말	horse	호스
얼룩말	zebra	지브러
원숭이	monkey	멍키
염소	goat	고우트
곰	bear	베어
고래	whale	훼일 / 웨일
돌고래	dolphin	달핀
코뿔소	rhinoceros	라이나서러스
여우	fox	팍스
기린	giraffe	저래프
낙타	camel	캐멀
판다	panda	팬더
늑대	wolf	울프
악어	crocodile	크라커다일
하마	hippo	히포우

조류

독수리	eagle	이글
매	hawk	호크
바다갈매기	sea gull	시걸
앵무새	parrot	패럿
카나리아	canary	커네(어)리
종달새	lark	라크
독수리	vulture	벌처
갈매기	gull	걸
참새	sparrow	스패로우
까마귀	crow	크로우
학	crane	크레인
홍학	flamingo	플러밍고우
백조	swan	스완
제비	swallow	스왈로우

올빼미	owl	아울
공작(수컷)	peacock	피칵
타조	ostrich	아스트리치
꿩	pheasant	페즌트
칠면조	turkey	터키
암탉	hen	헨
수탉	cock / rooster	칵 / 루스터
병아리	chicken / chick	치킨 / 칙
펭귄	penguin	펜귄
딱따구리	woodpecker	우드페커

어패류

연어	salmon	새먼
정어리	sardine	사딘
참치	tuna	튜너
대구	cod	카드
(관상용) 구피	guppy	거피
송어	trout	트라우트
농어	perch	퍼치
가오리	stingray	스팅레이
뱀장어	eel	일
상어	shark	샤크
메기	catfish	캣피시
잉어	carp	카프
가자미(넙치)	flatfish	플랫피시
금붕어	goldfish	고울드피시
가다랭이	bonito	버니토우
전갱이	horse mackerel	호스 매커럴
청어	herring	헤링
황새치	swordfish	소드피시
오징어	squid	스퀴드
문어(낙지)	octopus	악터퍼스
게	crab	크랩
바다가재	lobster	랍스타
조개	shellfish	쉘피시
대합조개	clam	클램
가리비	scallop	스칼럽
전복	abalone	애벌로운
새우	shrimp	쉬림프
참새우	prawn	프론

곤충

곤충	Insects	인섹츠
누에	silkworm	실크웜
잠자리	dragonfly	드래건플라이
나방	moth	모스
나비	butterfly	버터플라이
매미	cicada	시케이더
털벌레	caterpillar	캐터필러
수생곤충	water bug	워터버그
사슴벌레	stag beetle	스태그비틀
딱정벌레	beetle	비틀

메뚜기	grasshopper	그래스하퍼
바퀴(벌레)	cockroach	카크로우치
무당벌레	ladybug	레이디버그
개똥벌레	firefly	파이어플라이
파리	fly	플라이
귀뚜라미	cricket	크리킷
하늘소	longicorn	란저콘
모기	mosquito	머스키토우
개미	ant	앤트
꿀벌	honeybee	허니비
벌	bee	비
여치	katydid	케이티디드
사마귀	mantis	맨티스

나무

소나무	pine	파인
은행나무	ginkgo	징코우
단풍나무	maple	메이플
버드나무	willow	윌로우
잣나무	pine nuts	파인 넛츠
오크	oak	오우크
자작나무	birch	버치
씨	seed	시드
나뭇잎	leaf	리프
나무줄기	trunk	트렁크
나뭇가지	branch	브랜치
나무뿌리	root	루트
줄기(대)	stem	스템

꽃

해바라기	sunflower	선플라워
장미	rose	로즈
백합	lily	릴리
수선화	narcissus	나르시서스
민들레	dandelion	단디리언
튤립	tulip	튜우립
클로버	clover	클러버
히아신스	hyacinth	히아신스
제라늄	geranium	제라늄
제비꽃	violet	바이어릿
카네이션	carnation	카네이션
재스민	jasmine	재즈민
난초	orchid	어키드
선인장	cactus	캐크터스
풀	grass	그래스
잡초	weed	위드
꽃잎	petal	페틀

과일류

오렌지	orange	오린지
레몬	lemon	레먼
파인애플	pineapple	파인애플

멜론	melon	멜런
파파야	papaya	퍼파이어
키위	kiwi	키위
바나나	banana	버내너
사과	apple	애플
배(서양)	pear	페어
수박	watermelon	워터멜런
딸기	strawberry	스트로베리
복숭아	peach	피치
감	persimmon	퍼시먼
밤	chestnut	체스넛
포도	grape	그레이프
블루베리	blueberry	블루베리
체리	cherry	체리
망고	mango	맹고우
자몽	grapefruit	그레이프프루트
무화과	fig	피그
석류	pomegranate	파머그래닛

야채

야채	Vegetables	베지터블즈
오이	cucumber	큐컴버
양파	onion	어니언
완두콩	peas	피즈
강낭콩	green bean	그린 빈
옥수수	corn	콘
당근	carrot	캐럿
무	radish	래디쉬
감자	potato	퍼테이토우
고구마	sweet potato	스위트 퍼테이토우
양배추	cabbage	캐비지
상추(양상추)	lettuce	레터스
시금치	spinach	스피니치
가지	eggplant	에그플랜트
파	Welsh onion	웰시 어니언
버섯	mushroom	머시룸
고추	red pepper	레드 페퍼
피망	green pepper	그린 페퍼
호박	pumpkin	펌프킨
토마토	tomato	터메이토우
순무	turnip	터닙
우엉	burdock	버닥
사탕무	beet	비트
셀러리	celery	셀러리
브로콜리	broccoli	브라컬리
아스파라거스	asparagus	어스패러거스

여행

항공사	airline	에어라인
여행사	travel agency	트래블 에이전시
안내	information	인포메이션
예약	reservation	레저베이션

확인	confirm	컨펌
변경	change	체인지
취소	cancel	캔슬
항공권	flight ticket	플라잇 티킷
편도항공권	one way ticket	원웨이 티킷
왕복항공권	round trip ticket	라운드트립 티킷
1등석	first class	퍼스트 클래스
일반석	economy class	이커너미 클래스
비예약석	free seating	프리 씨팅
대기자명단	waiting list	웨이팅 리스트
항공편명	flight number	플라잇 넘버

공항

공항	airport	에어포트
비행기	airplane[plane]	에어플레인[플레인]
관제탑	control tower	컨트로울 타우어
공항빌딩	terminal building	터머늘 빌딩
격납고	hangar	행거
연료 트럭	fuel truck	퓨얼 트럭
전망대	observation deck	아브저베이션 덱
활주로	runway	런웨이
이륙	take off	테익 오프
착륙	landing	랜딩
국제선	international service	인터내셔널 써비스
국내선	domestic service	더메스틱 써비스
짐수레	baggage cart	배기지 카트

항공사 카운터	airlines counter	에어라인스 카운터
발착일람표	schedule board	스케줄 보드
탑승객	passenger	패선저
탑승수속	check in	체킨
탑승권	boarding pass	보딩 패스
여권	passport	패스포트
탑승게이트	boarding gate	보딩 게이트
기내수화물	carryon baggage	캐리 온 배기지
입국카드	landing card	랜딩 카드
입국사증	entry visa	엔트리 비자
입국관리	immigration	이미그레이션
입국심사대	immigration center	이미그레이션 센터
여권검사	passport control	패스포트 컨트럴
예방접종증명서	yellow card	옐로우 카드
수화물 찾는 곳	baggage claim	배기지 클레임
유실물 신고소	claim area	클레임 에어리어
수하물 인환증	claim tag	클레임 택
초과요금	extra charge	엑스트러 차쥐
관세	customs	커스텀즈
세관검사	custom inspection	커스텀 인스펙션
관세법	customs duty	커스텀즈 듀디
공항세	airport tax	에어포트 택스
개인소유물	personal property	퍼스널 프로퍼티
반입금지품	prohibited article	프러히비티드아티클
통과권	transit pass	트랜싯 패스
환승카드	transit card	트랜싯 카드

환승객	transit passenger	트랜싯 패신저
대합실	waiting room	웨이팅 룸
환승편	connecting flight	커넥팅 플라잇
시차	time difference	타임 디퍼런스
계단	stairway	스테어웨이
공항버스	airport bus	에어포트 버스

기내

기내	cabin	캐빈
좌석번호	seat number	싯 넘버
출발지	port of departure	폿트 업 디파쳐
최종 목적지	final destination	파이널데스터네이션
출국카드	embarkation card	임바케이션 카드
입국카드	disembarkation card	디스임바케이션카드
현지시간	local time	로우컬 타임
탑승시간	boarding time	보오딩 타임
산소마스크	oxygen mask	악시전 매스크
기내선반	overhead shelf	오우버헤드 쉘프
팔걸이	armrest	암레스트
독서등	reading light	리딩 라이트
베개	pillow	필로우
잡지	magazine	매거진
안전벨트	seat belt	싯 벨트
호출버튼	call button	콜 버튼
멀미봉투	airsickness bag	에어씩니쓰 백
비상구	emergency exit	이머전씨 엑시트

화장실	lavatory	레버터리
비어 있는	vacant	베이컨트
사용 중	occupied	아퀴파이드

호텔

프런트 데스크	front desk	프런트 데스크
입실	checkin	체크인
퇴실	checkout	체크아웃
숙박신고서	registration card	레지스트레이션카드
현주소	home address	홈 어드레스
회사명	company name	컴퍼니 네임
직업	occupation	아큐페이션
국적	nationality	네셔낼러티
여권번호	passport No.	패스폿 넘버
지배인	manager	매니저
손님	guest	게스트
1인실	single room	싱글 룸
2인실	twin room	트윈 룸
(침대1) 2인실	double room	더블 룸
더 싼 방	cheaper room	취퍼 룸
행사장	reception room	리셉션 룸
식당	dining room	다이닝 룸
귀중품보관함	safety box	세이프티 박스
방 열쇠	room key	룸 키
계단	stairway	스테어웨이
로비	lobby	라비

별도요금	extra charge	엑스트라 차지
난방	heating	히팅
공기조절장치	airconditioning	에어 컨디셔닝
소화기	fire extinguisher	파이어 익스팅기셔
세탁서비스	laundry service	론드리 서비스
모닝콜	morning call	모닝콜
룸서비스	room service	룸 서비스
포터	porter	포터
청구서	bill	빌
민박	homestay	홈스테이

관광

관광	sightseeing	사이트싱
여행안내소	tourist information	투어리스인포메이션
관광안내책자	sightseeing pamphlet	사잇싱 팸플릿
일일관광	oneday tour	원 데이 투어
야간관광	night tour	나잇 투어
도보여행	walking tour	워킹 투어
하루관광	full day tour	풀 데이 투어
특별행사	special event	스페셜 이벤트
온천	hot spring	핫 스프링
역사유적지	historic sites	히스토릭 사잇츠
박물관	museum	뮤지엄
동물원	zoo	주
식물원	botanical garden	버태니컬 가든
수족관	aquariums	어퀘어리엄즈
상가	shopping street	샤핑 스트릿
사원	temple	템플
광장	square	스퀘어
공원	park	팍
시내중심가	downtown	다운타운
사진 찍다	take a picture	테이커 픽쳐
현상	develop	디벨럽
일회용 사진기	disposable camera	디쓰포우저블캐머라
사진촬영 금지	no photographs	노우 포토그랩즈
입구	entrance	엔트런쓰
출구	exit	엑시트 / 에그짓
경찰관	policeman	펄리쓰맨
교통사고	traffic accident	트래픽 액서던트
소매치기	pick pocket	픽 파킷
분실증명서	theft report	데프트 리풋
재발행하다	reissue	리이슈

쇼핑

선물	gift	기프트
기념품	souvenir	수버니어
특산품	local product	로우컬 프라덕트
골동품	antique	앤틱
수공예품	handicraft	핸디크래프트
민속공예품	folkcraft	포욱그래프트
전자제품	appliances	어플라이언시즈
향수	perfume	퍼퓸

화장품	cosmetic	코스메틱
면세	dutyfree	듀리 프리
면세점	dutyfree shop	듀리 프리 샵
면세품	tax free article	택스 프리 아티클
가격표	price tag	프라이스 택
영수증	receipt	리시트
보증서	guarantee	게런티
사용설명서	instruction sheet	인스트럭션 쉬트
여행자수표	traveler's checks	트래벌러즈 첵스
신용카드	credit card	크레딧 카드
가격표	price tag	프라이스 택
정찰가격	fixed price	픽스트 프라이스
도매가격	wholesale price	호울세일 프라이스
바겐세일	bargain sale	바긴 세일
할인	discount	디스카운트
싼	cheap	취이프
비싼	expensive	익스펜시브
결함	defect	디펙트
교환	exchange	익스체인쥐
환불	refund	리펀드
포장지	wrapper	랩퍼

우체국

우체통	mail box	메일 박스
수신인	addressee	어드레시
발신인	sender	센더
봉투	envelope	엔벌로우프
우표	postage stamp	포우스티쥐 스탬프
그림엽서	picture postcard	픽쳐 포스트카드
항공우편	airmail	에어메일
선박우편	seamail	시메일
등기우편	registered mail	레지스터드 메일
속달	express	익스프레스
소포	parcel	파설

은행

달러	dollar	달러
유로	Euro	유로
파운드	pound	파운드
환전소	money exchange	머니 익스체인지
환율	exchange rate	익스체인지 레잇
잔돈	small change	스몰 체인지
소액권	small bill	스몰 빌
고액권	large bills	라쥐 빌
동전	coin	코인
현금	cash	캐쉬
수표	check	첵

전화

전화	telephone	텔러포운
시내통화	local call	로우컬 콜
국제전화	international call	인터내셔널 콜

긴급전화	emergency call	이머전시 콜	출력	output	아웃풋
장거리통화	long distance call	롱 디스턴스 콜	입력	input	인풋
구내전화	extension	익스텐션	스피커	speaker	스피커
교환원	operator	아퍼레이러	마우스	mouse	마우스
전화번호	phone number	포운 넘버	마우스 패드	mouse pad	마우스패드
전화박스	phone booth	포운 부쓰	시디롬	CDROM	씨디롬
번호안내	information	인포메이션	모뎀	modem	모뎀
지역번호	area code	에어리어 코우드	케이블	cable	케이블
국가번호	country code	컨트리 코우드	하드웨어	hardware	하드웨어
공중전화	pay phone	페이 포운	소프트웨어	software	소프트웨어
이동전화	mobile phone	모우바일 포운	엑셀	excel	익셀
			버전	version	버전
컴퓨터			첨단기술	hightech	하이테크
컴퓨터	computer	컴퓨터	부팅	bootup	부트업
탁상용컴퓨터	desktop computer	데스크탑 컴퓨터	자료	data	데이터
휴대용 컴퓨터	laptop computer	랩탑 컴퓨터	복사	copy	카피
맥켄토시	Macintosh	맥킨타쉬	스캔	scan	스캔
주기억장치	main memory	메인 메머리	백업	backup	백업
데이터기억장치	date memory	데이터 메머리	설치하다	install	인스톨
프린터	printer	프린터	바이러스	virus	바이러스
레이저프린터	laser printer	레이저프린터	바이러스 퇴치	antivirus	앤티 바이러스
컬러프린터	color printer	컬러프린터	백신 프로그램	vaccine program	백신 프로그램
스캐너	scanner	스캐너			
모니터	monitor	모니터			
스크린	screen	스크린			
키보드	keyboard	키보드			

[A]

A piece of cake.	식은 죽 먹기지요.
Absolutely.	절대적으로 그렇지요.
After you.	먼저 가시지요.
Always.	항상 그렇지요.
Amazing.	신기하군요.
And then.	그리고 나서는요?
Any good ideas?	어떤 좋은 생각 있어요?
Any time.	언제라도요.
Anybody home?	집에 누구 있어요?
Anything else?	그 밖에 뭐 있어요?
Are you in line?	당신은 줄에 서 있어요?
Are you kidding?	농담이죠?
Are you serious?	진심이에요?
At last.	드디어.
Attention, please.	좀 주목 해 주세요.
Awesome!	와우! 멋지다.

[B]

Back me up.	나를 지원해 주세요.
Be my guest.	사양하지 말고 하세요.
Be patient.	좀 참으세요.
Be punctual.	시간 좀 맞춰.
Be right back with you.	곧 당신에게 돌아올게요.
Be seated.	앉으세요.
Beat it.	이 자리에서 꺼져.
(Beer), please.	(맥주) 주세요.
Behave yourself.	행동 자제를 하세요.
Better late than never.	늦는 것이 안 하는 것보다 낫지요.
Better than nothing.	없는 것 보다 낫지요.
Boy, It hurts.	이봐, 아파요.
Break it up.	그만 싸워요.

[C]

Call me Sam, please.	샘이라고 불러 주세요.
Can I get a ride?	차 좀 태워 줄 수 있어요?
Can you hear me now?	지금 잘 들려요?
Can't argue with that.	왈가왈부 할 필요가 없지요.
Can't be better than this.	이것보다는 좋을 순 없지요.
Cash or charge?	(계산할 때)현금이세요, 카드세요?
Catch you later.	나중에 보자구요.
Certainly.	확실히 그렇지요.
Charge it please.	크레디 카드로 부탁드려요.
Check it out.	이것을 확인해 보세요.
Check, please.	계산서 좀 주세요.
Cheer up.	기운을 내세요.
Cheers!	건배!
(Coffee), please.	(커피) 주세요.
Come and get it.	와서 드세요(가져가세요).
Come on in.	들어오세요.
Come on!	설마!
Congratulations.	축하합니다.
Could be.	그럴 수도 있겠지요.
Couldn't be better then this.	이보다 더 좋을 순 없어.

[D]

Definitely.	확실히 그렇지요.
Delicious.	맛있어요.
Depends.	경우에 따라 다르지요.
Did you get it?	알아들었어요?
Didn't I make myself clear?	제 입장을 확실하게 말하지 않았나요?
Disgusting.	기분 나빠. 재수 없어.
Do I know it?	저도 압니다. 누가 아니래요?
Do I look all right?	제가 귀찮게 보여요?

Do you follow me?	내말 알아듣겠어요?
Do you have everything with you?	모든 것을 가지셨나요?
Do you?	당신은요?
Doing okay?	잘 하고 있어요?
Don't get too serious.	너무 심각하게 그러지 말아요.
Don't miss the boat.	(보트를 놓치듯이) 기회를 놓치지 마세요.
Don't press (push) your luck.	너무 날 뛰지 마세요(행운을 밀지 말아요).
Don't ask.	묻지 말아요.
Don't be a chicken.	너무 소심하게 굴지 말아요. 너무 겁먹지 마.
Don't be afraid.	두려워하지 마세요.
Don't be foolish.	멍청하게 굴지 말아요.
Don't be modest.	겸손해 하지 말아요.
Don't be shy.	부끄러워하지 마세요.
Don't be silly.	싱겁게 놀지 말아요.
Don't bother.	신경 쓰지 마세요.
Don't bother me.	나를 괴롭게 하지 말아요.
Don't change the subject.	화제를 다른 데로 돌리지 마요.
Don't get into trouble.	사고 치지 마라!
Don't get upset.	너무 화 내지 말아요.
Don't mess with me.	날 함부로 대하려고 하지 말아요.
Don't let me down.	나를 실망시키지 말아요.
Don't make me laugh.	나를 웃게 하지 말아요.
Don't push me.	너무 강요 하지 말아요.
Don't push (press) your luck.	너무 까불지 마세요.
Don't push.	밀지 말아요.
Don't worry about it.	걱정하지 말아요.
Drive safely.	안전하게 운전해요.
[E]	
Easy does it.	천천히 해요.
Either will do(Anything will do).	둘 중에 어떤 것이든 돼요.
Enjoy your meal.	맛있게 드세요.

Enough is enough.	충분하니까 이제 그만 해요.
Exactly.	정확하게 맞아요.
Excellent(Super)!	잘 했어요!
Excuse me.	실례합니다.
[F]	
Far from it.	아직 멀었지요.
Fifty-fifty.	50:50 입니다.
Follow me.	따라 오세요.
For good!	영원히!
For what.	왜, 무엇을 위해서요?
Forget it.	잊어버리세요.
[G]	
Get in the line.	줄을 서세요.
Get lost.	당장 꺼져 버려!
Get off my back.	이제 나를 그만 괴롭혀요.
Get real.	현실적이 되세요. 냉정해지세요.
Get the picture.	이제 뭔가 그림이 보이세요?
Give it a rest.	이제 그만 두세요.
Give it a try.	노력 해 보세요.
Give me a call.	제게 전화 주세요.
Gladly.	기꺼이 하지요.
Go ahead.	어서 그렇게 하세요.
Go fifty-fifty.	반반 나누어 내지요.
Go for it.	그것을 한번 해 보시지요.
Go get it.	가서 가지세요.
Go on, please.	어서 계속 하세요.
Going down.	내려가세요.
Going up.	올라가세요.
Good enough.	그 정도면 충분 합니다.
Good for you.	당신에게 좋은 일이지요.

Good luck to you.	당신에게 행운을 빕니다.
Good luck.	행운을 빕니다.
Good talking to you.	당신과의 대화는 즐거웠어요.
Grow up.	좀 철 좀 들어요.
Guess what.	뭔지 알아 맞추어 봐요.
[H]	
Hang in there.	좀 견뎌 봐요.
Hang loose.	좀 편히 쉬고 있어요.
Hang on.	잠깐 기다리세요.
Have a nice day.	좋은 날 되세요.
Have fun.	재미있게 지내세요.
He didn't show up.	그 는 나타나지 않았어요.
He is history to me.	그 는 나에게 지난 일이에요.
Help me.	도와주세요.
Help yourself.	마음껏 하세요.
Here is something for you.	여기 작은 선물 받으세요.
Here you are.	여기에 있어요.
Hi!	안녕!
Hold it.	움직이지 마세요.
Hold on.	잠깐 기다리세요.
How about you?	당신은 어때요?
How big is it?	얼마나 큰데요?
How come(Why)?	왜요?
How do you like here?	여기 좋아 하세요?
How have you been?	그 동안 어떻게 지냈어요?
How many times do I have to say?	몇 번이나 말해야 알겠어요?
How many?	수가 얼마지요?
How much?	양이 얼마지요?
How was your trip (vacation)?	여행 (휴가)는 어땠어요?
How?	어떻게?
How's everything?	모든 것이 어떠세요?

How's work?	일은 어때요?
How's you family?	가족은 잘 있어요?

[I]

I agree.	동의합니다.
I am (deeply) touched.	감동 정말 되었어요.
I am a little disappointed.	좀 실망했어요.
I am all set!	난 모든 준비 완료!
I am aware of that.	그것을 파악하고 있습니다.
I am back.	저 돌아왔습니다.
I am broke.	나는 무일푼입니다.
I am coming.	지금 갑니다.
I am crazy about her.	나는 그녀에게 빠졌어요.
I am exhausted.	난 기진맥진입니다.
I am fed up with this.	이것에 진저리가 났어요.
I am free.	한가합니다.
I am full.	배불러요.
I am getting hungry.	배가 슬슬 고파 오는데요.
I am going to miss you.	나는 너를 그리워할 거야.
I am impressed.	인상이 좋았어요. 감동 받았어요.
I am in a hurry.	좀 바쁩니다.
I am in need.	궁색합니다.
I am nearsighted.	근시입니다.
I am on duty.	근무 중입니다.
I am scared to death.	난 무서워 죽겠어요.
I am serious.	난 진심이에요.
I am short-changed.	잔돈이 모자라는데요.
I am single.	나는 미혼입니다.
I am sorry.	미안해요.
I am starving to death.	배가 고파 죽겠네요.
I am stuffed.	배가 부릅니다.
I am upset.	화가 납니다.

I bet.	내기할 정도로 자신 있다.
I can tell.	그렇게 말할 수 있어요.
I can handle it.	내가 다룰 수 있어요.
I can not handle it anymore.	난 더 이상 다룰 수 가 없어요.
I can't afford that.	(재정적으로) 그것을 감당 할 수 없어요.
I can't help it	어쩔 수 없어요.
I can't say for sure.	확실히는 말 못 하겠어요.
I can't stand it.	견딜 수 가 없군!
I can't thank you enough.	너무 감사해서 뭐라고 할 말이 없네요.
I didn't mean to(I didn't mean it).	난 그렇게 할 의도는 아니었어요.
I don't believe it.	난 그것을 믿지 않아요.
I don't care.	상관하지 않아요.
I don't get it.	이해를 못 하겠네요
I don't like it.	난 그것을 좋아하지 않아요.
I doubt it.	그렇지 않게 생각 하는데요.
I feel the same way.	저도 같은 느낌입니다.
I get it.	난 알았어요.
I got lost.	난 길을 잃었어요.
I have got to go now.	난 가야겠어요.
I have had enough. I quit.	난 이제 진저리가 나요.
I hardly know him.	나는 그 사람을 잘 모릅니다.
I hate to eat and run but ~.	먹자마자 가기는 싫지만~.
I have a long way to go.	난 갈 길이 멀었지요.
I have no appetite.	난 식욕이 없네요.
I have no clue.	난 아이디어가 전혀 없네요.
I have no energy.	나는 에너지가 없어요.
I have no idea.	난 별 생각이 없네요.
I have no time.	나는 시간이 없어요.
I haven't got all day.	좀 빨리 좀 해 주세요.
I hear you loud and clear.	잘 듣고 있습니다.
I know what.	뭔가 아이디어가 있어요.

I love it.	난 그것을 좋아해!
I made it.	그것을 달성해냈다.
I mean it.	정말입니다. 농담아니에요.
I owe you one.	신세를 지네요.
I see.	알겠습니다.
I still love you.	난 너를 아직도 사랑해.
I swear to God.	난 하나님께 맹세합니다.
I taught myself.	난 고학했습니다.
I was lucky.	내가 행운이었지요.
I was told that.	(누군가 나에게) 그것을 말해 주었어요.
I will be in touch.	제가 연락을 할게요.
I will do it for you.	제가 해 드리지요.
I will drink to that.	그것에 동감입니다.
I will get it.	(전화 등을) 제가 받을게요.
I will miss you.	난 너를 그리워할 거야.
I will never make it on time.	내가 제시간에 가기는 틀렸군.
I wouldn't say no.	아니라고는 말하지 못할 거예요.
I'm coming.	가요, 갑니다.
In a sense, he is nothing but a suit.	어떤 면에서는 그는 허깨비지요.
Incredible.	신뢰가 안 가는군요.
Is that all?	그게 전부예요?
It is chilly.	날이 쌀쌀하네.
It is humid.	후덥지근하네.
It is muggy.	날이 찌프듯하네.
It is out of style.	유행이 아니네요.
It is painful for me.	나에겐 아픈(슬픈) 일입니다.
It is time for lunch.	점심식사 할 시간입니다.
It is time to go.	갈 시간입니다.
It is windy.	바람이 붑니다.
It makes sense.	이해가 갑니다.
It takes time.	시간이 걸립니다.

부록
필수 영어 문장

It's for you.	여기요 전화 왔어요.
It's not fair.	불공평합니다.
It's all right.	괜찮습니다.
It's beautiful.	아름답군요.
It's cool.	멋있네요.
It's free.	공짜입니다.
It's freezing.	얼어붙었네.
It's my fault(It's not my fault).	내 잘못이지요(내 잘못이 아닙니다).
It's all your fault.	모든 게 네 잘 못이야.
It's my pleasure.	제게 기쁨입니다.
It's my turn.	이번에 내 차례입니다.
It's now or never.	지금이 절호의 기회입니다.
It's on me.	이건 제가 쏘는 겁니다.
It's really bad.	아주 나빠요.
It's tough.	터프하네요(힘들군요).
It's your turn.	당신 차례입니다.
[J]	
Just about.	거의.
Just kidding.	그냥 농담이에요.
Just looking.	그냥 보는 거예요.
Just a moment.	잠깐만요.
[K]	
Keep an eye on this, will you?	이것 좀 봐줘요, 그럴래요?
Keep going.	계속 가세요.
Keep in touch.	계속 연락해요.
Keep it confidential.	대외 비밀로 해주세요.
Keep it to yourself.	당신만 알고 계세요.
Keep looking.	계속해서 찾아 봐요.
Keep out of my way.	제 길을 막지 마세요.
Keep the change.	잔돈을 가지세요.

Keep your chin up.	낙담하지 마세요. 기운을 내요.
Knock it off.	그만 두세요.
[L]	
Large or small.	큰 거 아니면 작은 거요.
Let it be.	그렇게 되도록 두지요.
Let me see~ .	자 어떻게 된 건지 보자.
Let me think about it.	그것에 대해서 좀 생각해봅시다.
Let's give him a big hand.	그에게 큰 박수를 보냅시다.
Let's call it a day.	오늘은 이것으로 마칩시다.
Let's eat out.	자, 외식하지요.
Let's get down to business.	이제 일을 시작하지요.
Let's get together sometime.	언제 같이 모여 보지요.
Let's go over it one more time.	자 한 번 더 살펴보지요.
Let's see.	좀 봅시다.
Let's split the bill.	나누어서 내지요.
Let's try.	한번 해보지요.
Look who's here.	아니 이게 누구야.
Lucky you.	자네 운이 좋았어.
[M]	
Make a way.	길을 비켜 주세요.
Make mine well done.	내 것은 잘 익도록 해줘요.
Make that two, please.	그것을 2개로 해 주세요.
Make yourself at home.	집처럼 편하게 하세요.
Many thanks in advance.	미리 감사 드려요.
Many thanks.	정말 고마워요.
May I interrupt you.	제가 좀 실례를 해도 될까요?
Maybe.	그럴지도 모르지요.
Maybe not.	그렇지 않을지도 모르지요.
Maybe some other time.	다른 때 해보자구요.
Me, too.	나도 그래.

Money talks.	돈이 만사를 좌우해.
Most likely.	아마도 그럴 것입니다.
My pleasure.	제 기쁨입니다.
[N]	
Never better.	아주 좋아요. 최고예요.
Never mind.	됐어요. 신경 쓰지 않아도 돼요.
Never say die.	죽는다는 소리하지 마라.
Never too late.	언제나 늦지 않습니다.
Next time.	다음번에.
Nice meeting you.	만나서 반가워요.
Nice talking to you.	좋은 대화였어요.
No kidding.	설마 농담이겠지.
No problem(No sweet).	문제가 아니네요.
No sweat.	문제없어요.
No way.	절대 안 돼요.
No wonder.	어쩐지 그렇더라.
Not a chance.	기회가 없어요.
Not bad.	나쁘지 않은데요.
Not really.	그렇지는 않아.
Not too good(Not too bad).	썩 좋지가 않네요.
Nothing much.	별거 없어.
Nothing new.	새로운 것은 없어요.
Nothing new about that.	그것에 대해선 새로운 게 없어요.
Now what.	자 이제는 뭐죠?
Now you are talking.	이제야 바르게 말을 하시는군요.
[O]	
Occupied!	사용 중!
Oh, dear!	아니 저런!
Okay!	그래, 알았어요!
Okeydokey.	(가까운 사이에서만 사용) 좋아요.

On the contrary.	반대로
Once in a blue moon.	아주 가끔요.
Ouch!	아야!
Out of question.	질문의 여지가 없습니다.
[P]	
Pick it up.	주우세요.
Please enjoy yourself.	좀 즐겁게 지내세요.
Please relax.	좀 느긋해 지세요.
Please.	제발!
Poor thing.	안됐습니다.
Pretty good.	정말 좋지요
Really?	정말이에요?
Relax.	좀 느긋해져요.
[S]	
Same here.	저도 동감입니다.
Same to you?	당신도요?
Say cheese.	'치즈'라고 말하세요.
Say hello for me.	나대신 안부 전해줘요.
Say that again?	다시 말씀해 주실래요?
See you later(Later)!	나중에 봐요!
Serious?	진심이에요?
Shame on you.	창피한 줄 아세요.
She is my style (She is not my style).	그녀는 내 타입이에요. (그녀는 내 타입이 아니에요).
She is very sophisticated.	그녀는 매우 세련되었어요.
Shoot.	어서 말해 봐요.
Skip it.	다음으로 넘어가요.
So much for that.	이제 그 일은 그만 하세요.
So soon?	그리 빨리?
So what?	그래서 어떻다는 겁니까?
Sold out?	팔렸어요?

Something's fishy.	뭔가 이상한데.
Something's never changed.	어떤 것은 정말 안변하는군.
Sorry to bother you.	번거롭게 해서 죄송합니다.
Sorry.	(누구의 말을 잘못 이해했을 때) 뭐라구 하셨지요?
Sounds good.	듣기에 좋군요.
Speak out.	말좀 크게 하세요.
Speaking.	말하세요.
Speaking Spanish?	서반 어어 하세요?
Stay cool.	진정해요.
Stay longer.	좀 더 계시지요.
Stay out of trouble.	말썽을 부리지 말아요.
Stick around.	옆에 있어 보세요.
Stick with it.	포기하지 말고 계속해 봐요.
Stop complaining.	불평 좀 그만 하시지요.
Suit yourself.	좋은 대로 하세요.
Super.	잘 하는군요.
Sure!	물론!
Sure thing.	확실한 것이지요.
Sweet dreams.	즐거운 꿈꾸세요.

[T]

Take a guess(Can you guess).	맞추어 보세요.
Take care.	조심하세요, 잘 가(떠날 때).
Take my word for it.	그것에 대해서는 내 말을 따라요.
Take your time.	천천히 하세요.
Tell me about it.	그것에 대해서 한번 말해 보세요.
Thank God.	하나님, 감사합니다.
Thanks for calling.	전화 주셔서 감사해요.
Thanks for everything.	여러 가지로 고마워요.
Thanks for the compliment.	칭찬해 주셔서 감사합니다.
Thanks for the ride.	차를 태워다 주어서 고마워요.
Thanks, but no thanks.	감사해요, 그러나 사양해요.

That depends.	그야 경우에 따라서이지요.
That figures.	그럴 줄 알았습니다.
That happens.	그런 일이 일어납니다.
That should help.	도움이 될 것입니다.
That sounds good.	듣기에 좋군요.
That will be the day.	설마 그럴 수 있을까!
That's a steal.	거저 가져가는 셈이지요(쌉니다).
That's all right.	그냥 됐습니다.
That's all there is to it.	그렇게 하면 되는 그게 전부야.
That's all.	그게 전부예요
That's enough about that.	그것은 그 정도로 충분합니다.
That's enough.	이제 됐습니다.
That's good.	잘 되었어요.
That's hard to say.	말하기 곤란한데요.
That's it.	바로 그거야.
That's a nice surprise.	이거 뜻밖인데요.
That's not fair(That's unfair).	불공평합니다.
That's right.	맞습니다.
That's the way to go.	바로 그겁니다.
That's what I mean.	그게 제가 말하는 것이지요.
There you are.	여기 있습니다.
Things will work out all right.	일이 잘 될 것입니다.
This is just between you and me.	우리들끼리의 비밀입니다.
This is not much.	약소합니다.
This is urgent.	긴급입니다.
This one?	이것 말이에요?
Time will tell.	시간이 말해 줄 것입니다.
Time's up.	이제 시간이 되었어요.
Too bad.	안됐군요.
Too expensive.	너무 비싸네요.
To the best of my knowledge~ .	내가 알기로는~.

Trust me.	저를 믿으세요.
Try again.	다시 해 보세요.
[U]	
Uh-uh!	오오, 아닌데요!
Unbelievable.	믿을 수가 없네요.
Up to here.	폭발 일보전이다.
Up, or down?	올라가요, 아니면 내려가요?
[W]	
Wait a minute.	잠시만 기다리세요.
Watch out.	위험해, 주의해요.
Watch your language.	말 조심해요.
We are in the same boat.	우리는 같은 처지, 운명이지요.
Welcome home.	집에 온 것을 환영합니다.
Well done.	잘 했어요.
What a nerve.	뻔뻔하군요.
What a relief.	이제 맘이 놓인다.
What a shame?	이게 무슨 창피한 노릇인가?
What about it?	그게 어떤데요?
What about you(What about me)?	당신은 어때요(나는 어때요)?
What brings you here?	어떻게 오셨지요?
What did you say?	뭐라구요?
What do you do?	직업이 뭐지요?
What do you know?	무엇을 알고 있지요?
What do you mean?	무슨 의미지요?
What do you say?	뭐라고 하실래요. 어떠세요?
What do you think of it?	이것에 대해서 뭐라고 생각하세요?
What do you think?	무엇이라고 생각하세요?
What for(For what)?	뭐 때문이지요?
What is it?	무슨 일이지요?
What makes you say that?	무슨 근거로 그렇게 말하세요?

What time is it?	몇 시지요?
What?	뭐라구요?
What's it called?	그것을 뭐라고 부르지요?
What's today's special?	오늘 특선 요리가 뭐지요?
Whatever you say?	뭐라고 하시던가요?
What's happening?	어떻게 지내요?
What's new?	그동안 새로운 거 있었어요?
What's the big deal?	뭐가 그 난리예요?
What's the point?	요점이 뭐지요?
What's up?	어떠세요?
What's wrong?	뭐가 문제예요?
When?	언제?
Where are we?	우리가 어디에 있지요?
Where did you stay?	어디에 머물렀지요?
Where do you live?	어디에 사세요?
Where is a drugstore?	약국이 어디에 있지요?
Where to?	어디로?
Which one?	어느 것이요?
Who cares!	알게 뭐야 상관하지 않아!
Who is it?	누구시지요?
Who knows.	누가 알겠어.
Who's there?	거기 누구죠?
Who's calling?	(전화를 받으면서) 누구시지요?
Why didn't I think of that?	왜 그걸 생각 못했지?
Why not?	왜 안 돼지요?
Why?	왜요?
Win-win situation.	둘다 이기는 셈이지요.
With pleasure.	기쁨으로 해 드리지요.
Would you like some?	좀 해볼래요?
Wow!	와우!

[Y]

Yeah. Yes	네.
Yes and no.	'yes'나 'no'라고 할 수 없네요.
You are a lucky duck.	당신은 행운아입니다.
You are driving me crazy.	나를 신경질나게 만드네요.
You are getting better.	당신은 점점 좋아지네요.
You are soaked.	흠뻑 젖었군요.
You are teasing me.	나를 놀리시는군요.
You are telling me.	(당신이 말 안해도) 안 들어도 알고 있어요.
You are too much.	당신 너무 하는군요.
You bet.	틀림없어요, 물론이지요.
You cannot fool me.	날 속이지는 못하지요.
You can say that again.	지당한 말씀이지요.
You first.	먼저 하세요.
You flatter me.	칭찬이 과하시네요.
You have a wrong number.	전화를 잘못 거셨어요.
You got it.	이해를 하셨군요.
You have lost me.	제가 말을 놓쳤네요.
You look good.	좋아 보이네요.
You must be crazy.	당신은 미쳤군요.
You name it.	말씀만 하세요.
You said it.	말한 게 맞아요.
You should get in shape.	몸을 좀 가꾸는 게 좋겠는데요.
You stay out of it.	넌 이것에 끼어들지마.
You went too far this time.	이번엔 좀 과하셨군요.
You win.	당신이 이겼어요.
You're wasting your time.	당신은 시간만 낭비하고 있어요.
You're welcome.	천만에요.